1일 1페이지
날마다 육아

쉽고 간단하고 핵심적인

1일 1페이지
날마다 육아

홍표선 · 김진희 · 이은주 · 이미영 지음

추천사

　20년 넘게 드라마를 만들며 제가 가장 자주 떠올리는 말은 '모른다'입니다. 새로운 이야기와 새로운 사람을 만날 때마다, 그 모름이 저를 다시 깨어 있게 합니다.

　『1일 1페이지 날마다 육아』는 바로 그 지점에서 출발하는 책입니다. 아이를 이해한다는 것이 얼마나 섬세한 일인지, 우리가 안다고 믿었던 많은 것들이 사실은 새롭게 바라봐야 할 대상임을 차분한 언어로 일러줍니다. 감정 단어 하나를 어떻게 건네야 하는지, 일상의 장면을 어떻게 아이의 경험으로 확장할 수 있는지, 부모의 말과 태도가 아이의 세계를 어떤 방향으로 이끄는지, 이 책은 그 과정을 명확하고 실천적으로 보여줍니다.

　연출자가 인물의 감정선을 세심하게 읽어내듯, 부모도 아이의 마음을 존중하며 이해해야 한다는 메시지가 깊이 있게 전해집니다. '모른다'는 마음에서 출발하는 모든 부모에게 이 책은 아이와 함께 성장할 수 있는 단단한 길잡이가 될 것입니다.

이윤정, '커피프린스 1호점', '치즈인더트랩' 감독

제일 어려웠던 평교사 시절, 홍표선 소장님과 인연을 맺게 되었습니다. 아이들과의 관계에서 침체기에 있던 나에게 교육자로서의 새로운 에너지와 자극의 원동력이 되었답니다. 또 아이들을 대하는 섬세한 태도와 적극적인 언어 구사력은 아이들의 마음과 행동에도 신기할 정도로 변화를 주어, 이러한 교육적 접근방법을 배우고자 노력했습니다. 소장님의 육아법이 서적으로 출판된다 하니 육아뿐 아니라 아이들을 교육하는 교육자들에게도 좋은 지침서가 될 것 같아 기대감이 큽니다.

김용복, 검암유치원 원장

유치원에서 그림책으로 관계를 배우는 아이들을 보며, 가정에서도 정서 놀이를 이어가고 싶다는 부모님들의 바람을 들을 때가 있습니다. 그래서 이 책의 발간이 더욱 반갑습니다. 매일의 감정 공부와 놀이, 그림책 질문 대화는 가정 내 정서 교류를 넓히고 아이의 마음을 안정적으로 키울 뿐 아니라, 가족의 마음 정원을 건강하게 가꾸는 데 든든한 도움이 될 것입니다.

송은정, 인천 바다유치원 원장

책을 펼치는 순간, "사랑하면 알게 되고, 알게 되면 보인다"라는 말이 떠올랐습니다. 육아의 고단함 속에서도 소중한 순간을 발견하도록, 이 책은 따뜻한 시선과 응원, 가정에서 실천할 수 있는 길을 전합니다. 아이와 함께 성장하고자 하는 부모에게 든든한 안내서가 될 소중한 지침서입니다. 부모와 아이의 찬란한 성장을 응원합니다.

이서연, 삼척교육지원청 장학사

요구르트 뚜껑을 여는 일, 양말을 신는 법은 어른인 우리에게 너무 익숙하고 쉬운 일처럼 보입니다. 그러나 아이에게는 모든 것이 처음이고 새롭습니다. 어느 손으로 요구르트 통을 잡아야 하는지, 어디에서부터 뚜껑을 벗겨야 하는지조차 아이에게는 하나씩 배워가는 과정입니다.

그 새로움과 도전의 순간을 무심히 지나치지 않고 이 책을 통해 격려와 도전의 순간으로 바꿔준다면 아이는 세상을 하나하나 알아가는 순간마다 부모의 응원과 지지를 잊지 않고 세상으로 나아갈 것입니다.

사소해 보이는 작은 순간들이 모여 하루가 되고, 그 하루 속에 차곡차곡 쌓인 부모의 말과 시선은 결국 아이의 마음을 단단하게 만드는 힘이 됩니다. 평범한 하루를 이 책과 함께 다시 돌아오지 않을 소중한 '오늘'로 만들어가기를 바랍니다.

강서경, 초롱별유치원 교사 (인스타그램 옆반언니 @playprojecter)

유아는 일상에서 반복되는 작은 루틴을 통해 정서적 안정감을 느끼고, 그 기반 위에서 기관 생활에서도 더욱 편안하게 성장합니다. 특히 가정에서의 짧지만 꾸준한 상호작용은 유아의 자기 조절력, 감정 이해, 기본생활습관 형성에 큰 영향을 미칩니다.

이 책은 하루 한 페이지로 부모와 유아가 함께 실천할 수 있는 의미 있는 활동들을 담고 있습니다. 말하기 루틴, 감정 표현 연습, 안전 규칙 익히기, 생활습관 다지기, 간단한 놀이, 그림책 읽기, 나들이 활동까지 부담 없이 따라 할 수 있는 아이디어가 담겨 있어 가정에서의 하루가 자연스럽게 교육의 시간이 됩니다.

교사로서 매일의 루틴을 실천하는 가정이 기관에서의 적응을 훨씬 안정적으로 이끌어낸다는 것을 수없이 보아왔습니다. 이 책이 부모와 유아 모두에게 '함께하는 하루'의 가치를 회복시켜 주는 따뜻한 길잡이가 되기를 바랍니다. 아이의 하루가 행복으로 쌓이고, 성장의 순간들이 빛나는 경험으로 이어지길 진심으로 추천합니다.

이여빈, 새롬유치원 교사(인스타그램 비니클래스 @bini._.t)

『1일 1페이지 날마다 육아』는 자녀의 마음·습관·정서·생각이 균형 있게 자라도록 빛을 비춰주는 다정한 안내서입니다. 매일 한 페이지씩 아이의 마음에 귀 기울이며 자녀를 깊이 이해하고 존중하는 부모로 한 걸음씩 자라갈 수 있도록 함께해 줍니다. 자녀와 함께하는 하루를 사랑과 행복으로 물들일, 마음에 오래 남는 선물 같은 책으로 진심을 담아 추천드립니다.

김효정, 대구서동유치원 교사

아이 잘 키우고 싶은 마음은 부모라면 누구나 같습니다. 재미있게 놀아주고 싶고, 따뜻하게 품어주고 싶고, 또 지혜롭게 문제를 해결해 주고 싶지요. 그러나 현실 부모의 하루는 늘 바쁘고 마음처럼만 흘러가진 않습니다. 때로는 무엇을 어떻게 해줘야 할지 막막할 때도 많고요.

이 책은 그런 부모의 마음을 잠시 붙잡아, 유아기에 필요한 모든 것을 하루 분량으로 담아낸 다정한 안내서입니다. 부담 없이 한 장 넘기는 것만으로도 오늘은 아이에게 어떤 말을 건네고, 어떤 놀이와 그림책으로 하루를 채울지 자연스럽게 알게 되지요. 더도 말고 딱 하루치씩만 천천히 따라가다 보면 아이와 함께하는 시간들이 어느새 더 소중하고 단단하게 빛날 것이라 믿습니다.

김소민, 육아맘(인스타그램 해니네 부엌 @hannie_kitchen_)

이 책을 보는 순간 바로 스쳐 간 생각은 '내 고민을 덜어주는구나!' 였습니다. '아이랑 오늘은 무엇을 할까?' 고민 가득하고 불안한 초보 엄마의 마음을 해결해 주는 단비 같은 책이었답니다.

아이를 키우면서 깨닫는 순간이 있습니다. 아이들은 거창하지 않아도 소소한 것에서 재미를 느끼고 행복해한다는 것을! 이 책은 소소함의 소중함을, 성장의 찬란함을 친절하게 알려줍니다. 처음 아이를 키우며 불안에 떨었던 예전의 나에게도 선물하고 싶은 책이랍니다.

아이와 부모의 일상을 편안히 채워주는 알찬 육아서! 아이의 하원 후 일과가, 다가오는 주말과 방학이 고민되는 엄마에게 이 책을 추천합니다!

이지은, 도담유치원 학부모

들어가는 말

사랑하는 자녀와 처음 만난 날을 기억하시나요?

감동의 첫 만남을 시작으로 '부모'가 되어 고군분투하며 매일 살아가고 있을 많은 부모님들을 가만히 떠올려보았습니다. 아이를 키우는 일은 하루에도 수십 번 마음이 흔들리게 합니다. 늘 마음이 앞서고, '내가 잘하고 있는 걸까?', '이렇게 하는 게 맞는 건가?' 하는 고민이 밀려오곤 합니다.

모든 부모가 아이를 잘 키우고 싶어 합니다. 하지만 부모가 되었다고 해서 아이를 키우는 일에 관해 모든 답을 아는 것은 아닙니다. 아이가 자라듯이 부모도 매일 조금씩 성장해가며 믿음직한 어른이 되어가는 것입니다. 그리고 아이가 훌쩍 자란 모습을 보고 감동하기도 하고, 나를 길러주신 부모님과 무척 닮은 모습으로 아이를 대하는 자신을 발견하게 되기도 하지요.

사랑하는 내 아이와 보내는 시간은 그 무엇과도 바꿀 수 없는 소중한 시간입니다. 그런데 아이와 많은 시간을 함께 보내고 좋은 추억을 쌓는 것이 중요하다는 것을 알지만, '직장 일로 바빠서', '피곤해서' 등의 이유로 아이와 보내는 시간을 다음으로 미룹니다. 많은 시간 아이와 놀아줘야 한다는 부담감이 부모의 마음을 무겁게 할 때도 있습니다. 이러한 고민이 있는 부모들을 위해 이 책을 준비했습니다.

이 책은 특별한 준비도, 큰 계획도, 긴 시간도 마련할 필요 없이 매일 하나씩 쉽게 실천할 수 있는 것들을 소개하고 있습니다. '말', '생활지도', '감정', '놀이', '그림책', '즐길 거리'라는 6가지 주제로 쉽고 간단하지만, 아이와 눈을 맞추며 만나는 시간을 가질 수 있도록 구성하였습니다.

DAY 1. 마음이 자라는 오늘의 말

아이들은 매일 매일 성장합니다. 아이들의 성장은 세상을 만나는 일이고, 미래를 꿈꾸며 한 걸음 나아가는 '변화'이기도 합니다. 특히 이 시기는 자신감과 자아존중감, 자율성이 길러지는 시기라 아이의 성장은 더 의미 있고 찬란하지요. '부모의 말'은 이 찬란한 시기를 더 가치 있고 아름답게 만듭니다. 말은 힘이 세서 그 사람의 삶 전반에 영향을 미칩니다. 긍정적일 때는 무엇을 하고자 하는 원동력이 되지만, 부정적일 때는 가시가 되어 오랜 시간 동안 마음에 콕 박혀 있기도 합니다. 따라서 행복한 아이들의 성장을 돕는 언어를 사용해야 합니다.

첫째 날은 아이에게 꼭 해 주어야 할 말이나 들려주어야 할 말을 소개합니다. 격려와 응원, 위로 등 성장에 필요한 따뜻한 말들은 아이의 내면에 잠재

된 보물들을 끼내는 열쇠와노 같아서, 일관성 있게 지속적으로 사용하는 것이 중요하지요. 마음이 자라는 말을 매일매일 실천하다 보면, 아이와 부모 모두 행복하게 성장해 나갈 것입니다.

DAY 2. 슬기로운 생활습관과 안전

잠자고 일어나서, 씻고 밥을 먹는 등의 일상적인 일은 어른에게는 익숙하지만, 아이에게는 어렵고 새로운 도전입니다. 둘째 날에는 단추 끼우기, 신발 신기 등 자립을 돕는 생활습관을 아이의 발달 특성에 맞춰 단계적으로 제시하고, 아이 스스로 실천할 수 있도록 안내합니다.

육아 과정에서 마주하는 생활지도의 어려움에 대한 원인을 아이들의 보편적인 특성과 이에 따른 행동 이해에서부터 풀어갑니다. 또한, 아이들이 자연스럽게 생활습관을 익힐 수 있게 다양한 놀이 방법을 소개하고, 자전거, 전기 등 일상 속 다양한 상황에서 아이에게 필요한 안전을 따뜻한 시선으로 안내합니다.

DAY 3. 마음을 이해하는 감정 공부

일상을 살아가다 보면 다양한 감정을 마주합니다. 감정의 형태는 다채로워서 우리 마음을 즐겁게도 하지만, 때로는 분노나 슬픔으로 가득 차게 하지요. 감정에는 고유의 특성이 있으므로, 어느 감정이 좋고 나쁘다고 말할 수 없습니다. 무엇 때문에 이러한 감정이 생겼는지 상황을 살피며, 자기감정을 들여다보는 것이 중요합니다. 성장하는 아이들도 자신의 감정을 알아차리고, 그 감정을 적절하게 표현하는 것이 필요합니다. '감정을 안다' 라는 것은 자신의 마음뿐만 아니라 타인의 마음도 이해할 수 있는 바탕이 됩니다.

셋째 날에는 일상에서 느끼는 긍정적인 감정과 부정적인 감정을 함께 제시하여 적절하게 표현하는 방법을 안내합니다. 매주 하나씩 아이와 함께 감정을 알아가다 보면, 어느새 아이와 부모 마음에 행복의 씨앗들이 자라나고 있을 것입니다.

DAY 4. 몸 튼튼, 마음 튼튼 즐거운 놀이

아이의 성장에 있어 놀이는 매우 중요합니다. 특별히 아이와 부모가 함께한 놀이 시간은 소중한 추억으로 남습니다. 넷째 날에는 아무런 도구 없이 또는 가정에서 쉽게 구할 수 있는 종이나 티슈, 상자, 방석, 이불 등 간단한 물건으로 쉽게 할 수 있는 놀이를 소개합니다.

퇴근 후 집에서 아이와 마주하는 짧은 순간에도 쉽게 할 수 있고, 놀이터나 집 밖으로 나가지 않아도 아이가 머무르는 곳이라면 어디서든 즐겁게 할 수 있는 놀이로 구성했습니다.

놀이에 적극적으로 참여하며 '잘하고 있구나', '○○이와 함께하니까 즐겁다' 와 같은 긍정의 언어를 사용하며 아이와 함께 놀이하는 것이 즐겁다는 모습을 보여 주는 것이 좋습니다. '놀아준다' 는 마음이 아닌 '함께 놀이한다'는 마음으로 참여하면 더욱 즐거운 놀이가 될 수 있을 것입니다.

DAY 5. 마음과 생각을 키우는 그림책

　그림과 글이 어우러진 그림책을 통해 아이는 감정을 이해하고 세상을 탐색합니다. 그리고 생각과 상상력을 키우지요. 부모와 함께 그림책을 보고, 느끼고, 이야기하는 것은 아이에게 중요한 경험이 됩니다.

　다섯째 날에는 그림책으로 새로운 세상을 만나봅니다. 아이는 그림책의 줄거리를 읽으며 호기심을 갖게 되고, 그림책의 특징 소개에서는 더 깊이 만나보고 싶은 마음이 들게 되지요. 또 그림책과 함께할 수 있는 놀이는 그림책과의 만남을 더 풍성해지도록 합니다. 이번 주에는 어떤 그림책을 만나게 될지 기대되지 않나요? 그림책을 읽고 난 후 책에 있는 질문을 해보세요. 아이의 정서와 사고력에도 도움이 됩니다.

DAY 6. 일상에서의 작은 여행과 탐험

　매일 다니던 길도, 매일 보던 건물도 조금만 다른 방향으로 시선을 돌리면 새로운 공간으로 다가옵니다. 또 무심코 만나는 햇살, 바람, 꽃, 나무도 마음을 나눌 수 있는 친구가 되지요. 버스나 지하철은 세상을 배우는 즐거운 여행을 선사하고, 우리가 자주 가는 편의점이나 식당 등은 아이의 세계를 넓혀주는 생활 속 탐험 장소가 됩니다.

여섯 번째 날에는 주말에 아이와 함께 쉽게 경험할 수 있는 다양한 체험을 소개합니다. 준비물은 필요 없습니다. 아이와 함께 하는 즐거운 마음만 있으면 되지요. 아이와 함께할 수 있는 다양한 놀이와 활동도 소개되어 있으므로, 이번 주말에는 무엇을 할까 고민하지 마시고 일상에서의 소소한 여행과 탐험을 떠나보세요.

이 책은 오랜 시간 동안 유아교육의 현장에서 수많은 아이와 함께하면서 쌓은 육아의 지혜를 선별해서 담았습니다. '완벽한 부모'가 아니라 '아이와 함께 자라는 부모'가 되는 데 도움을 주는 책이길 바라며, 아이들을 아끼고 사랑하는 마음과 부모들을 응원하는 마음을 모아 엮었습니다.

하루에 하나씩 실천하다 보면 어느덧 아이와 좋은 추억이 쌓이고, 부모와 아이 모두가 성장해 있을 것입니다. 그리고 훗날 우리의 자녀도 부모님과 함께했던 어린 시절을 기억하며 세상을 아름답게 품을 것입니다.

아이와 함께 보내는 일상이 누군가에게는 힘들고 고민 가득한 매일이 될 수 있겠지만, 이 책을 만나는 부모들에게는 행복감과 기대감으로 채워지는 선물 같은 하루하루가 되길 바랍니다.

저자 일동

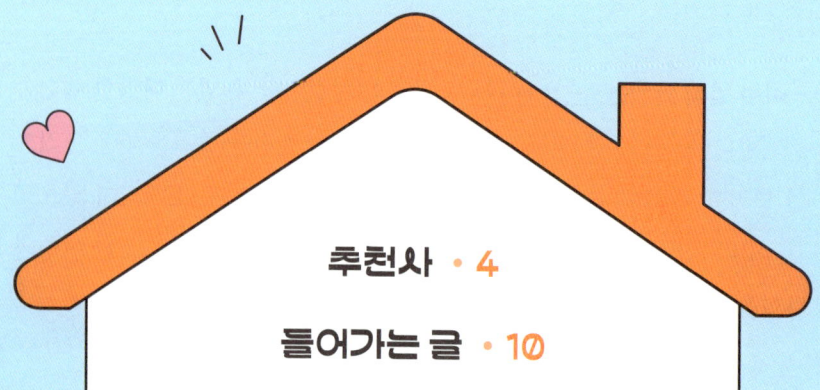

추천사 · 4

들어가는 글 · 10

첫 번째 달 · 19

두 번째 달 · 45

세 번째 달 · 71

네 번째 달 · 97

다섯 번째 달 · 123

여섯 번째 달 · 149

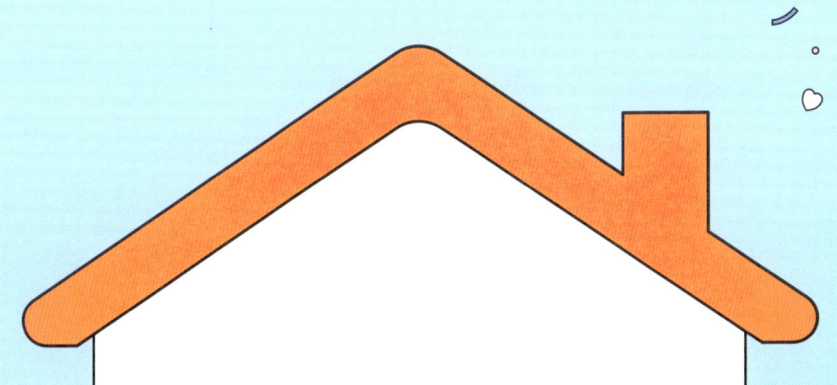

일곱 번째 달 • 175

여덟 번째 달 • 201

아홉 번째 달 • 227

열 번째 달 • 253

열한 번째 달 • 279

열두 번째 달 • 305

그림책 목록 • 330

첫 번째 달

| Week 1 • Day 1   마음이 자라는 오늘의 말

 ## ○○야(이름 부르기)

'이름'은 그 사람을 나타내며, 저마다 고귀한 존재임을 의미합니다. 아이의 이름을 지을 때 '무엇과도 바꿀 수 없는 소중한 내 아이가 건강하고 바르게 자라길 바라는 마음'으로 정성스럽게 짓습니다. 그런데 현실에서는 잔소리를 하거나 야단을 칠 때 이름을 부르는 경우가 많지요.

"○○야! 이것밖에 못 하니? 누굴 닮아서 그래?", "△△ 좀 봐 얼마나 잘해!", "○○야! 그만해! 또 싸우니? 엄마(아빠)한테 혼난다!"

이 말들을 아이가 들으면 어떨까요? '엄마(아빠)는 나를 사랑하지 않나 봐', '나는 왜 이렇게 못하지?'라는 생각이 들어 의기소침해지거나 낙담하게 됩니다. 또 부모가 이름을 부를 때 '내가 또 잘못했구나'라는 생각에 긴장된 얼굴로 쳐다보거나 일부러 못 들은 척 대답을 안 하기도 합니다.

아이의 이름을 다정하고 따뜻한 목소리로 부르면, 이름의 의미가 더 빛을 발하여 가치 있게 만듭니다. 특정한 상황에서만 아니라 아이가 내 품에 온 날을 떠올리며 아무 때나 그 마음을 담아 아이의 이름을 불러보세요.

 부모의 말 습관

○○야, ○○야, ○○가 참 좋아서 그냥 이름을 불러보았어.

○○야, 네 이름의 뜻은 '하늘처럼 푸르고 아름답다'는 뜻이야. 그렇게 자라길 바란단다.

○○의 이름을 부를 때마다 참 귀해서 엄마(아빠)는 참 행복하단다.

| Week 1 • Day 2   슬기로운 생활습관과 안전

즐거운 아침 인사

　따뜻한 아침 인사는 하루의 시작을 밝고 맑게 열어줍니다. 아침에 아이와 즐겁게 인사하면 아이는 부모의 사랑과 관심을 느끼며 더 안정된 환경에서 하루를 시작할 것입니다. 아이와 눈을 맞추고 이름을 불러주며 마음을 담아 건네는 짧은 인사 한마디는 아이의 마음을 편안하게 하고, 교실이나 가정에서도 긍정적인 관계 형성의 기초가 됩니다. 이러한 아침 인사는 아이가 자연스럽게 다른 사람을 존중하고 배려하는 언어를 배우도록 돕습니다. 아이와 부모 모두 긍정적인 마음으로 하루를 시작할 수 있는 즐거운 모닝 인사법을 소개합니다.

 이렇게 해 보세요

- **미소로 아침 열기** 아이의 눈을 보며 즐거운 목소리로 인사해 보세요. 아이에게 웃으며 인사하면, 아이도 웃으면서 기분이 좋아질 것입니다. 만약 아이가 피곤하거나 우울한 기분이라면 굳이 웃으라고 강요하지 말고, 이해하며 지지해 줍니다.
- **다정하게 애칭(별명) 부르기** 아이에게 '사랑둥이, 귀염둥이, 예쁜이' 등의 애칭을 부르며 사랑과 관심을 전해 보세요. '좋은 아침이야, 내 사랑 공주'와 같은 말을 사용하면, 아이는 더 긍정적인 에너지를 받습니다.
- **아이 마음 열기** 아이와 어제 있었던 일, 오늘 할 일, 아이의 기분 등에 관해 이야기 나눠보세요. 아이의 생각과 마음을 더 이해하는 시간이 될 것입니다.
- **1분 스킨십** 손잡기, 어깨나 등 마사지, 머리 쓰다듬기 등의 1분 스킨십으로 하루를 시작하면, 스트레스를 해소하고 기분 좋게 하루를 시작할 수 있습니다.

| Week 1 • Day 3   마음을 이해하는 감정 공부

반갑다

　보고 싶었던 사람이나 좋아하는 사람을 만나면 '반갑다' 라고 표현합니다. 반가움을 말로 전달했을 때 상대방의 마음은 더 기쁨으로 가득 차, 그 마음이 배가 되지요. '반갑다'는 순우리말로 어떠한 것에 대한 기쁨과 즐거움을 표현할 때 사용합니다. '반갑다'에는 사람을 만나거나 내가 원하는 일이 이루어질 때와 같이 크게 두 가지의 의미를 내포합니다.

　매일 보는 아이지만, 너무도 소중하기에 잘 지내길 바라는 마음이 큽니다. 그래서 아이가 하루를 잘 보내는 것도 참 반가운 일이지요. 이 반가운 마음을 아이에게 전달해 볼까요? 또 '반갑다'의 의미를 이해할 수 있게 일상에서 '반갑다' 라는 말을 자주 사용해 보세요.

❝ 감정을 표현하는 말 ❞

* ○○야, 유치원(어린이집)에 잘 다녀왔니? ○○를 다시 만나서 무척 **반가워**.
* 오늘은 시골에 계시는 할머니 댁에 갈 거야. 할머니를 만날 생각을 하니 벌써 **반가운** 마음이 드는구나.
* 오늘 동물원에 가는 날이야. 비가 올까 봐 많이 걱정했는데, 해가 떠서 참 **반갑다**.

'반갑다'는 자기 마음을 긍정적으로 표현하는 언어입니다. 먼저 아이들이 '반가움'을 몸으로 느낄 수 있게 표정으로 지어본 뒤, 어떤 때 '반갑다'라는 말을 사용하는지 다양한 사례를 들어 이야기해 봅니다.

| Week 1 • Day 4   몸 튼튼, 마음 튼튼 즐거운 놀이

티슈로 간질간질

　일상에서 수시로 사용하는 티슈를 활용하여 부드러운 촉감을 느껴보는 놀이를 할 수 있습니다. 부드러운 감촉의 티슈로 자기 몸과 주변 세계를 살펴보고, 몸을 움직이면서 촉감을 경험하면 뇌와 감각이 동시에 발달합니다.

준비물: 티슈

1. 티슈를 한 장 펼쳐서 흔들어 보고, 공중으로 날려 부드러운 움직임을 탐색합니다.
2. 티슈를 아이의 손바닥과 손등에 올려 부드럽게 움직여 봅니다.(팔, 다리, 등에도 반복합니다)
3. 양손을 모아 손 터널을 만들고 티슈 기차로 손 터널을 통과시킵니다.
4. 엄지와 검지로 원을 만들어 실이 바늘귀를 통과하는 것처럼 부드럽게 손가락 사이를 지나가게 합니다.(손가락 사이나 발가락 사이에 해도 좋습니다)
5. 아이 스스로 본인의 손, 발, 얼굴 등에 티슈를 스쳐보게 합니다.
6. 여러 장의 티슈를 아이의 몸에 흩뿌리고, 티슈가 떨어진 곳을 가리키며 "○○이 손등에 떨어졌네", "○○이 발에 떨어졌네"라고 말합니다.
7. 티슈를 손바닥으로 뭉치고 발바닥으로 둥글게 굴려서 공처럼 만들어 던지고 받는 놀이를 합니다.
8. 놀이가 끝나면 떨어진 티슈를 정리합니다.(사용한 티슈는 어떻게 하는 것이 좋을지 의논하여 활용합니다)

| Week 1 • Day 5   마음과 생각을 키우는 그림책

최고의 이름

간절한 소원으로 태어난 아기 곰에게 아빠 곰은 세상에서 가장 좋은 이름을 지어주고 싶어 합니다. 숲속 친구들에게 '최고의 이름'을 지어주길 부탁하자, 저마다 자신이 생각하는 이름을 선물합니다. 고민 끝에 아빠 곰은 아기곰에게 최고의 이름을 만들어 주지요.

루치루치 글그림, 북극곰

이 책은 아이가 최고의 이름으로 최고의 삶을 살기 바라는 부모의 마음이 들어있습니다. 부모님은 책을 읽으며 아이가 태어난 순간부터 이름이 가진 의미나 지어지는 과정에 대해 함께 이야기 나눌 수 있답니다. 아이는 부모님의 이야기를 들으며 '나는 태어난 순간부터 사랑받는 소중한 존재'라는 확신을 얻게 되고, 스스로 삶을 긍정하고 자존심을 키울 수 있습니다.

가족이 모여 자기 이름을 쓰고 그 옆에 자신을 표현할 수 있는 그림이나 단어를 붙여 '나만의 특별한 이름 카드'를 만들어 보는 건 어떨까요?

마음과 생각을 키우는 그림책 대화 질문

* 아기곰이 태어났을 때 엄마 곰과 아빠 곰은 어떤 마음이었을까?
* 네가 만약 아기곰이라면 어떤 '최고의 이름'을 갖고 싶니?
* 너의 이름에는 어떤 뜻이 있을까?

| Week 1 • Day 6   일상에서의 작은 여행과 탐험

 # 서점

 클릭 한 번으로 집에서도 책을 살 수 있지만, 오늘은 서점으로 발걸음을 해 볼까요? 먼저 서점에 도착하면 아이와 함께 서점을 한 바퀴 둘러봅니다. 책을 읽는 사람들의 모습, 조용한 분위기, 진열된 책 등을 보면서 자연스럽게 서점에서 지켜야 할 약속에 대해 알게 됩니다.

 유아 도서 코너에 가 볼까요? 요즘은 아이들이 책을 읽을 수 있도록 어린이 의자나 단독 공간 등을 제공하는 서점이 많습니다. 아이가 읽고 싶은 책을 직접 골라 읽을 수 있는 시간을 가져봅니다.

 팬시용품이나 음반, 도서 관련 물품 판매, 커피숍, 도서관처럼 책을 읽을 수 있는 공간 등이 있는 서점도 있습니다. 단순히 책을 파는 공간에서 문화 공간처럼 변하는 서점은 아이가 조금 더 서점에 친숙해지는 기회를 제공합니다. 만약 동네에 중고서점이 있다면 더 이상 읽지 않는 책을 서점에 팔 수도 있고, 읽고 싶은 책을 저렴한 가격에 살 수도 있습니다.

 서점이 좋아요!

* **어디에 있을까?** 아이가 사고 싶어 하는 책이 있다면 서점에 있는 도서 검색기로 검색한 다음, 책 찾아보기
* **책 제목에서 글자를 찾아요!** 책 제목에서 내 이름과 같은 글자 찾기, 책 제목에 같은 자음이 몇 개인지 세어보기

| Week 2 • Day 1   마음이 자라는 오늘의 말

축하해

    일 년에 한 번 우리는 가족, 친구, 가까운 지인으로부터 생일 축하를 받습니다. 나의 탄생을 축하해주는 사람들을 통해 내가 얼마나 소중한 사람인지 다시 한번 느끼게 됩니다. 아이들은 매일 성장하고 변화하며 날마다 새롭게 태어납니다. 매일이 생일처럼 축하받을 일이 가득하지요. '생일' 같은 특별한 날뿐만 아니라 아이가 일상에서 조금이라도 노력한 일이나 변화한 일에도 축하해줍니다. "오늘은 스스로 일찍 일어났구나! 대단하네! 축하해!", "어제는 퍼즐을 4개 맞췄는데, 오늘은 5개를 맞췄구나! 축하해!"와 같이 누군가가 자신의 변화를 알아차리고 축하해주는 것은 참 기쁘고 행복한 일이지요. 특히 성장 중인 아이에겐 축하의 의미가 남다를 수 있답니다.

    어려서부터 '축하'의 말을 많이 받고 자란 아이는 자신을 긍정적으로 받아들이며, 가치 있는 존재로 생각하게 됩니다. 이러한 긍정성은 자아존중감을 형성하는 밑거름이 되지요. 축하받고 자란 아이는 다른 사람을 축하하는 법을 알게 되며, 아무리 힘든 상황에서도 자신을 지킬 힘이 생깁니다. 일상에서 아이가 조금이라도 노력하는 것이 있다면, 그 행동을 격려하는 말을 해주세요. "○○야! ~해서 축하해!"

 부모의 말 습관

> 자동차 그리는 것을 어려워했는데, 오늘은 용기를 내어 자동차를 그렸네! 축하해!

> 오늘은 친구에게 먼저 다가가서 같이 놀자고 말해주었구나! 용기를 낸 ○○이! 축하해!

| Week 2 • Day 2   슬기로운 생활습관과 안전

 # 모닝 루틴 만들기

　어려서부터 일정한 모닝 루틴을 가지면 아이는 규칙적이고 일관성 있는 생활 습관을 형성할 수 있습니다. 모닝 루틴은 아이들이 하루를 더 건강하고 효율적으로 보낼 수 있도록 도와줍니다.

 이렇게 해 보세요

- **아이의 발달 수준, 흥미, 일상 파악하기** 잠자리에서 일어나기, 아침 식사 전 할 일, 아침 식사 등 아이 스스로 할 수 있는 일과 흥미를 느끼는 부분 등을 파악하여 아침에 아이가 어떤 것을 할 수 있는지 함께 이야기 나눠봅니다.
- **함께 계획하는 모닝 루틴** 어떤 모닝 루틴을 할지 계획을 세워 보세요. 일정한 시간에 어떤 일을 어떤 순서로 할 것인지 아이와 함께 만들어 봅니다.(예: 아침에 일어나서 간단한 체조하기→ 인사하기→ 세수하기)
- **일관성 있게 그리고 유연하게** 일상적인 일들이 습관이 되려면 일관성이 가장 중요합니다. 병원 입원, 친척 집 방문, 여행 등 일상적이지 않은 일이 생길 때는 모닝 루틴 중에 할 수 있는 것만 해 보면서 유연하게 대처할 수 있습니다.
- **다양한 방법으로 흥미 있게** 모닝 루틴을 게임이나 놀이로 아이가 즐겁고 흥미롭게 참여할 수 있도록 도와주고, 잘 마무리하면 해당 날짜에 스티커 붙이기, 도장 찍기, 색칠하기 등으로 꾸준히 실천할 수 있도록 지도합니다.
- **긍정적인 피드백** 매일 아이가 한 루틴을 살펴보며 "매일 아침 꾸준하게 실천하는 게 쉽지 않은데, 정말 훌륭하다"처럼 구체적이고 긍정적으로 격려해 주면, 모닝 루틴을 꾸준히 실천하는 데 도움이 됩니다.

| Week 2 • Day 3   마음을 이해하는 감정 공부

설레다

곤히 잠든 아이를 바라보고 있으면 너무도 천사 같아서 마음이 두근거리고 설렙니다. '설레다' 라는 단어 자체가 사람의 마음을 콩닥콩닥하게 하지요. 사랑에 빠질 때, 하고픈 일을 처음 시작할 때, 무언가를 다 마무리하여 결과물을 볼 때처럼 우리는 여러 상황에서 설렘을 느낍니다. 특히 아이와 함께한 순간을 떠올리면 설레는 마음이 더 가득하지요. 처음으로 '엄마, 아빠' 라고 불러준 날, 아장아장 처음으로 걸었던 때, 한걸음에 달려와 와락 안긴 순간, '엄마(아빠)가 제일 좋아' 라는 말까지 설렘의 순간은 참 다양합니다. 이 설렘의 감정을 아이에게 그대로 표현해 주세요.

감정을 표현하는 말

* 엄마(아빠)에게 사랑한다고 말해줘서 마음이 두근거리고 설렜어.
* 활짝 웃는 ○○를 보니 너무 설레어.
* ○○가 그린 자동차를 보니 참 근사해서 마음이 설렌단다.
* ○○가 색종이로 바구니 접는 것을 포기하지 않고 끝까지 접어서 설렜어.
* ○○가 큰 소리로 인사하는 모습에서 용기가 보여 마음이 설렜어.

아이와 함께하는 순간들이 아름다운 추억으로 마음 한편에 자리합니다. 설레던 순간을 오래도록 기억할 수 있게 노트에 적어본 뒤, 어떤 부분이 설레었는지 이야기합니다. 아이는 부모의 감정 표현을 통해 다양한 설렘의 순간을 느낄 수 있을 것입니다.

| Week 2 • Day 4   몸 튼튼, 마음 튼튼 즐거운 놀이

티슈 따라가기

아이가 태어나서 처음 눈으로 만나는 세상은 신기함이 가득한 곳입니다. 또 아이가 사물을 만지려고 손을 뻗는 것은 눈의 신경이 발달하고 있음을 알려주는 것이지요. 아이들은 감각을 통해서 세상을 배우기도 하고, 소통하려는 욕구도 생깁니다. 아이와 부모가 함께 하는 티슈 놀이로 미세한 눈 동작이 가능해지고 눈과 사물의 협응이 잘 이루어지면 원활하게 책을 읽기 위한 준비도 될 수 있습니다. 아이와 함께 눈과 손을 다양하게 움직여 보는 재미있는 놀이를 해 봅시다.

준비물: 티슈 1장

1. **티슈 쳐다보기** 티슈를 위, 아래, 왼쪽, 오른쪽으로 움직이며 티슈의 움직임을 쳐다봅니다.
2. **눈동자 움직이기** 몸과 머리는 가만히 있으면서 눈동자만 움직이는 티슈를 따라가며 바라봅니다.(위→아래, 왼쪽→오른쪽, 물결 모양, 원 그리기 등)
3. **날아다니는 티슈** 휴지를 얇게 펴서 공중으로 던지고 바닥에 떨어지는 티슈의 움직임을 눈으로 따라갑니다.
4. **티슈 잡기** 공중으로 던진 휴지를 바닥에 떨어지기 전에 손으로 잡습니다.

| Week 2 • Day 5   마음과 생각을 키우는 그림책

마음 체조

음악 발표회를 앞두고 너무 떨려 잠도 못 잔 송이는 아빠, 엄마, 선생님 등을 만나 누구나 떨릴 때가 있다는 것을 알게 됩니다. 두근거리는 마음을 달래기 위해 아빠는 '사르르 체조', 엄마는 '활짝 체조', 선생님은 '아자 아자 체조' 등을 합니다. 이를 본 송이도 용기를 가지고 자신만의 마음 체조를 통해 음악 발표회를 잘 마무리하지요.

이유진 글그림,
위즈덤하우스

이 책은 아이가 발표나 공연, 시험처럼 새로운 도전을 앞두고 긴장이 될 때, '떨지 말아야 한다'는 부담감 대신 '누구나 두근거리고 긴장할 수 있다'라는 공감과 안정을 느끼게 합니다. 또한, 떨리는 마음을 다양한 체조에 담아 마음 근육을 키울 수 있게 해 줍니다.

오늘은 우리 가족 체조를 만들어 보세요. 각자 자신만의 체조 동작을 만들어 함께 따라 해 보세요. 만약 긴장한다면 "나는 할 수 있어!", "괜찮아, 떨려도 돼!"라고 적은 문장을 아이가 발표 전에 꺼내 볼 수 있게 해 주세요.

마음과 생각을 키우는 그림책 대화 질문

- ★ 네가 떨렸던 순간은 언제였니? 그때 어떤 기분이 들었니?
- ★ 그림책의 주인공처럼 너만의 '마음 체조'를 만들어 본다면 어떤 동작일까?
- ★ 무대에 서 있는 송이에게 해 주고 싶은 '응원 한마디'는 무엇일까?

| Week 2 • Day 6   일상에서의 작은 여행과 탐험

도서관 I

　책보다는 영상, 종이보다는 전자기기에 더 익숙한 아이들에게 책의 매력을 느끼게 해 줄 수 있는 곳! 다양한 세계와 여러 주인공을 만날 수 있는 곳! 네, 오늘의 여행지는 도서관입니다. 오직 어린이만을 위한 '어린이 도서관'도 있지만, 대부분 지역 도서관에는 어린이 열람실이 따로 있습니다. 방문하기 전 아이와 함께 도서관의 특징과 지켜야 할 약속에 대해 알아본다면, 조금 더 도서관에 관심을 갖고 방문할 수 있습니다.

　도서관에 도착하면, 먼저 아이가 눈으로 살펴볼 기회를 줍니다. 아이의 눈에는 여러 가지 종류의 책, 일하시는 사서 선생님, 책상이나 의자, 책 읽는 사람 등 다양한 풍경이 담길 것입니다.

　책을 읽기 전에 도서관의 책은 모든 사람의 것이기 때문에 찢거나 망가트리지 않고 소중히 보아야 한다는 것을 알려줍니다. 아이가 더 읽고 싶어 하는 책이 있다면 대출 기능을 이용할 수 있도록 안내해 주세요. 그리고 반납도 직접 해 본다면 자연스럽게 도서관의 즐거움을 알게 될 것입니다.

 도서관에 어서 오세요!

* **책을 빌려드립니다** 도서 대출증을 만들어 아이가 원하는 책 대여해 보기
* **신청해요** 이달의 추천도서, 이야기 선생님, 독서 프로그램 등 도서관에서 마련한 프로그램 살펴보기
* **도서관에서는 쉿!** 도서관에서 지켜야 할 약속을 알아보고, 조용히 책보기에 도전!

| Week 3 • Day 1   마음이 자라는 오늘의 말

기대가 돼

아이들은 매일 변화하며 성장합니다. 그 변화가 긍정적일 때도 있지만, 부정적으로 나타날 때도 있지요. 아이가 긍정적으로 변화하면 참 고맙고 대견하지만, 부정적으로 변화할 때는 '혹시나'라는 생각에 불안감이 앞섭니다. 이러한 불안감은 아직 일어나지 않은 일까지 생각하게 하여 아이에게 많은 걱정과 요구를 하게 되지요. 부모의 불안감은 아이에게도 고스란히 전달되어 '나는 할 수 없어', '또 혼날 거야!' 등 부정적 마음을 가질 수 있답니다.

아이를 바라보는 시선을 어디에 두느냐에 따라 아이의 성장은 달라질 수 있습니다. 아이의 노력에 기뻐하고 지지하는 부모의 모습에서 아이는 자신이 무엇을 어려워하고 잘 해내는지 알아차리게 됩니다. 그러므로 아이에게 부담을 주는 기대보다 "못해도 괜찮아. 다시 하면 돼. 기다릴게"라는 과정 중심의 기대가 필요합니다.

 부모의 말 습관

> 오늘 여러 사람 앞에서 용기를 내어 네 생각을 이야기했구나! 내일도 다른 사람들 앞에서 어떤 이야기를 할지 기대가 돼!

> ○○야, 퍼즐 맞추기를 포기하지 않고 끝까지 해내는 모습에 감동했어. 내일은 어떤 방법으로 퍼즐을 맞춰 나갈지 기대가 돼!

> ○○의 마음속에 있는 용기를 꺼내볼까? 용기는 엄청난 힘이 있어서 마음 밖으로 나오게 되면 무엇이든 도전해 보려고 노력하게 된단다. ○○의 마음에서 어떤 용기가 나올지 기대가 돼!

| Week 3 • Day 2   슬기로운 생활습관과 안전

 몸과 마음이 건강해지는 아침 식사

　아침 식사는 아이들에게 영양을 공급하고 에너지를 충전함으로써 아이의 뇌 발달에 긍정적인 영향을 미치며, 하루를 더 활기차게 시작할 수 있습니다. 아침 식사를 하면 어떤 점이 좋은지 이야기 나눠보면서 아이 스스로 아침 식사를 즐겁게 할 수 있도록 도와줍니다.

이렇게 해 보세요

* **아침 식사 시간 확보** 충분한 시간을 확보하여 급하게 식사하지 않도록 합니다. 아이와 함께 아침 식사를 몇 시에 할지 정해봅니다. 또 '아침 8시는 즐거운 식사 시간! 기대해 주세요!'(예시)라는 문구를 벽에 부착하여 아이가 그 시간에 식사를 할 수 있도록 도와줍니다.
* **식사 준비 시 아이의 참여** 아침 식사 메뉴를 아이와 함께 정하고, 식사를 준비할 때 수저 놓기나 간단한 요리에 아이가 직접 참여하면, 음식에 대한 관심과 즐거움을 느낄 수 있습니다.
* **아침 식사에 이름 붙이기** 화이트보드에 '오늘의 아침 메뉴'를 적은 다음 함께 읽어봅니다. 또 아이가 아침 메뉴에 관심을 가질 수 있게 "오늘의 아침 식사 이름은 뼈 튼튼 아침 식사야"(예시)와 같이 아침 식사에 이름을 붙여봅니다.
* **밥상머리 예절 교육** 식사 전 손 씻기, '잘먹겠습니다' 인사하기, 바른 자세로 앉기, 음식으로 장난치지 않기, 수저로 그릇을 때려서 소리 내지 않기, 음식을 삼킨 후 말하기, 어른 먼저 식사하기, 식사 후 '감사히 잘 먹었습니다'라고 감사 표현하기 등 식사 시 지켜야 할 예절에 관해 이야기를 나눕니다.

| Week 3 • Day 3   마음을 이해하는 감정 공부

따뜻하다

　많은 사람이 엄마(아빠)의 품을 생각하면 마음이 따뜻해진다고 합니다. 그 이유는 아마도 정답고 포근함이 느껴지기 때문이겠지요. 알맞게 더운 날씨를 '따뜻하다'라고 하듯 우리가 느끼는 감정에서도 과하지 않고 알맞은 정겨움과 포근함을 느낄 때 '따뜻하다'라고 표현합니다. 우리 아이도 따뜻한 감정을 느끼고 다른 사람에게도 따뜻함을 선물할 수 있다면, 오늘도 행복한 하루를 보낼 수 있을 것입니다.

감정을 표현하는 말

* 나에게 정성을 다해 친절하게 설명해 주는 모습에 마음이 **따뜻해진단다**.
* 아픈 친구를 도와주고 싶어 하는 걸 보니 참 **따뜻한** 마음을 가졌구나.
* 괜찮다고 먼저 말해주는 네가 참 **따뜻하게** 느껴졌어.
* 걱정하는 엄마(아빠)를 위로해 줄 때 **따뜻하다고** 느꼈단다.
* 할머니가 나를 안아줄 때 '참 **따뜻하구나!**'라고 느꼈어.
* 어려운 이웃을 도와준다면 **따뜻한** 마음이 전해질 거야.

'따뜻하다'는 감정은 관심과 배려가 함께 보일 때 느끼게 됩니다. 감정에서 느끼는 따뜻함은 물리적인 따뜻함과는 다른 내적인 표현이므로, 구별하여 사용해 봅니다.

| Week 3 • Day 4   몸 튼튼, 마음 튼튼 즐거운 놀이

색깔 찾기

  색깔을 구분하는 것은 사물의 차이점과 유사점을 인식하는 첫 번째 방법의 하나이며, **색깔을 탐색하는 놀이는 주의집중에 도움이 됩니다.** 다양한 색깔을 한꺼번에 알아가기보다는 한 가지 색깔에 초점을 맞춰 놀이한 후에 다른 색깔들을 차례로 탐색하면 재미있게 몰입할 수 있습니다.

준비물: 상자 또는 바구니, 여러 가지 색깔의 장난감

1. 집 안에 있는 다양한 물건을 보며 색깔의 이름을 자연스럽게 이야기합니다.(예: "의자가 빨간색이네", "노란 가방이구나", "초록색 잎이다" 등)
2. 상자나 바구니에 여러 가지 색깔의 장난감을 담아둡니다.
3. 상자 안의 물건 중 하나를 꺼내서 "이것과 같은 색깔을 모두 찾아보자"라고 말하며, 함께 골라냅니다.
4. 아이에게 특정한 색깔(빨강, 초록 등)을 말해주고 골라내보게 합니다.
5. 특정 색깔을 말해주고 그 색깔이 아닌 물건만 덜어내 봅니다.
6. 같은 색깔의 물건들을 크기가 가장 큰 물건부터 작은 물건까지 줄지어 놓게 합니다. 쌓을 수 있는 물건이면 위로 쌓아보게 합니다.
7. 집안 이외에도 놀이터, 정원 주변에서 사물에 색깔의 이름을 넣어 불러주어 특정한 색깔을 찾아봅니다.
8. 아이가 원하는 색깔을 선택하고 해당 색깔의 날로 정해 하루 종일 지냅니다.(예: 빨간색 옷을 입고, 빨간색 양말을 신고, 빨간색 블록 쌓기 등)

| Week 3 • Day 5   마음과 생각을 키우는 그림책

너를 처음 만난 날

아이는 어느 날 부드럽고 따듯한 토끼 인형을 선물로 받습니다. 첫눈에 마음을 뺏긴 아이는 아침에 눈을 뜨고 잠자리에 들 때까지 토끼 인형과 함께합니다. 그런데 아이가 깜빡 잠든 사이 토끼 인형을 잃어버리고, 아이는 슬픔에 빠집니다. 아이는 예상치 못한 이별을 경험하면서 슬픔과 상실의 감정을 마주합니다.

김영도 글, 서지민 그림,
호랑이꿈

섬세함이 느껴지는 색연필 터치와 따뜻한 색감이 돋보이는 이 책은 아이에게는 감정을 시각적으로 경험할 수 있게 하고, 어른에게는 아련한 추억을 떠올리게 하지요. 또 관계를 맺고, 이별하고, 다시 새로운 관계를 맺는 과정을 통해 사랑과 상실, 회복과 희망을 배우게 합니다.

아이가 친구를 만났을 때 어떻게 인사하면 좋을지 정해보세요. 손 흔들기, 하이파이브, 어깨 톡톡, 안녕, 손 하트 등 각자 원하는 방법으로 '처음 인사하기 놀이'를 즐겁게 해 봅니다. 놀이를 통해 아이는 친구와의 관계 맺기를 어려워하지 않고 자연스럽게 배울 수 있습니다.

 마음과 생각을 키우는 그림책 대화 질문

* 처음 토끼 인형을 선물 받은 주인공의 기분은 어땠을까?
* 너도 아끼는 친구가 있니?
* 만약 어느 날 친구가 떠난다면 어떨 것 같니?

| Week 3 • Day 6   일상에서의 작은 여행과 탐험

도서관 Ⅱ

　도서관에서는 주민들을 위해 영화를 상영하기도 합니다. 대부분 작품성이 검증되고, 아이들이 보기 좋거나 가족과 함께 볼 수 있는 영화입니다. 도서관 홈페이지에서 어떤 영화를 상영하는지 미리 확인할 수 있습니다.

　교실만 한 공간에서 상영하는 곳도 있고, 작은 방 크기의 공간에서 영화를 보는 곳도 있습니다. 공간이 크지 않다 보니 대형 극장에서 경험할 수 있는 다채로움이나 웅장함은 없지만, 동네 이웃을 만나기도 하고 또래와 함께 영화를 보는 경험도 하게 됩니다.

　혼자가 아닌 여러 사람과 함께 영화를 관람하면서 조용히 관람하기, 앞의 의자를 발로 차지 않기, 관람 중 자리에서 일어나지 않기 등 영화관에서 지켜야 할 에티켓을 아이에게 알려주고 연습해 보는 기회가 되기도 합니다.

 영화관이 된 도서관

* **미리 보는 영화**　영화 포스터를 보면서 누가 나오는지 등장인물 표정 살펴보기, 어떤 내용인지 예측해 보기
* **나는 배우**　가장 기억에 남는 장면을 말이나 행동, 표정으로 표현해 보기, 가장 기억에 남는 대사 말해 보기
* **마음으로 전해요**　영화 감상 후 도서관 게시판에 감사의 마음 남기기, 도서관에서 영화 관람을 안내해 주신 분께 감사 인사드리기

| Week 4 • Day 1   마음이 자라는 오늘의 말

 # 사랑해

아이의 초롱초롱한 눈망울을 가만히 들여다보고 있으면 참 행복합니다. 하늘에서 천사가 내려온 것처럼 눈이 부시고 사랑스럽지요. 해맑은 아이의 모습에 내 마음도 맑아지는 것 같아 보고 또 보게 됩니다. 이렇게 사랑스러운 아이와 함께 지내는 것이 얼마나 큰 기쁨인지 다시 한번 느낍니다.

이처럼 어느 누구보다도 아이를 사랑하는 마음이 크지만, 마음과 달리 사랑하는 표현을 잘 못 할 때가 많답니다. '말을 안 해도 잘 알겠지', '한 번 말했으면 됐지'와 같은 이유로 '사랑해'라는 말을 하지 않으면, 아이는 부모의 마음을 몰라 오해하거나 섭섭해할 수 있습니다.

사랑은 마법 같아서 '사랑해!'라는 말을 하면 할수록 그 사랑은 몇 배가 됩니다. 또 사랑을 받은 사람이 사랑을 나눌 수 있습니다. 내 아이를 사랑하는 것은 한계가 없기 때문에 무한대로 표현해도 넘치지 않지요. 그러니 '사랑해!'라는 말을 아끼지 마세요. 아이에게 따뜻한 눈빛과 목소리로 '사랑해'라고 자주 말해 주세요.

 부모의 말 습관

이 세상에서 가장 소중한 ○○를 사랑해!

엄마(아빠)는 머리부터 발끝까지 ○○의 모든 것을 사랑해!

세상에서 가장 귀한 ○○를 아주 많이 사랑해!

| Week 4 • Day 2   슬기로운 생활습관과 안전

양말 신고 벗기

　발을 보호하기 위해 양말을 신습니다. 어른에게 양말 신기는 아주 익숙한 일이지만, 아이는 눈과 손의 협응력 발달 정도에 따라 신고 벗는 것이 어려울 수 있습니다. 또는 양말 신는 것 자체를 불편해할 수 있지요. 이렇듯 우리에게 일상인 것들이 아이에겐 아주 생소하고 어려울 수 있답니다. 아이가 양말을 즐겁게 신고 벗을 수 있도록 구체적으로 방법을 알려주세요.

 이렇게 해 보세요

- **왜 양말을 신어야 할까?** 아이의 발을 살펴보면서 발을 다치거나 더러워진 경험에 관해 이야기를 나누어봅니다. 발을 깨끗하고 안전하게 하려면 양말을 신어야 한다는 것을 아이 스스로 알아차릴 수 있도록 이야기를 나눕니다.
- **양말 신기** 아이에게 양말의 윗부분(입구)과 발끝(코) 위치를 보여주며, 양말 윗부분을 양손 끝으로 잡은 다음, 아이의 발가락을 양말 안쪽으로 천천히 밀어 넣어서 양말 끝이 발가락 끝에 닿도록 합니다. 발가락이 다 들어간 뒤, 양말 뒤쪽(발꿈치 부분)이 아이의 발꿈치에 닿도록 살짝 당겨 맞춥니다. 한 손으로 발끝을 살짝 잡고 다른 손으로 양말의 발목 부분을 천천히 위로 끌어올립니다.
- **양말 벗기** 양말 윗부분(발목 고무줄 부분)을 양손으로 잡고 뒤꿈치까지 살짝 내린 후 한 손으로 양말을 잡고 다른 손으로 양말 끝을 살짝 잡아 발끝이 빠져나오게 천천히 벗깁니다. 벗긴 양말은 뒤집히지 않도록 손으로 펴서 제자리에 정리합니다.

| Week 4 • Day 3   마음을 이해하는 감정 공부

두렵다

어떤 대상이나 상황을 무서워하여 마음이 불안한 감정을 '두렵다'라고 표현합니다. 마음에서 저절로 생겨나는 두려움의 감정은 우리를 불안하게 만들기도 하지만, 위험한 상황을 감지하는 능력이 되기도 하지요. 사람마다 두려운 대상이 다를 수 있습니다. 그리고 우리가 느끼는 공포의 실체는 생각보다 크지 않을 수 있답니다. 오히려 두려움의 대상을 정확하게 파악하여 실체를 확인하면 두려움을 극복하는 데 도움이 될 수 있답니다.

감정을 표현하는 말

* 골목길이 깜깜한데 이상한 소리가 나서 **두려운** 마음이 들었어.
* ○○이가 규칙을 어기고 길을 건너가다가 교통사고가 날까 봐 **두렵단다**.
* 동생이 너 때문에 이마를 다쳐서 혼날까 봐 **두려워하고** 있구나.
* 낯선 곳에 혼자 가면 길을 잃을까 봐 걱정되고 **두렵구나**.
* 네가 ○○의 색연필을 가져간 것을 들킬까 봐 **두려워하고** 있구나.
* 우리 동네에 무서운 사람(나쁜 사람)이 살고 있다고 생각하면 **두렵단다**.

아이가 두려움에 관해 이야기하는 것을 부끄럽게 생각하거나 두려운 감정 자체를 무시하지 않도록, 부모가 먼저 두려운 감정을 솔직하게 말하는 분위기를 만드는 것도 좋습니다.

| Week 4 • Day 4   몸 튼튼, 마음 튼튼 즐거운 놀이

물건을 찾아라

아이와 함께 주변을 둘러보세요. 무엇이 보이나요? 매일 보던 것도 주의를 기울여 살펴보면 새삼스럽게 느껴지기도 한답니다. 천장, 바닥, 벽처럼 항상 그 자리에 있는 것도 있지만, 상황에 따라 위치나 모습이 달라지는 것도 있습니다. 아이들의 일상에서 변화된 것을 발견하는 놀이는 매우 매력적인 놀이입니다. 아이와 함께 사물을 탐색하고 달라진 점을 말하고, 재빠르게 가져가는 게임을 하면 아이의 뇌에 적절하게 자극을 주게 됩니다. 아울러 빠르게 반응하는 놀이는 순발력을 길러줍니다.

준비물: 여러 가지 물건(양말, 수건, 컵, 장난감, 색연필 등)

1. 준비한 물건 중 5개를 책상 위에 올려놓고 눈을 감게 합니다.
2. 그중 하나를 없애고, 눈을 뜨게 하여 무엇이 없어졌는지 말해 봅니다.
3. 눈을 감게 하고 물건의 순서를 바꾼 후, 물건의 위치가 어떻게 바뀌었는지 맞혀 봅니다.
4. 물건의 개수를 하나씩 늘려가며 해 보고, 2~3회 반복합니다.
5. 물건의 이름을 말하면 재빠르게 가져가는 게임을 합니다.(예: 빨간 연필 찾기, 노란 양말 찾기 등)

엄마가 너에 대해 책을 쓴다면

스테파니 올렌백 글,
데니스 홈즈 그림,
김희정 옮김, 청어람아이

 엄마가 아이에 대해 책을 쓴다면 어떤 책이 될까요? 엄마는 모래 위에도, 햇살 속에도, 채소 뿌리에도, 심지어 엄마의 주름살 위에도 아이를 향한 사랑의 말을 적어 내려갑니다. "너는 더 바랄 게 없는 아이라고", "너는 사랑으로 자라는 아이라고"라는 고백이 따뜻한 시처럼 펼쳐집니다.

 이 책은 부모와 아이 모두가 서로 마음을 확인하고, 깊은 교감과 따뜻한 눈빛을 나누고, 부모가 늘 품고 있던 사랑을 구체적인 언어로 표현하도록 돕습니다. 아이는 '나는 세상에서 가장 소중하고 사랑받는 존재구나'라는 확신 속에 자존감을 키웁니다.

 '너는 ○○한 아이야'라는 문장을 적어 냉장고에 붙여두고 아이가 읽어볼 수 있도록 하거나, 책 속 문장을 따라 쓰면서 우리 가족만의 사랑책을 만들어 볼 수 있습니다.

 마음과 생각을 키우는 그림책 대화 질문

* 엄마가 너에 대한 책을 쓴다면 어떤 글을 써 주면 좋겠니?
* 너는 스스로 어떤 점이 가장 멋지고 자랑스럽다고 생각하니?
* 네가 엄마·아빠에 대한 책을 쓴다면 어떤 말을 하고 싶니?

| Week 4 · Day 6   일상에서의 작은 여행과 탐험

 # 영화관

  지난번에는 도서관에서 영화 관람을 체험했다면, 이번에는 극장으로 떠나봅시다. 극장에 가면 때때로 어린이를 위한 영화를 상영합니다. 만화 캐릭터가 주인공인 영화, 애니메이션, 시리즈로 상영되는 영화 등이 있습니다. 우리 아이는 어떤 영화를 좋아할까요? 영화 소개 정보를 같이 보면서 아이가 보고 싶은 영화를 선택해 보는 것은 어떨까요?

  요즘은 집에서 TV로, 컴퓨터로 영화를 쉽게 볼 수 있지만, 극장에서 보는 영화는 또 다른 매력이 있답니다. 더욱이 영화를 보면서 먹는 팝콘과 음료는 즐거움을 배로 느끼게 해 주지요. 도서관 상영관에서 알게 된 영화 관람 에티켓을 떠올리며 자연스럽게 실천해 볼 수도 있을 것입니다. 영화 속 주인공을 만난 시간은 우리 가족의 최고의 순간으로 남을 것입니다.

 우리 가족 영화관 데이트

- ★ **주인공의 마음** 영화 포스터 속 주인공은 무슨 생각을 하고 있을까? 포스터 속 주인공이 하고 싶은 말은 무엇일까?
- ★ **티켓 돋보기** 티켓에 있는 숫자의 의미를 찾아라!(자리 번호, 예약 번호, 금액, 시간, 상영관 번호 등)
- ★ **같아? 달라?** 도서관 상영관과 영화관의 같은 점과 다른 점을 릴레이로 말하기
- ★ **추억 남기기** 영화관에서 기념사진 남기기

두 번째 달

| Week 5 • Day 1   마음이 자라는 오늘의 말

 # 괜찮아

위로가 필요할 때가 있습니다. 마음에 깊은 상처가 남지 않도록 마음 연고가 필요하지요. 아이들도 마찬가지입니다. "친구들 앞에서 이야기하고 싶은데 용기가 나지 않아!", "단추가 잘 채워지지 않아. 못 하겠어", "오늘은 꼭 1등 하고 싶었는데, △△에게 졌어! 정말 속상해!"

이처럼 상황에 따라 용기를 많이 내야 할 때, 작은 것에도 쉽게 상처를 받을 때가 있습니다. 또 잘하고 싶은데, 뜻대로 되지 않아 속상할 때도 있지요.

어른의 눈으로 보면 대수롭지 않을 수 있지만, 아이에게는 더 크게 다가올 수 있습니다. 이럴 때 무조건 "괜찮아"라고 말하기보다 마음이 조금 나아질 때까지 잠시 기다려줍니다. 아이 스스로 생각해 보고 마음을 들여다보는 시간이 필요합니다. 이제 마음을 위로해 줄 시간입니다. 아이의 마음이 평온해지도록, 자기 스스로 잘 위로해 가며 세상을 살아갈 수 있게 격려의 언어 '괜찮아'를 건네 보세요.

 부모의 말 습관

> ○○야! ~해서 참 속상했겠구나! 엄마(아빠)라도 이 상황이라면 참 속상했을 것 같아. 이제 괜찮니? 네 마음이 다시 즐거워질 수 있게 **'괜찮아'**라고 말해 볼까?

> 틀려도(못해도) 괜찮아! 다시 하면 되지 뭐. 괜찮아!

> 실수해도 괜찮아! 그럴 수 있어.

| Week 5 • Day 2   슬기로운 생활습관과 안전

 ## 티셔츠 입고 벗기

아이에게 티셔츠를 입고 벗는 일은 어른들이 생각하는 것보다 더 어려운 일입니다. 옷을 입고 벗는 것은 대·소근육 발달, 눈과 손의 협응 등 아이들의 발달과도 관련이 있습니다. 또 아이 스스로 티셔츠를 입고 벗는 경험이 많지 않아서 방법을 몰라 머뭇거릴 때가 많지요. 아이가 옷을 입고 벗는 모습을 관찰하여 무엇을 어려워하는지 알아보고 단계별로 도와줍니다.

 이렇게 해 보세요

- **적절한 티셔츠 선택하기** 입고 벗기 쉬우며, 신축성이 좋고 부드러운 소재의 티셔츠가 좋습니다. 아이마다 선호도가 다르므로 우리 아이는 어떤 색깔, 어떤 형태의 티셔츠를 좋아하는지 살펴본 후, 아이 스스로 선택할 수 있도록 합니다.
- **티셔츠 모양 관찰하기** 재밌게 게임을 하듯이 티셔츠의 앞과 뒤를 살펴보고 어떻게 생겼는지 구분해 보기, 겉과 속이 뒤집히지 않았는지 확인해 보며 이야기를 나눕니다.
- **티셔츠 입기 도전** 티셔츠를 살펴보면서 구멍이 난 부분에 머리를 쏘옥 넣었다가 벗어볼 수 있도록 도와줍니다. 그다음 단계로 티셔츠 입구에 머리를 넣은 후, 왼쪽, 오른쪽 순서대로 팔을 넣을 수 있도록 도와줍니다.
- **티셔츠 벗기 도전** 티셔츠의 왼쪽, 오른쪽 순서대로 팔을 먼저 뺀 후 머리를 벗을 수 있도록 도와줍니다.
- **정리하기** 연습해 본 티셔츠는 접거나 옷걸이에 걸어서 제자리에 정리할 수 있도록 안내합니다. 또한, 더럽혀진 티셔츠는 빨래 바구니에 넣을 수 있도록 안내합니다.

| Week 5 • Day 3   마음을 이해하는 감정 공부

긴장되다

　두근두근 마음이 편안하지 않고 가슴이 조여 오는 긴장감을 느낀 적이 있을 것입니다. 아이들도 긴장되었을 때 손톱을 물어뜯거나 손을 만지작거리고, 어깨를 움츠리는 등 무의식적으로 긴장감을 나타내는 행동을 보이지요. 긴장을 하면 평소에 잘할 수 있는 것도 어이없는 실수로 그르치기도 하지요. 그러나 적절한 긴장감을 느끼고 극복해 나가는 과정은 아이의 성장에 도움이 되기도 합니다. 아이 스스로 긴장된 자신의 모습을 인정하고 자연스럽게 받아들이는 여유를 찾아가도록 도와주세요.

감정을 표현하는 말

* 발표 시간에 여러 사람 앞에서 이야기하려니까 긴장되어서 울었구나.
* 많은 사람이 쳐다보는 무대 위에서 노래를 부를 때 많이 긴장되었지?
* 네 순서에 폭탄카드가 뽑힐까 봐 긴장하고 있구나.
* 출발선에서 달리기 신호를 기다리고 있을 때는 누구나 긴장을 하지.
* 동생이 처음으로 혼자 자전거를 타려니까 긴장하는 것 같아.

　아이들은 심하게 긴장하면 주변을 살피는 데 어려움을 느낄 수 있어서 실수하기 쉽습니다. 아이가 어떤 상황에서 편안함을 느끼는지 알아보고 긴장감을 해소하는 방법을 함께 찾아보는 것은 어떨까요?

| Week 5 • Day 4   몸 튼튼, 마음 튼튼 즐거운 놀이

소리 따라 하기

   우리 주변에는 다양한 소리가 들립니다. 아이와 함께 잠시 눈을 감고 주변의 소리에 귀를 기울여 보세요. 평소에 그냥 지나치던 다양한 소리를 들을 수 있을 것입니다. 주변의 소리를 듣는 것에 익숙해지면, 다음은 특정 소리를 선택해서 귀 기울여 듣는 연습도 합니다. 소리 따라 하기 놀이를 하면서 아이는 소리의 종류와 크기를 경험하게 되고 소리를 변별할 수 있으며 주의 깊게 듣는 태도를 기를 수 있습니다.

준비물: 소리 나는 물건들(종, 딸랑이, 리듬 악기 등)

1. 소리 나는 물건을 흔들어 보거나 두드려보는 등 마음껏 탐색해 보도록 합니다.(노래를 부르며 소리를 내보게 하는 것도 좋습니다)
2. 아이의 눈을 감게 하고, 아이의 왼쪽 또는 오른쪽에서 소리를 내면 어느 방향에서 소리가 나는지 손을 들어 표현합니다.
3. 큰 소리와 작은 소리의 차이를 구별하고 점점 작은 소리를 내며 소리의 세밀한 차이를 느껴보게 합니다.
4. 몸으로 낼 수 있는 여러 가지 소리를 찾아보고, 노래를 부르며 몸 악기를 연주합니다.
5. 소리 듣고 표현하는 것에 익숙해지면, 그다음은 특정 소리를 선택해서 귀 기울여 듣고 표현하는 '소리 따라 하기'를 합니다. 아이에게 소리를 들려주고 그 소리를 똑같이 따라 하게 합니다.(예: 손바닥 치기-짝짝짝짝, 발 구르기-쿵쿵쿵쿵, 무릎치기-착착착착 등)

| Week 5 • Day 5   마음과 생각을 키우는 그림책

장수탕 선녀님

덕지가 사는 동네에는 아주아주 오래된 목욕탕인 '장수탕'이 있습니다. 엄마와 함께 장수탕에 간 덕지는 엄마의 만류에도 냉탕으로 달려갑니다. 그리고 그곳에서 자신을 날개옷을 잃어버린 선녀라고 소개하는 이상한 할머니를 만납니다. 덕지는 할머니와 함께 여러 가지 방법으로 냉탕을 즐기고, 할머니를 위해 요구르트를 선물합니다. 집에 돌아온 덕지는 감기에 걸리지만, 할머니의 손길로 금방 낫습니다.

백희나 글그림,
스토리보울
© Baek Heena,
Storybowl

이 책은 스톱모션 기법이 어우러져 마치 애니메이션을 보는 듯한 느낌을 줍니다. 작가가 직접 만든 인형과 소품을 실제 세트에 배치하여 사진으로 찍는 방식으로 그림을 완성해 영화의 한 장면처럼 생생하고 입체감이 있습니다. 그림 속 프레임은 갑갑한 일상과 작은 판타지의 경계를 나타내고, 아이가 이야기에 몰입하는 데 더욱 큰 힘을 줍니다.

뮤지컬로도 만날 수 있는 장수탕 선녀님! 평면의 주인공을 입체적으로 만나는 경험은 또 하나의 추억이 됩니다.

 마음과 생각을 키우는 그림책 대화 질문

★ 덕지는 왜 목욕탕에 가기 싫어했니?

★ 요구르트를 선물하기 위해 덕지는 어떻게 했니?

★ 장수탕 할머니를 만난다면, 같이 무엇을 하고 싶니?

| Week 5 • Day 6   일상에서의 작은 여행과 탐험

편의점

　편의점은 24시간 문을 여는 잡화점입니다. 길을 가다 쉽게 만날 수 있고, 급할 때 필요한 물건을 구매할 수 있고, 특색 있는 물건으로 눈길을 끌기도 하지요. 편의점에 가면 수많은 물건이 우리를 반깁니다. 어른도 아이도 물건을 보느라 눈동자의 움직임이 빨라지지요.

　그런데 오늘만큼은 아이의 시선에 따라 발걸음을 옮겨볼까요? 아이의 마음을 두근두근 뛰게 하는 것이 무엇인지 알 수 있습니다. 편의점에 가기 전 물건을 구매할 수 있는 허용한계를 정하고, 아이가 직접 계산해 보는 기회를 줍니다. 만약 아이에게 용돈이 있다면 그 용돈을 사용해 보는 것도 좋답니다.

　그거 아세요? 길을 잃으면 편의점에 도움을 요청할 수 있는 캠페인도 있답니다. 만약 위험한 상황이 발생하면 가까운 편의점에 도움을 요청하자고 아이와 함께 약속도 해 보세요. 여러 가지 역할을 하는 편의점! 다음에는 편의점에서 아이와 함께 택배를 보내보는 건 어떨까요?

 두근두근 편의점

- **우리 가족 픽 BEST 3** 편의점에 들어가기 전 어떤 물건이 있을지 5가지 예측해 보기, 편의점에 있는 물건 중 '우리 가족 픽! BEST 3' 알아보기
- **편의점 데이트** 스마트폰으로 지도를 보며 편의점까지 손잡고 걸어가기, 편의점 테이블에 앉아 아이와 데이트하기

| Week 6 • Day 1   마음이 자라는 오늘의 말

미안해

아이가 실수를 하거나 잘못된 행동을 했을 때 사과하라고 말합니다. 아이는 사과를 하긴 하지만, 이유도 모른 채 하거나 사과할 마음이 없는데 억지로 할 때가 있습니다. 아이들은 자기 입장에서 바라보고 판단하기 때문에 속상하거나 억울하다고 느끼는 것이 잘 해결되지 않으면, 형식적으로 사과하는 경우가 많지요. 사과는 상대방의 마음을 헤아린다는 '신호'이므로, 진심 어린 마음으로 사과를 해야 다른 사람의 마음에 잘 전달될 수 있답니다.

아이가 제대로 사과할 수 있게 부모도 아이에게 사과할 일이 있으면 진심 어린 사과를 하는 태도가 필요합니다. 사과할 때는 먼저 아이의 눈을 바라보고 이름을 말합니다. 이름을 부른 뒤, 무엇을 잘못했는지 그 이유와 함께 사과를 해 봅니다. 부모의 진심 어린 사과를 통해 아이는 '사과는 이렇게 하는 거구나'라고 느끼며, 사과하는 방법을 알아갈 것입니다. 아이의 마음과 부모의 마음이 잘 이어질 수 있게 사과할 일이 있을 때 마음을 담아 "~해서 미안해!"라고 말해 보세요.

 부모의 말 습관

> ○○야, 엄마(아빠)가 청소기 소리 때문에 네 말을 제대로 듣지 못했단다. 미안해! 다시 한번 말해 줄래?

> ○○야, 그래서 속상했구나. 엄마(아빠)가 동생 말만 듣고 화를 내서 정말 미안해.

> ○○야, 엄마(아빠)가 모르고 블록 쌓은 것을 쳤단다. 정말 미안해!

| Week 6 • Day 2   슬기로운 생활습관과 안전

 # 단추와 지퍼

　단추와 지퍼는 어른들에게는 간단한 것이지만, 아이들에게는 소근육 힘, 눈과 손의 협응, 집중력이 필요한 어려운 과제입니다. 특히 단추는 구멍에 끝까지 넣는 힘이 부족해 마무리를 힘들어하고, 지퍼는 이음새를 맞추거나 천이 끼는 상황에서 자주 어려워합니다. 아래 연습 과정을 반복하면 아이들은 자신감을 키우고, 스스로 할 수 있다는 성취감을 느끼게 됩니다.

 이렇게 해 보세요

- **아이가 연습하기 좋은 옷 고르기** 아이가 좋아하는 색깔과 디자인의 옷 중에서 큰 단추가 달린 셔츠, 부드럽게 잘 움직이는 지퍼를 선택해 주세요.
- **단추가 구멍으로 쏘~옥** 단추와 단춧구멍을 살펴보며 반쯤 넣었다 빼보면서 손가락의 힘을 길러줍니다. 단춧구멍을 '단추 집'이라고 부르며 "단추가 집으로 쏘~옥 들어가네!", "단추가 집에서 투욱~ 빠져나왔네"라고 하면서 반복해서 연습해 봅니다.
- **지퍼 기차놀이** 지퍼의 모양을 자세하게 살펴보면서 이음새의 연결 부분을 어떻게 넣었다가 뺄지 이야기 나누어 봅니다. 이음새를 맞출 때는 "기차가 철로에 철커덕~~ 딱 들어간다 슉!"이라는 표현으로 재미있게 반복해 보세요. 지퍼를 올릴 때는 "칙칙폭폭~ 출발!", 내릴 때는 "슝~ 미끄럼틀!"처럼 의성어를 활용하면 아이가 흥미롭게 지퍼를 올리고 내릴 수 있습니다.
- **앗! 지퍼 기차가 멈췄어요** 지퍼를 올리다가 천이 끼어서 올라가지 않을 수 있습니다. 살살 움직이며 천을 빼 준 다음 지퍼를 올릴 때는 다른 한 손으로 지퍼 뒤쪽 천을 살짝 당겨주세요.

| Week 6 • Day 3   마음을 이해하는 감정 공부

당당하다

아이의 어깨가 축 처져 있거나 위축되어 있을 때 마음이 아려오고 걱정이 앞섭니다. 또 한편으로는 '다른 아이들처럼 좀 더 자신 있게 해 보지. 왜 이것밖에 못 할까?'라는 생각에 화가 날 때도 있습니다. 너무도 소중한 내 아이라 더 당당해지길 바라는 마음에 여러 가지 감정이 들곤 합니다. 이러한 감정은 오히려 아이의 마음을 더 의기소침하게 만들며 자신감을 떨어뜨리게 합니다. 부정적인 감정이 들 때는 긍정적인 감정으로 바꾸어서 말해봅니다. "왜 이렇게 자신이 없어?"보다 "우리 당당하게 해 볼까?"로 바꿔 말하면, 아이는 긍정의 힘으로 더 도전해 보고 싶은 마음이 들 것입니다.

감정을 표현하는 말

* 우리 어깨를 펴고 **당당하게** 걸어보자.
* ○○야, 하고 싶은 말이 있으면 용기를 내어 **당당하게** 말해보렴.
* 친구들 앞에서 발표하는 모습이 참 **당당했어**.
* 여러 사람 앞에서 네 생각을 분명하게 말하는 모습이 참 **당당해** 보였단다.

'당당하다'는 감정 자체를 직접 표현하기보다 어떠한 행동이나 태도를 표현할 때 느끼는 감정 상태를 의미합니다. 아이와 함께 '당당하다'의 의미를 먼저 살펴본 뒤, 당당한 표정이나 행동을 함께 표현해 보세요.

| Week 6 • Day 4   몸 튼튼, 마음 튼튼 즐거운 놀이

오물조물 종이공 놀이

아이와 함께 종이를 찢어보면서 시각과 소리, 촉감을 경험할 수 있습니다. 또한, 종이를 구겨 종이공을 만들어 보는 놀이를 통해 손의 악력을 키우고 손과 손가락의 근육 형성할 수 있습니다.

준비물: 편지지 크기의 종이(신문지나 갱지 또는 버려도 되는 종이), 바구니 또는 상자

1. 종이를 만져보고, 흔들고, 공중에 날리는 등 여러 방법으로 탐색합니다.
2. 종이를 마음껏 찢어보며 어떤 소리가 들리는지, 느낌은 어떤지 표현합니다.
3. 찢은 종이를 구겨서 여러 개의 종이공을 만들고 바구니에 옮겨 담습니다.
4. 바구니에 담긴 종이공들을 바닥에 쏟고, 한곳으로 모아서 종이공 더미를 만들어 봅니다.
5. 손과 발을 휘저어 종이공 더미를 흩어지게 합니다.
6. 바닥에 흩어진 종이공들을 주워 마음껏 공중에 뿌려보고, 발로 차봅니다.
7. 종이공을 다시 한곳으로 모아 종이공 더미를 만든 후, 아이와 함께 바구니 안에 담아 모든 종이공을 수거합니다.

사과는 이렇게 하는 거야

데이비드 라로셸 글,
마이크 우누트카 그림,
이다랑 옮김, 블루밍제이

고슴도치, 미어캣, 달팽이 등 여러 동물이 실수로 친구를 다치게 하거나 기분을 상하게 하면서 '사과'가 필요한 순간을 맞이합니다. '좋은 사과'와 '나쁜 사과'를 다양한 상황에서 유쾌하게 보여주며, 진심 어린 사과가 관계를 회복하고 더 단단하게 만들어 준다는 것을 알려줍니다.

이 책은 아이에게 사회성의 첫걸음인 올바른 사과법과 책임감을 쉽고 재미있게 익히게 하고, 사과의 힘이 관계를 더 깊게 만든다는 사실을 일깨워 줍니다.

왜 실수를 하면 꼭 사과해야 하는지, '좋은 사과'와 '나쁜 사과'는 어떻게 다른지 이야기를 나눠보세요. 이를 확장하여 가족이 역할을 나눠 실수 상황에 대해 올바른 사과와 나쁜 사과를 번갈아 가며 연극 놀이를 해 본 뒤, 그 느낌을 나눠보세요. 그리고 색종이로 하트나 사과 모양을 만들어 서로 '미안해', '괜찮아' 메시지를 주고받으며 사과의 따뜻함을 느껴보세요.

 마음과 생각을 키우는 그림책 대화 질문

* ★ 네가 최근에 누군가에게 미안했던 일이 있다면, 무엇일까?
* ★ 사과를 받았을 때 네 기분은 어떨까?
* ★ 앞으로 사과해야 할 상황이 생긴다면, 너는 어떤 말과 행동을 하고 싶니?

| Week 6 • Day 6   일상에서의 작은 여행과 탐험

 # 마트

    엄마 아빠와 손잡고 같이 가는 마트는 아이에게 설렘을 선사합니다. 부모님과 아이가 선호하는 섹션이 다를 수 있지만, 각자 다양한 물건에 시선을 빼앗기곤 하지요. 시식 코너의 음식을 먹으며 소소한 즐거움을 느끼기도 하고, 일하시는 분께 궁금한 점을 물어보며 감사의 마음을 갖기도 합니다.

    늘 수동적으로 부모님을 따라 다녔다면, 이번에는 아이에게 미션을 줍니다. 글자를 모른다면 휴대폰으로 구매하려는 물건의 사진을 보여준 다음 직접 찾아보는 기회를 주세요. 또 오늘 만들 요리에 들어갈 재료 찾기 게임을 해 보는 것도 좋습니다.

    만약 아이가 원하는 것을 사달라고 하는 등 떼쓸까 봐 걱정이라면, 아이에게 작은 역할을 주어 쇼핑 참여자가 되게 하는 것도 좋습니다. 마트의 물건을 함부로 만지거나 뛰어다니면 안 된다는 약속도 자연스럽게 정해서 실천해 보세요.

 오늘은 내가 쇼핑 주인공!

- **나만의 쇼핑 리스트** 마트에 가기 전 아이가 구매하고 싶은 것 2가지 적어보기(글씨를 모르면 그림으로 그리거나 부모님이 대신 써 주기)
- **내 이름을 찾아라!** 진열된 과자 포장에서 내 이름 글자 찾기
- **어디에 있을까?** 구매하려는 물건이 있는 구역에 도착하면 물건 이름이 적힌 종이를 아이에게 주고, 아이는 이름을 보며 물건 찾아오기

| Week 7 • Day 1   마음이 자라는 오늘의 말

무엇보다 소중해

 이 세상에서 가장 소중한 것은 무엇일까요? 사람마다 소중한 것이 다르겠지만, 부모에게는 내 아이가 이 세상 무엇보다 소중합니다. 아이가 처음 내 곁에 온 그날의 벅차오르는 순간을 잊지 못하지요. 소중한 아이와 함께 있음에 감사함을 느끼며, 아이와 하루하루를 보냅니다.

 우리도 부모가 처음이라 좌충우돌할 때도 있지만, 아이와 함께 성장해 나갑니다. 아이를 키우다 보면 즐거운 일만 있는 것은 아닙니다. 속상하고 화나는 일도 있고, 아이를 잘 돌보지 못해 미안한 일도 많지요. 이러한 감정이 들 때 자책하지 말고, 세상에서 가장 소중한 내 아이를 떠올려 봅니다.

 엄마(아빠)만 보면 웃어주고 안기는 아이. 항상 엄마(아빠)가 좋다고 말하는 아이. "엄마(아빠) 괜찮아, 나도 알아. 엄마(아빠)가 세상에서 나를 가장 사랑하고 있다는 것을." 이렇게 사랑스러운 아이는 부모의 마음을 다 안다고, 괜찮다고 토닥이며 위로해 주네요. 세상 그 무엇보다 바꿀 수 없는 내 아이에게 따뜻한 목소리로 "○○는 이 세상 무엇보다 소중해!"라고 말해 봅시다.

 부모의 말 습관

> ○○야, ○○는 반짝반짝 빛나는 별이야! ○○가 엄마(아빠) 곁에 와 줘서 참 고마워. ○○는 이 세상 무엇보다 소중해!

> 무엇보다 소중한 ○○야! 오늘도 즐겁게 지내자.

> ○○가 엄마(아빠) 딸이라서 참 행복해! 무엇보다 소중해!

| Week 7 • Day 2   슬기로운 생활습관과 안전

 # 잠자기 싫어요!

　세상에 대한 호기심과 탐구심이 높아 활동적인 에너지가 넘치는 아이, 불안과 스트레스 때문에 부모와의 긴밀한 시간을 보내고 싶은 아이의 경우, 잠자는 것보다 엄마, 아빠와 놀이하는 것을 더 원할 수 있습니다. 하지만 아이가 원하는 대로 놀이를 하다 보면 아침에 늦게 일어나거나 잠자는 시간이 줄어듭니다. 수면이 부족하면 감정 조절이나, 행동 조절이 어려워져 사회성, 집중력, 학습 능력이 낮아질 수 있습니다.

 이렇게 해 보세요

- **원인 파악** 아이의 생활패턴을 관찰해 보고, 왜 잠을 자기 싫어하는지 아이의 생각을 직접 들어봅니다.
- **환경 점검** 편안하고 안정된 수면을 취할 환경이 조성되지 않을 경우 아이들은 잠자리가 불편하여 잠을 자기 싫어할 수 있습니다. 어두운 조명, 조용한 소리, 편안한 침구 등 충분한 수면을 취할 수 있는 환경을 조성해 주세요. 잠들기 전에 그림책 읽기나 잔잔한 음악 듣기처럼 몸과 마음을 이완시키는 루틴도 좋습니다.
- **충분한 신체활동** 낮동안 충분한 신체활동을 하게 되면 숙면에 도움이 됩니다.
- **일정한 수면 습관** 연령에 따라 다르지만, 보통 3세 이전에는 하루에 12~14시간, 3~6세는 10~12시간, 7~12세는 10~11시간 정도의 수면이 권장됩니다. 따라서 아이에게 왜 잠을 자야 하는지, 잠을 푹 자면 어떤 점이 좋은지 이야기 나누어, 일정한 시간에 잠을 자고 일어나는 습관이 유지되도록 일관성 있게 도와줍니다.

| Week 7 • Day 3   마음을 이해하는 감정 공부

뿌듯하다

우리는 어떤 상황에 뿌듯하다는 감정을 느낄까요? 일을 성공적으로 마무리했을 때, 열심히 노력한 일에 좋은 결과를 얻었을 때 그리고 스스로 칭찬하고 싶을 만큼 자랑스러울 때 '뿌듯하다'는 감정을 느낍니다. 사전적인 의미에 따르면, 기쁨이나 감격이 마음에 가득 차서 벅찬 느낌이 들 때 '뿌듯하다'라고 표현합니다. 소소한 일상에서 우리는 순간순간 뿌듯한 감정을 느낍니다. 아이도 뿌듯한 감정을 느끼면 자연스럽게 표정과 몸짓으로 표현하기도 한답니다. 이 뿌듯한 감정을 느끼는 순간을 찾아 언어로 표현할 수 있도록 해 볼까요?

👍 감정을 표현하는 말

- ★ '○○이 덕분에 방이 깨끗해졌다'라는 말을 들어서 정말 **뿌듯하겠구나**.
- ★ 이제는 혼자서도 책꽂이에 책을 정리할 만큼 키가 컸구나. ○○이를 보니 엄마(아빠)도 **뿌듯한** 마음이 든단다.
- ★ 어느새 훌쩍 자라서 동생을 도와줄 수 있다니 정말 **뿌듯하구나**.
- ★ 친구에게 장난감을 양보하고 고맙다는 말을 들으니까 참 **뿌듯하지?**

뿌듯한 감정은 자연스럽게 느껴야 하지요. 아이가 칭찬받기 위해서 늘 양보하고 의젓하게 행동하도록 강요하지 않아야 합니다.

| Week 7 • Day 4   몸 튼튼, 마음 튼튼 즐거운 놀이

종이 구슬 놀이

종이 구슬을 손가락으로 튕기거나 발가락으로 잡아 목표 지점으로 이동시키는 소근육 놀이입니다. 종이를 작게 접어 만든 종이 구슬을 활용하여 정교한 움직임을 경험해 보도록 합니다. 또한, 발가락으로 종이 구슬을 잡는 활동도 촉각의 발달에 도움이 됩니다.

준비물: 색종이(또는 A4 종이) 1장, 바구니

1. 준비한 종이를 4등분 합니다. 그중 한 조각을 반으로 접고 또다시 반으로 접는 것을 반복합니다.(더 이상 종이가 접히지 않을 때까지 반복하여 접습니다)
2. 같은 방법으로 종이를 접어 4개의 종이 구슬을 완성합니다.
3. 종이 구슬을 엄지와 검지를 사용해 튕겨 봅니다.(구슬치기 하듯이)
4. 1m 정도의 거리에 목표점을 설치하고 종이 구슬을 튕겨 목표점 가까이 이동시킵니다.
5. 준비한 4개의 종이 구슬을 차례로 튕겨 보내고 목표점과 가장 가까운 종이 구슬을 확인합니다.
6. 바닥에 종이 구슬을 펼쳐 놓고 중앙에 바구니를 놓습니다.
7. 발가락으로 종이 구슬을 잡아 바구니에 넣어봅니다. 이때 바구니로부터 가까운 곳에 있는 종이 구슬부터 바구니에 넣습니다.
8. 양쪽 발을 번갈아 가며 합니다.

| Week 7 • Day 5   마음과 생각을 키우는 그림책

세상에서 가장 귀한

할아버지가 아기에게 줄 이름을 짓기 위해 세상 곳곳의 귀한 글자를 찾아 나섭니다. 자연에서 자라난 글자, 사람의 손길로 다듬어진 글자들을 모아, 마치 농사를 짓듯, 또 약을 달이듯 정성을 다해 한 글자, 한 글자를 지어 올리지요. 그렇게 완성된 세상에서

이수연 글, 박미연 그림, 플롯시티

가장 귀한 아이의 이름은 단순한 호칭이 아니라, 간절한 소망과 기원 그리고 사랑과 기다림이 담긴 첫 번째 선물입니다.

이 책으로 아이는 자신의 이름에 담긴 의미와 부모의 바람을 알게 됩니다. 아이는 자신의 이름이 지어진 이야기를 들으며 가족의 사랑과 설렘 그리고 자신이 사랑받는 존재임을 느낍니다. 또한 '세상', '귀한' 과 같은 우리말에 담긴 따뜻함과 아름다움을 자연스럽게 알게 됩니다.

아이를 꼭 안고 이 그림책의 OST '우리 아가야'를 들려주세요. 그리고 책 뒤에 '세상에서 가장 귀한' 이라고 쓰여있는 공란에 아이의 이름을 쓰고 꾸며 보세요.

 마음과 생각을 키우는 그림책 대화 질문

- ★ (책 제목을 살펴보며) 세상에서 가장 귀한 것은 무엇일까?
- ★ 할아버지가 귀한 이름을 짓기 위해 어디를 갔었지?
- ★ 엄마 아빠는 너를 만났을 때 어떤 마음이었을까?

| Week 7 • Day 6   일상에서의 작은 여행과 탐험

 # 시장

  점점 사라지고 있지만, 사람 사는 냄새를 느낄 수 있는 시장은 친근함을 주는 장소입니다. 예전부터 이어 오던 전통시장도 있고, 주택가를 개조하여 만든 시장도 있지요. 또 외국인들에게 인기 만점인 유명 재래시장도 있고, 특색 있는 콘셉트로 사람들의 발길을 끄는 시장도 있습니다.

  오늘은 마트, 백화점 등에 익숙한 아이와 함께 시장을 방문해 봅니다. 먼저, 사람이 많아 부모님을 잃어버릴 수 있으니 그럴 경우 어떻게 대처해야 하는지 미리 안전약속도 이야기 나눕니다. 아이와 함께 시장에 있는 다양한 물건을 보며 이름 맞추기 게임을 해 봅니다. 또 가게마다 동일한 물건의 가격이 어떻게 다른지 비교해 보며 더 싼 물건 찾기 게임도 해 보세요. 아이는 사물에 대한 관찰력을 키우고, 시장만의 특색을 발견하게 될 것입니다. 나아가 사람들과의 소통을 통해 '정'을 느낄 수도 있습니다. 만약, 집 근처에 야시장이 있다면 야시장을 체험해 보는 것도 좋습니다.

 정이 가득한 시장

- **시장 음식 오디션** 각자 먹고 싶은 음식을 정한 다음 먹어보기, 우리 가족의 일등 음식 뽑기
- **마트와 달라요** 마트와 다른 점을 가족끼리 릴레이로 말하기
- **끝말잇기** 가게 간판을 보며 가게 이름으로 끝말잇기
- **실시간 내비게이션** 엄마, 아빠가 말하는 방향으로 움직여 가게 찾아가기

| Week 8 • Day 1   마음이 자라는 오늘의 말

 # 기분이 어떠니?

우리는 일상을 살아가면서 다양한 감정을 느낍니다. 여러 감정을 느끼고 그 감정을 말로 표현하는 것은 자신의 감정을 알아차리고 조절할 수 있음을 의미합니다. 감정을 조절하려면 자신이 지금 어떤 감정 상태인지 알아야 하므로, 감정을 인식하고 표현하는 일은 무엇보다 중요합니다.

아이들은 언어 표현이 제한적이라 자신이 느끼는 다양한 감정을 말로 표현하기 어렵습니다. 아이가 다양한 감정을 알고 표현할 수 있도록 평소 자연이나 사물, 사람과의 관계에서 느끼는 감정을 말로 표현하는 경험이 필요합니다. 예를 들면, 감정 카드를 이용하여 감정 이름 알아보기, 감정 카드 보고 표정 지어보기, 아이가 느끼는 감정에 이름 붙여보기와 같이 감정의 이름을 알고 표현해 보는 경험을 지속적으로 지원해 줍니다. 일상에서 아이가 경험하는 일들을 감정으로 표현할 수 있게 어떤 기분인지 물어봅니다.

 부모의 말 습관

○○야, 오늘 엄마(아빠)와 산책을 다녀왔는데 기분이 어떠니?

○○야, 맛있는 아이스크림을 먹고 있구나. 기분이 어떠니?

○○야, 표정을 보니 어디가 불편한 것 같은데, 지금 기분이 어떠니?

블록으로 커다란 성을 만들었구나. 이 성을 보니 기분이 어떠니?

| Week 8 • Day 2   슬기로운 생활습관과 안전

 ## 수면 습관 기르기

좋은 수면 습관은 아이의 몸과 마음이 건강하게 성장하는 데 매우 중요합니다. 수면 중에는 성장에 필요한 물질이 분비될 뿐만 아니라 그날의 스트레스를 풀어주는 효과도 있어 심리적, 정신적으로도 도움이 되지요. 아이의 발달과 특성에 따라 수면 차이가 있으므로 자녀에게 가장 적합한 방법을 찾는 것이 중요합니다.

 이렇게 해 보세요

- **잠들기 전 스마트폰이나 전자기기 사용 제한** 스마트폰이나 전자기기에서는 블루라이트가 방출됩니다. 이는 햇빛이 비치는 것과 같아 수면을 방해하므로 잠자는 공간에는 두지 않거나 꺼둡니다. 아이와 함께 스마트폰이나 전자기기를 사용하면 무엇이 안 좋은지 알아보면서, 아이 스스로 전자기기 사용을 제한할 수 있도록 돕습니다.
- **식사와 음료 조절** 저녁 식사는 잠들기 2~3시간 전까지 마치는 것이 적절합니다. 또한, 잠자기 전에 음료를 마시면 수면 도중 화장실을 가야 하므로 수면에 방해가 됩니다. 몇 시까지 음식을 섭취할 수 있는지 안내하여 아이 스스로 조절할 수 있도록 도와줍니다.
- **스트레스 관리** 명상이나 심호흡, 스트레칭, 간단한 운동, 대화 등은 아이의 부정적 감정을 해소하여 좋은 수면에 도움이 됩니다.
- **잠들기 전 몸과 마음 이완** 따뜻한 물에 샤워하거나 음악 감상, 그림책 읽기 등은 아이의 몸과 마음을 편안하게 해주어 좋은 수면을 돕습니다.

| Week 8 • Day 3   마음을 이해하는 감정 공부

속상하다

열심히 했는데 생각보다 큰 결실을 보지 못하거나 내 의도와는 달리 상대방이 다르게 생각할 때 속상한 마음이 듭니다. 속상한 마음은 마음에 상처가 나거나 불편할 때 나오는 감정이므로, 쌓아두면 더 깊어져 내면의 상처를 치유하기 어렵게 되지요. 아이와 함께 오늘 있었던 일들을 자연스럽게 이야기하면서 속상한 일을 나눠봅니다. 또 아이가 속상했던 마음을 말로 표현하면, 그 감정을 공감해 주어 마음에 쌓인 불편한 감정을 해소하도록 도와줍니다.

감정을 표현하는 말

- 친구가 너의 말을 듣지 않고 바로 선생님께 일러서 **속상했구나!**
- ○○의 표정을 보니 많이 속상해 보이는데, 무엇 때문에 **속상한지** 이야기해 줄래?
- ○○야! **속상한** 일이 있을 때는 언제든지 얘기하렴.
- 동생이 네가 만든 성을 무너뜨려 무척 **속상했겠구나!** 많이 속상했을 텐데 속상한 마음을 차분하게 알려줘서 고마워.

사람마다 속상한 일은 다양합니다. 어른이 보기에는 사소할 수 있지만, 아이에겐 크게 다가와 속상한 마음이 클 수 있습니다. 이때 아이의 속상한 감정을 평가하거나 판단하기보다 아이 마음에서 나오는 그 감정에 공감해 주세요. 공감은 온 마음으로 해야 상대방에게 잘 전달됩니다. 공감할 때는 말, 표정, 목소리가 서로 어긋나지 않고 조화를 이뤄 하나로 이어지게 표현합니다.

| Week 8 • Day 4   몸 튼튼, 마음 튼튼 즐거운 놀이

종이공으로 슛 골인

　내가 정한 목표물을 향해 종이공을 던져 넣어 성공을 경험해 보는 놀이입니다. 바구니에 종이공을 넣으면서 눈과 손의 협응에 도움이 되고, 다양한 방법으로 던지기를 시도하면서 용기와 성취감을 느낄 수 있습니다.

준비물: 낡은 잡지나 사용하지 않는 책, 큰 바구니 또는 종이 가방

1. 낡은 잡지나 책을 준비해 한 장씩 찢어서 공 모양으로 뭉쳐보게 합니다.
2. 종이공을 10개 정도 준비해 한 곳에 모아 놓습니다.
3. 두 걸음 떨어진 곳에 큰 바구니(또는 종이 가방)를 놓습니다.
4. 한 손으로 종이공을 집어 바구니에 던져 넣습니다.
5. 이번에는 다른 쪽 손으로 종이공을 던져 넣습니다.
6. 공 던져 넣기가 성공할 때마다 탄성이나 박수로 격려합니다.
7. 양손 모두 성공하면 바구니에서 한 걸음 더 멀리 이동하여 던져 넣습니다.
8. 바구니를 등지고 뒤로 던지거나 바구니를 높은 곳으로 옮겨 놓는 등 변화를 줄 수 있습니다.

✓ 찢고 구기는 놀이를 위해 어떤 책을 사용하는 것이 좋을지 아이와 함께 충분히 의논합니다. 만약 마땅한 책이 없으면 광고지나 신문지 등을 활용해도 좋습니다. 종이에 손이 베지 않도록 주의합니다.

| Week 8 • Day 5   마음과 생각을 키우는 그림책

네 기분은 어떤 색깔이니?

최숙희 글그림,
책읽는곰

아이는 지금 자신의 기분이 어떤지 말합니다. 그리고 그 기분을 색깔로 표현합니다. 자꾸자꾸 달라지는 마음은 무지개색! 어떤 색으로 칠해질지 모를 아침의 마음은 하양, 설레는 마음은 노랑, 호기심은 초록, 수줍은 마음은 연두, 신날 때는 주황, 화가 날 때는 빨강 등 다양한 색으로 자신의 감정을 말합니다.

이 책은 아이들이 느끼는 다양한 감정을 색깔에 비유해 이해하기 쉽게 알려줍니다. 또 작가 특유의 따뜻하고 섬세한 그림체와 함께 "네 기분은 어떤 색깔이니?"라고 질문함으로써 아이들이 자연스럽게 자신의 감정을 인식하고 표현하게 도와줍니다.

종이를 여러 장 준비합니다. 종이마다 다른 감정의 이름을 적고, 각 감정의 색깔을 생각해 본 다음 색칠합니다. 그림 완성된 감정 종이로 오늘의 감정 일기를 말해 볼까요? "아침에는 주황색(신남) 기분이었어. 왜냐하면…" 이런 식으로 감정 말하기를 해 봅니다.

 마음과 생각을 키우는 그림책 대화 질문

* (색깔 하나를 가리키며) 이 색깔은 어떤 감정을 나타내는 것 같니?
* 지금 네 기분은 어떤 색깔이니?
* 왜 감정을 색깔로 표현했을까?

| Week 8 • Day 6   일상에서의 작은 여행과 탐험

 # 패스트푸드점

TV 광고에서 나오는 패스트푸드를 보면 먹고 싶은 마음이 듭니다. 또 길을 걷다 패스트푸드 가게에서 나오는 맛있는 냄새가 후각을 자극하기도 하고, 가게 앞 다양한 음식 포스터가 시선을 사로잡기도 하지요. 빠르고 간편하게 먹을 수 있는 패스트푸드는 한식과 다른 매력으로 다가오며, 다양한 음식을 즐길 수 있게 해 줍니다.

요즘 패스트푸드점에 가면 키오스크로 주문하는 곳이 많습니다. 우리 가족이 먹고 싶은 음식을 정한 다음, 키오스크에 가봅니다. 카테고리에서 원하는 음식을 찾아보면서 분류의 개념도 자연스럽게 이해하게 되고, 카드나 쿠폰 등으로 결재하면서 현금이 아닌 다양한 결재 방법도 체험하게 됩니다. 만약 음식을 기다리면서 언제 나오는지 궁금해한다면 주문서의 번호를 전광판에서 찾아볼 수 있도록 알려주는 것도 좋습니다.

 주문하자! 맛있게 먹자!

- **키오스크 만나기** 음식 카테고리 탐색하기, 음식 수량 숫자 살펴보기, 결제 금액 알아보기
- **재료를 찾아라!** 음식물에 들어간 재료 맞추기, 재료의 이름과 색깔 말하기
- **위험해! 안전해!** 패스트푸드점을 둘러보며 위험한 곳과 안전한 곳 찾아보기, 패스트푸드점에서 지켜야 할 약속 알아보기

세 번째 달

| Week 9 • Day 1　　　마음이 자라는 오늘의 말

기분이 어떨 것 같니?

　어른은 사물이나 상황을 객관적으로 바라보고 판단할 수 있지만, 아이는 사고가 발달하는 과정이므로 아직 객관적인 사고를 하기 어려워 자기중심적 사고로 세상을 바라보고 판단하지요. 자기 감정과 상황을 우선으로 여기기 때문에 다른 사람들의 입장에서 이해하고 생각하기 쉽지 않습니다.

　아이의 마음을 살피지 않고 다른 사람의 입장만 이야기하면, 아이는 엄마(아빠)에게 속상함을 느껴 자기 마음을 더 표현하지 않을 수 있답니다. 또 다른 사람의 입장에서 생각하고 싶은 마음도 들지 않겠지요. 아이가 다른 사람의 입장을 이해하고 감정을 알게 도우려면, 먼저 아이의 마음을 살피고 공감해 주어야 합니다. 그런 다음 다른 사람의 입장에서 생각해 보고 그 기분을 알아봅니다.

　그림책을 읽으며 다양한 감정과 상황을 생각해 볼 수 있습니다. "네가 만약 ~라면 기분이 어떨 것 같니?", "네가 만약 ~라면 어떻게 하겠니?"와 같이 감정을 이입하고 제삼자의 입장에서 생각해 보도록 돕습니다. 오늘은 다른 사람의 마음을 들여다볼 수 있게 상대방의 기분을 살피는 질문을 해봅시다.

 부모의 말 습관

> ○○야, △△가 블록을 더 많이 가지고 놀아서 속상했구나. 그런 거니? 그래서 △△가 놀고 있는 블록을 물어보지 않고 가지고 왔구나. 네가 만약 그 상황이라면 기분이 어떨 것 같니?

> 네가 만약 이 그림책의 아이라면 기분이 어떨 것 같니?

| Week 9 • Day 2   슬기로운 생활습관과 안전

잠자기 전 몸과 마음 건강 마사지

　잠자기 전 아이의 마음을 들어주고 건강 마사지를 해 주면 하루 동안 있었던 스트레스와 긴장이 줄어들어 정서적 안정감을 느낄 수 있습니다. 또 아이의 근육이 이완되고 성장판이 자극되어 성장 발육에 도움이 될 뿐만 아니라 수면의 질도 향상됩니다.

 이렇게 해 보세요

- **오늘 하루 어땠어?** 오늘 하루 아이에게 있었던 일, 부모에게 있었던 일을 이야기 나눕니다. 부모의 이야기를 먼저 시작해 보세요. 자연스럽게 아이도 자신의 감정, 생각에 대한 이야기를 할 것입니다. 아이의 이야기에 귀를 기울여 끝까지 들어주세요.
- **토닥토닥 괜찮아** 이야기를 들으며 감정을 이해하고 공감하는 시간을 가지며 서로 "괜찮아, 잘했어" 등의 말을 해 줍니다. 부모가 공감해 주는 말만 들어도 아이는 많은 위안을 받습니다.
- **건강 마사지** 침대나 바닥에 이불을 깔고 아이를 눕힌 후 머리, 목, 어깨와 등, 겨드랑이, 팔과 다리를 부드럽게 위아래로 쓸어내리듯 조물조물 마사지합니다. 아이의 피부에 알맞은 오일을 사용하면 더 부드럽게 마사지할 수 있습니다.
- **그림책 읽어주기** 아이가 편안함을 느끼도록 아이가 좋아하는 그림책을 읽어줍니다.
- **따뜻하게 안아주기** 부모의 심장 소리가 느껴지게 아이를 안아주면서 조용한 음악을 들려줍니다. 아이는 안정감과 사랑을 느끼며 편안하게 잠이 들 것입니다.
- **안심 장난감** 아이가 혼자 자는 것을 무서워할 경우, 자신만의 특별한 안심 장난감이나 인형을 안고 잠들 수 있도록 도와줍니다.

| Week 9 • Day 3   마음을 이해하는 감정 공부

후회하다

　한 번도 실수하지 않고 늘 성공만 하는 사람은 없습니다. 흔히 잘못된 생각이나 판단으로 일어난 일에 대해 뉘우치는 마음이 들 때 후회된다고 말합니다. 후회되는 일이 있다면 마음에 숨겨놓기보다는 새롭게 다짐하고 도전하는 것이 좋겠지요. 이전의 잘못을 깨우치고 실수에 대해 입 밖으로 꺼내어 드러내고 다시 노력하는 것이 필요합니다. 후회하는 감정이 들었을 때 부정적인 생각으로 낙심하지 말고, 긍정적인 사고로 전환하도록 도와주는 것이 바람직합니다.

💬 감정을 표현하는 말

- ★ 오늘 놀이터에서 친구에게 모래를 뿌린 일을 **후회하고** 있구나.
- ★ 아침에 엄마(아빠)가 ○○에게 너무 심한 말을 한 것 같아 **후회했단다**.
- ★ 할머니가 싸주신 도시락을 먹지 않고 남긴 것이 **후회된단다**.
- ★ 화장실을 미리 다녀왔다면 옷에 실수하지 않았을 텐데… ○○도 지금 **후회하고 있구나**.
- ★ 옷을 따뜻하게 입으라는 엄마(아빠)의 말을 듣지 않으면 **후회할지도** 몰라.

　후회하는 마음이 든다는 것은 스스로 변화하려고 한다는 긍정의 신호입니다. 잘하려고 애쓰는 마음이 있기 때문에 실수를 극복하고 다시 시작할 수 있다는 점에 주목하세요. 눈에 드러나는 것뿐 아니라 내면의 모습이나 노력하는 과정도 찾아 칭찬해 주세요.

| Week 9 • Day 4   몸 튼튼, 마음 튼튼 즐거운 놀이

상자 자동차

상자 자동차 놀이는 아이들에게 특별한 공간을 경험하게 해 주는 놀이입니다. 아이들은 상자 안에 들어가면 안정감을 느끼고, 상자와 함께 움직이고 높이 들어 올려질 때 재미있고 신나는 경험을 하게 됩니다. 상자 자동차 속으로 초대되는 놀이에 호기심과 기대감을 갖고 참여하게 될 것입니다.

준비물: 상자(아이가 들어갈 수 있는 크기), 장난감, 사인펜 또는 색연필

1. 덮개를 잘라낸 상자를 아이 옆에 놓고 상자의 겉면을 탐색하는 시간을 갖습니다.
2. 상자에 아이가 좋아하는 장난감(인형)을 넣고 손을 뻗어 장난감을 잡습니다.
3. 장난감이 담긴 상자에 아이가 들어가도록 격려합니다.
4. 상자를 이리저리 밀며 상자의 움직임에 천천히 적응하도록 합니다.(이때 부릉부릉, 칙칙폭폭 등 자동차 소리, 기차 소리와 같은 재미있는 소리를 곁들입니다)
5. 상자에 낙서를 하거나 그림을 그려 자기만의 스타일로 꾸미도록 하고 원할 때마다 상자에 들어갈 수 있게 합니다.
6. 아이가 좋아하는 노래를 들려주며 특정 가사가 나올 때 '휘~휘!' 소리를 내면서 상자와 아이를 함께 들어 올립니다.

✓ 아이의 안전을 살피며 움직임이 확보된 공간에서 놀이합니다.

| Week 9 • Day 5　　마음과 생각을 키우는 그림책

마음 버스

'마을버스'라는 이름에서 'ㄹ'이 사라지자, 운전사 곰 아저씨는 없어진 'ㄹ' 대신 'ㅁ' 모양의 나무 창틀을 붙입니다. 그렇게 '마음 버스'로 변합니다. 날마다 보는 손님들이 하나, 둘 버스에 올라타지만 아무 인사도 없이 서로 눈도 마주치지 않고, 그저 창밖만 바라볼 뿐입니다. 그런데 사고로 버스가 갑자기 멈추자 새로운 변화가 생겨납니다. 무심했던 사람들이 창밖이 아닌 서로의 얼굴을 바라보며 인사를 건네기 시작합니다.

김유 글, 소복이 그림, 천개의바람

이 책은 쳇바퀴 돌 듯 바쁜 일상을 잠시 멈추고, 주변 사람들의 마음을 찬찬히 들여다보며 서로 따뜻한 인사를 나눌 수 있도록 도와줍니다.

특히 '마음에도 꽃이 피었어요'라는 장면을 살펴보며 그림책에 나오는 사람들의 표정과 감정 변화, 건네는 말들을 함께 이야기 나누면서 따뜻한 마음을 느껴보세요. 곰 아저씨처럼 'ㄹ' 자를 아이와 함께 찾아보는 재미있는 놀이도 해 보면 글자에 더 많은 흥미를 느낄 것입니다.

 마음과 생각을 키우는 그림책 대화 질문

- ★ 왜 '마음 버스'라는 이름이 되었을까?
- ★ 사람들의 표정과 말은 언제부터 바뀌기 시작했을까?
- ★ 어떤 말을 들으면 마음에 꽃이 필까?

| Week 9 • Day 6　　　일상에서의 작은 여행과 탐험

베이커리

　길을 걷다 보면 달콤한 향기로 시선을 끄는 베이커리를 만날 수 있습니다. 해외에서도 극찬한다는 우리나라 베이커리는 모양과 색, 여러 가지 재료로 사람의 마음을 행복하게 해 주지요.

　오늘은 진열된 빵을 둘러본 다음, 아이가 먹고 싶은 빵을 직접 고르게 합니다. 그리고 아이가 모은 용돈으로 빵을 계산하는 기회를 줍니다. 아이는 이런 소비 경험을 통해 경제 개념의 싹을 틔우게 됩니다.

　구입한 빵을 먹을 수 있는 매장이라면, 각자 고른 빵을 보면서 우리 가족이 좋아하는 빵이 무엇인지 서로 알아가는 시간이 됩니다. 또 다양한 빵을 보면서 크기, 모양, 재료, 맛 등을 비교해 볼 수도 있답니다.

　먹으면서 대화도 하고, 생각도 키우는 지금! 이 순간은 아이에게 잊지 못할 추억의 선물이 될 것입니다.

 베이커리에서 생각 키우기

- ★ **올바른 소비 습관 키우기**　처음에 몇 개 살지, 꼭 필요한지, 돈이 얼마나 필요한지 생각해 보기
- ★ **과학적 사고력 높이기**　빵 먹기 전 재료 탐색하기, 빵의 맛 예측하기, 내가 만들고 싶은 빵 상상해 보기
- ★ **게임으로 즐기기**　빵에 들어간 재료 릴레이로 말하기, 우리 가족이 제일 좋아하는 빵 맞추기

| Week 10 • Day 1   마음이 자라는 오늘의 말

기분 좋은 하루가 될 거야

  아침에 눈을 뜨자마자 창문을 열어봅니다. 상쾌한 아침이 나를 반깁니다. 흐린 날이라도 괜찮습니다. 시작하는 아침이라 마음만은 상쾌하니까요. 하루를 시작하는 아침마다 긍정의 말로 출발해 봅니다.

  첫 번째 긍정의 말은 '기분 좋은 하루가 될 거야!' 입니다. 아침에 이 말을 몇 번이고 외쳐봅니다. 그리고 거울을 보며 표정을 살펴보세요. 밝은 표정의 나를 발견할 수 있답니다. 이제 사랑스러운 아이에게 말을 건넵니다.

  "○○야, 오늘도 유치원(어린이집)에서 기분 좋게 지내렴. 엄마(아빠)랑 같이 기분 좋게 지내는 마법을 부려볼까? 먼저 양손을 가슴에 대고 토닥여주자. 그리고 외쳐 보자. 기분 좋은 하루가 될 거야!"

  아침마다 긍정의 에너지를 채우는 방법으로 '자기 암시'가 있습니다. 자기 암시는 자신을 사랑하는 한 방법이며, 긍정성을 기르는 데 톡톡한 역할을 하지요. 긍정성은 선천적인 요인보다 환경적인 요인에 더 영향을 받으므로, 매일 긍정의 아침을 맞이하면 긍정성도 습관이 된답니다.

 부모의 말 습관

와! 날씨가 참 좋구나! 오늘도 맑은 날씨처럼 기분 좋은 하루가 될 거야!

오늘도 기분 좋은 하루가 될 거야! 파이팅!

새로운 하루가 시작되었어! 외쳐 볼까? "기분 좋은 하루가 될 거야!"

| Week 10 • Day 2   슬기로운 생활습관과 안전

동생을 질투해요

　동생에게 질투를 느끼는 것은 자연스러운 일입니다. 동생이 태어나면, 부모는 자연스럽게 동생에게 관심을 기울이게 되어 다른 아이에게는 관심이 줄어들 수 있지요. 동생이 태어나면 이전과 다르게 동생에게 양보해야 하는 상황이 생길 수 있습니다. 또 동생이 부모의 관심을 더 받거나 동생에게 주목이 집중되면, 동생과의 경쟁심을 느낄 수 있답니다. 질투 행동이 지속될 경우 아이는 불안, 분노, 우울 등을 느끼며 형제자매 간의 관계가 나빠질 수 있지요. 따라서 아이의 마음에 공감해 주며, 어렵더라도 아이와 단둘이 놀이하는 시간을 가져 부모가 아이를 사랑하는 마음을 더 느낄 수 있도록 합니다.

 이렇게 해 보세요

- ★ **사랑 표현** 아이에게 "엄마(아빠)는 ○○를 하늘만큼 땅만큼 사랑해!", "○○가 엄마(아빠) 곁에 있어 너무 행복해!"와 같이 아이에 대한 사랑을 지속해서 표현합니다.
- ★ **이해가 필요해!** 엄마(아빠)가 동생을 돌볼 때는 지금 돌봐야 하는 이유를 구체적으로 알려주어 아이가 질투심을 갖지 않도록 도와줍니다.
- ★ **역할 부여** 동생은 너무 어려서 할 수 있는 것이 거의 없음을 알려주고, 아이에게도 동생을 돌볼 수 있는 역할을 주어 가족 간의 유대관계를 경험할 수 있도록 도와줍니다.
- ★ **대화하기** 아이와 함께 동생이 태어난 이유와 가족의 변화에 관해 이야기하고 대화합니다.

| Week 10 • Day 3   마음을 이해하는 감정 공부

신나다

　흥미롭고 재미있는 일이 생겨서 기분이 매우 좋아졌을 때 신나는 느낌이 듭니다. '신나다'는 아이들이 느끼는 긍정적인 감정이므로 놀이를 하면서 언어로도 자주 표현하고, 표정이나 행동으로도 잘 드러내는 감정에 속하지요. 특히, 표정은 의사소통에서 매우 중요한 비언어적인 표현으로서 많은 메시지를 전달합니다. 아이의 표정에서 나타나는 신나는 감정을 살피고 적절히 반응해 준다면 좋은 소통의 기회가 될 것입니다.

감정을 표현하는 말

* 주말에 놀이동산에 가서 놀이기구를 타고 높이 올라가서 빙글빙글 돌았을 때 무척 신났겠네.
* 친구들과의 게임에서 빨간 팀이 이겨서 신나는구나.
* 신나게 놀이하다 보니 시간이 이렇게 빨리 지나갔네.
* 점심을 먹고 바깥 놀이를 할 생각을 하니 벌써 신나는 기분이 드는구나.
* 혼자 있는 것보다 친구들과 같이 놀이하면 더 신이 난단다.

　아이의 신나는 감정을 읽어주고, 공감하는 것은 좋습니다. 그러나 신나는 감정을 지나치게 표현하며 흥분하면 안전사고로 이어질 수 있으므로 주의 깊게 살펴야 합니다.

| Week 10 • Day 4   몸 튼튼, 마음 튼튼 즐거운 놀이

상자 건축가

　상자는 아이의 상상력을 키우는 데 아주 좋습니다. 다양한 크기의 상자를 차곡차곡 쌓아 올려 건축물을 만들 수도 있고, 큰 상자로는 터널을 만들 수도 있습니다. 또는 상자에 몸을 숨기기도 합니다. 이처럼 아이는 상자를 가지고 여러 가지 방법으로 **상상력을 마음껏 발휘할 수 있답니다.**

준비물: 다양한 크기의 상자들

<상자 탑 쌓기>

1. 여러 개의 상자 중 크기가 다른 두 개의 상자를 선택하여 비교합니다.(예: 큰 상자는 어디 있나? 작은 상자는?)
2. 상자를 크기 순서대로(큰 상자 → 작은 상자 또는 반대로) 배열합니다.
3. 높게 쌓으려면 어떻게 해야 할지 스스로 시도해 보게 합니다.
4. 상자가 튼튼하게 세워졌는지 확인하며 상자 탑을 쌓아갑니다.
5. 상자 탑이 아이의 키보다 높아지면 같이 도와주며 쌓습니다.

<상자 미로와 터널>

1. 바닥에 상자를 여기저기 흩어 놓고 미로를 만들어 아이가 상자 사이를 기어다니며 미로를 탐색하게 합니다.
2. 큰 상자가 있다면 양쪽 덮개를 열고 상자 안을 기어서 지나가게 구성합니다.

✓ 상자 탑을 쌓을 때 상자가 무너져 다칠 수 있으므로 안전에 주의합니다.

| Week 10 • Day 5   마음과 생각을 키우는 그림책

인사를 나눠드립니다

고요한 엘리베이터 안, 멀뚱히 다른 곳만 쳐다보는 두 이웃은 민철이의 우렁찬 인사 소리를 듣고 웃으며 헤어집니다. 민철이의 인사는 점점 퍼져 아파트, 학교를 가득 채웁니다. 전날 싸웠던 철수와는 인사를 나누면서 화해하게 되고, 민철이에게서 시작된 아이들의 인사에 하굣길 버스의 무서웠던 기사님의 표정도 밝게 변하게 됩니다.

이한재 글그림, 킨더랜드

이 책은 작은 용기와 친절함이 주위를 어떻게 변화시키는지 인사를 통해 보여줍니다. 또 우리 아이들에게 먼저 인사를 건넬 용기를 길러 주고, 상황에 따라 어떤 인사말을 해야 하는지 알려주지요.

오늘 우리 가족은 어떤 인사말을 했나요? 먼저 표지에 있는 인사말을 가족이 돌아가면서 하나씩 해 봅니다. 만약 아이가 가족이나 이웃에게 먼저 인사말을 건네는 모습을 보였다면, 아이의 노력을 놓치지 않고 기억하여 미소와 함께 꼭 격려의 말을 해 줍니다.

 마음과 생각을 키우는 그림책 대화 질문

★ 왜 민철이는 인사를 잘했을까?
★ 네가 자주 하는 인사말은 무엇이니?
★ 만약 인사가 사라진다면 어떨 것 같니?

| Week 10 • Day 6   일상에서의 작은 여행과 탐험

카페

길을 걷다 보면 우리 주변에서 쉽게 카페를 만날 수 있습니다. 또 가족과 함께 카페를 방문하는 아이들의 모습도 많이 볼 수 있습니다. 요즘 카페는 특별한 만남의 목적이 아니어도 휴식을 위해서, 힐링의 시간을 갖기 위해서 방문하기도 합니다. 또 특색있는 카페를 찾아 먼 발걸음을 하기도 하지요.

아이와 함께 읽고 싶은 책을 한 권씩 들고 카페에 가 볼까요? 각자 원하는 음료를 앞에 두고 책을 읽는 시간은 힐링의 시간이자 추억의 시간입니다. 만약 아이가 책 읽기보다 그림 그리기, 퍼즐 맞추기, 로봇 조립 등 다른 것을 원한다면 선택해서 하는 것도 좋습니다. 카페에서 잠시라도 아이와 부모가 따로, 또 같이 힐링의 시간을 가져본다면 마음의 스트레스도 사라질 것입니다.

카페는 공공장소이므로 너무 큰 소리로 이야기하거나 돌아다니면, 다른 손님에게 방해가 될 수 있습니다. 모두에게 편안한 공간이 될 수 있도록 방문 전에 아이와 함께 카페에서 지켜야 할 약속을 알아본다면 배려하는 마음도 자라날 것입니다.

 카페에서 힐링하기

* ★ **카페 수수께끼** 카페에 보이는 물건으로 수수께끼 내기
* ★ **몇 명일까?** 비어 있는 테이블을 보며 몇 명이 앉을 수 있는지 세어보기
* ★ **힐링의 시간** 카페에서 나오는 음악 들으며, 창문 밖 풍경 감상하기
* ★ **별명 짓기** 카페에 있는 장식품에 별명 짓기

| Week 11 · Day 1   마음이 자라는 오늘의 말

신나는 하루가 될 거야

우리는 매일 '하루'라는 선물을 받습니다. 누구에게나 공평하게 24시간이 주어집니다. 24시간을 어떻게 사용하느냐에 따라 '하루'의 질이 달라지지요. 하루를 열심히 사는 것도 중요하지만, 신나게 사는 것도 중요합니다. 아무리 열심히 살아도 마음이 신나지 않으면 몸이 고되고 힘들어지니까요. 나와 아이의 마음이 신날 수 있도록 하루를 기쁘게 열어봅니다.

두 번째 긍정의 말은 '신나는 하루가 될 거야!' 입니다. 아침에 눈을 뜬 아이에게 밝은 표정과 목소리로 "○○야, 안녕? 오늘은 신나는 하루가 될 거야!"라고 말해 봅니다. 아이는 부모의 밝은 표정과 목소리에 따뜻한 햇살을 느껴 하루를 편안하게 열 수 있을 것입니다. 특히 부모가 건넨 '신나는 하루가 될 거야!' 말을 들으면서 오늘 하루를 기대하게 되지요. '어떤 흥미로운 일이 펼쳐질까?', '어떤 신나는 일이 생길까?' 오늘도 아이는 호기심 가득한 마음으로 하루를 맞이합니다. 신나는 하루를 상상하면서!

 부모의 말 습관

○○야, 오늘도 신나는 하루가 될 거야! 어떤 하루가 펼쳐질지 상상해 봐.

○○야, 엄마(아빠)는 지금 신이 나. '신나는 하루'를 상상하니까 벌써 마음이 신나져. 같이 말해 볼까? 신나는 하루가 될 거야!

○○야, 오늘 신나는 하루를 보냈니? 어떤 일이 신났니? 신났던 마음을 꼭 기억하여 내일도 신나는 하루를 만들어보자. 함께 외쳐 볼까? 신나는 하루가 될 거야!

| Week 11 • Day 2   슬기로운 생활습관과 안전

 ## 소지품 정리정돈

　아이가 자기 가방이나 물통 등을 아무 데나 던져놓으면 집이 지저분하게 되어 반복적으로 잔소리를 하게 됩니다. 정리하는 데 시간이 오래 걸려 서로 스트레스를 받게 되지요. 사실 아이가 구체적인 정리 방법을 모르거나, 왜 정리해야 하는지 이유를 몰라서 그럴 수도 있습니다. 정리도 하나의 놀이처럼 즐겁게 알려주어 아이 스스로 할 수 있도록 도와줍니다.

 이렇게 해 보세요

- **이야기 나누기** 정리가 되어있지 않는 상태의 사진이나 방을 함께 보면서 어떤 느낌이 드는지 이야기를 나누어 봅니다. 아이와 함께 가방, 물통 등의 위치가 어디 있는지 살펴봅니다.
- **순서** 정리할 순서를 아이와 함께 이야기 나눈 뒤, 정리정돈 노래를 불러 봅니다.(예시: 1. 물통은 싱크대, 2. 가방은 제자리 등)
- **시간** 몇 분 동안 정리할 수 있을지 아이와 의논하여 타이머나 모래시계를 활용하여 정리합니다. 시간 안에 정리하는 게임으로 아이가 더욱 즐겁게 참여할 수 있습니다.
- **격려** 아이가 정리정돈을 잘하거나 노력한 경우, "○○가 정리해 주어 방이 더 깨끗해졌구나!", "○○가 놀잇감을 제자리에 정리하려고 노력하고 있네"와 같이 구체적으로 격려합니다.
- **모델링** 아이는 부모의 행동을 따라 하는 경향이 있으므로, 부모가 모범이 되어 정리정돈을 잘하는 모습을 보여줍니다.

| Week 11 • Day 3   마음을 이해하는 감정 공부

상쾌하다

싱그러운 자연을 보면 마음이 상쾌해집니다. 상쾌함을 느끼면 표정이 밝아지면서 몸이 먼저 반응하지요. 아이들은 '상쾌하다'의 의미는 잘 모르지만, 상쾌한 상황을 본능적으로 느낄 수 있답니다. 상쾌함은 기분이나 몸이 시원할 때 느끼는 감정으로, 신체적 감각뿐만 아니라 마음의 만족감이 차오를 때도 상쾌함을 느낄 수 있습니다. 일상에서 아이와 함께 오감을 사용해 상쾌함을 느껴보고, 상쾌한 상황을 말로 표현합니다. 상쾌한 하루를 보내면 마음이 안정되어 몸과 마음이 더 건강해진답니다.

감정을 표현하는 말

* 와! 숲에 오니 공기가 맑아 마음까지 **상쾌하구나!**
* 어디서 새 소리가 들리네. 새 소리를 들으니 **상쾌한** 기분이 드는구나.
* ○○야, 눈을 감고 바람을 느껴봐! 무척 **상쾌하단다.**
* 이 젤리는 씹을 때 **상쾌한** 느낌이 들어.
* 신나게 운동을 하니까 마음이 **상쾌해졌어.**

아이들은 일상에서 무언가를 직접 보고, 듣고, 만지면서 몸의 감각으로 상쾌함을 느낍니다. 상쾌한 표정을 직접 살펴보며 느낄 수 있게 거울을 보고 '상쾌한 표정 느끼기' 놀이를 해 봅니다. 또 무엇 때문에 상쾌한지 이야기 나눠보면서 상쾌함의 의미를 알아봅니다.

| Week 11 • Day 4   몸 튼튼, 마음 튼튼 즐거운 놀이

방석 위에서 균형 잡기

  방석 위에 올라가거나 방석을 발 위에 올려놓고 균형을 잡으려고 애쓰는 과정에서 자기 신체를 조절하는 능력과 집중력을 기르게 됩니다. 난이도에 따라 도전적인 경험을 하면서 자신감과 성취감이 높아지기도 한답니다. 다만, 방석 탑에서 떨어져 다치는 일이 없도록 안전에 주의합니다.

준비물: 방석 또는 쿠션, 매트(이불이나 카펫도 가능함)

1 바닥에 매트를 깔고 그 위에 방석 두 장을 겹쳐 놓습니다.
2 아이가 방석 탑 위에 올라가 균형을 잡을 수 있는지 확인하고 성공하면 안아준 후 방석에서 내려오게 합니다.
3 방석을 하나씩 더해가며 난이도를 높이고 균형을 잡고 설 때마다 "성공~!"을 외치고 포옹해 줍니다.
4 아이가 자신의 다리 힘과 균형감각에 만족감을 느끼고 즐거워하도록 격려합니다.
5 다음은 아이를 매트에 눕히고 다리만 위로 들어 올리게 한 후, 그 자세에서 아이의 발바닥 위에 방석을 올려놓아 균형을 잡아보게 합니다.
6 떨어트리지 않고 성공하면 발 위에 방석을 하나씩 더해갑니다.

| Week 11 • Day 5   마음과 생각을 키우는 그림책

마음 여행

주인공은 어느 날, 마음을 잃어버리고 가슴이 텅 빈 것처럼 허전함을 느낍니다. 무엇을 해야 할지, 어디로 가야 할지 몰라 눈물이 흐르고, 세상이 너무나 낯설고 막막합니다. 하지만 용기를 내어 잃어버린 마음을 찾아 떠나면서, 진정한 마음의 의미를 깨닫게 됩니다.

김유강 글그림, 오올

이 책은 아이가 자신의 마음을 소중히 여기고, 잃어버린 마음을 다시 찾는 용기를 배우도록 돕습니다. 또한, 부모에게도 '내 마음은 지금 어떤가?' 돌아보게 합니다. 자신의 감정을 이해하고 자존감과 회복력을 기르고, 마음을 단단히 지키는 법을 배우며 정서적 안정감을 얻습니다. 또한, 다른 사람의 마음을 상상하며 공감 능력을 키웁니다.

아이와 함께 자신의 마음을 색깔이나 그림으로 표현해 보기도 하고, 기쁜 일·슬픈 일·화난 일 등을 작은 쪽지에 적어 상자에 넣어보는 놀이를 해 보면서 마음의 크기가 어떻게 변화되는지 함께 이야기를 나누어 보세요.

 마음과 생각을 키우는 그림책 대화 질문

★ 이 그림책에서는 마음을 찾기 위해 어떤 여행을 했지?
★ 너는 언제 마음이 슬프다고 느끼니? 그럴 때 어떻게 하니?
★ 이 그림책에서 마음 여행을 끝났을 때 마음 크기가 왜 달라졌을까?

| Week 11 • Day 6   일상에서의 작은 여행과 탐험

 # 장난감 가게

　지나가는 아이의 발길을 잡는 곳, 아이의 마음에 행복을 심어주는 곳, 어른에게도 가끔은 동심의 세계로 안내하는 곳! 바로 장난감 가게입니다.

　장난감을 갖고 싶어 떼를 쓰는 아이 때문에 장난감 가게에 가는 것을 힘들어하는 부모님이 있습니다. 장난감 가게에 가기 전 아이와 함께 가게에 가는 목적과 지켜야 할 약속에 대해 같이 이야기를 나누고 출발합니다.

　만약 동네에 육아 종합지원센터에서 운영하는 '장난감 도서관'이 있다면 이곳을 통해 장난감을 대여해 보는 것도 좋습니다. 아이가 장난감에 금방 싫증을 느끼거나 다양한 장난감을 경험해 보기를 원하는 경우 유용하게 활용할 수 있습니다.

 아이들의 천국 장난감 가게

* **장난감 오디션** 장난감 가게를 둘러보면서 '아이가 좋아하는 장난감과 부모님이 좋아하는 장난감 BEST 5' 뽑기
* **내 마음속 픽!** 부모님이 좋아했던 캐릭터 장난감과 아이가 좋아하는 캐릭터 장난감을 서로 소개하기
* **인형도 감정이 있어** 인형의 표정을 보며 어떤 감정인지(어떤 감정이 느껴지는지) 릴레이로 말하기, 인형 표정 따라 해 보기

| Week 12 • Day 1   마음이 자라는 오늘의 말

행복한 하루가 될 거야

    매일매일 행복하려면 어떻게 해야 할까요? 지금부터 눈을 감고 행복한 순간을 떠올려봅시다. 이제 눈을 뜨고 거울을 보세요. 표정이 어떤가요? 행복한 순간을 떠올리기만 해도 마음이 행복해져 미소 짓는 '나'를 발견할 수 있습니다. 행복은 멀리 있지 않고 아주 가까운 곳에 있지요. 주변을 둘러 찾기만 해도 행복은 내 마음 밭에 쏙 들어옵니다. 우리 마음 밭에는 행복 씨앗이 늘 준비를 하고 있으니까요. 아이와 함께 사소한 것부터 행복을 찾는 연습을 해 봅시다. 나무를 보는 것, 아침에 눈을 뜨는 것, 음식을 먹는 것, 걷는 것, 함께 있는 것과 같이 이 모든 것이 감사하고 행복한 일이지요.

    세 번째 긍정의 말은 '행복한 하루가 될 거야!' 입니다. 아이와 매일 행복을 찾으며 우리 삶이 더 행복해질 수 있게 하루를 열어 봅니다. 매일 아이에게 "행복한 하루가 될 거야!"라고 속삭여보세요. 아이는 어떤 행복을 만날지 기대하면서 하루를 시작할 것입니다. 여러분! 행복할 준비가 되었나요?

 부모의 말 습관

> ○○야, 오늘도 우리에게 행복한 일이 많이 생길 거야. 내 마음이 더 행복해질 수 있도록 마음에게 얘기해 볼까? 행복한 하루가 될 거야!

> 엄마(아빠)는 매일매일 ○○와 함께 있어서 참 행복해. 오늘도 행복하게 지내자. 함께 말해 볼까? 행복한 하루가 될 거야!

> 엄마(아빠)와 웃으면서 인사해 보자. 행복한 하루가 될 거야!

| Week 12 • Day 2   슬기로운 생활습관과 안전

장난감 정리

장난감을 가지고 놀 때는 재미있지만, 다시 정리하는 것을 싫어할 때가 있습니다. 장난감을 정리하지 않고 바닥에 그냥 둘 경우, 장난감을 무심코 밟았다가 다칠 수 있고, 어디에 있는지 찾기도 어려워 다시 사는 경우가 많지요. 아이가 손쉽게 정리할 수 있도록 다양한 방법으로 정리정돈을 해 봅니다.

 이렇게 해 보세요

- **이유 찾기** 가지고 놀았던 장난감을 제자리에 정리해야 하는 이유에 대해 아이와 함께 이야기 나눕니다.
- **장난감 바구니에 이름표 만들기** 어떤 물건을 어디에 담을지 아이와 함께 정한 뒤, 바구니 이름표를 아이와 함께 만들고 꾸며봅니다. 예를 들면, 블록 바구니의 경우 블록 그림을 그리거나 블록 사진을 바구니에 붙여 손쉽게 찾도록 도와줍니다.
- **정리 놀이** 노래를 부르며 흩어져 있는 장난감을 게임식으로 정리해 봅니다. 예를 들면 '요기조기' 노래를 개사하여 "블록은 어디 있나? 여기! 자동차는 어디 있나? 여기!"와 같이 노래를 부르면서 정해진 시간 내에 즐겁게 정리정돈을 할 수 있습니다.
- **긍정적인 피드백** 아이가 스스로 정리를 하거나 정리 바구니를 만들며 노력한 경우, 항상 긍정적인 피드백을 해 주어야 합니다. 이를 통해 아이는 자신감을 향상시키고 지속적인 참여와 노력을 할 수 있습니다

| Week 12 • Day 3 　　마음을 이해하는 감정 공부

신기하다

　새로운 것을 보거나 호기심이 생기는 상황에 '신기하다'라고 느낍니다. 아이의 시선으로 볼 때 세상에는 새로운 것이 가득하답니다. 그래서 늘 신기하고 새롭게 느껴지는 것이 많을 것입니다. 낯선 것에 대해 신기해하며 호기심을 갖기도 하지만, 어떤 아이의 경우는 두려움의 감정도 내재해 있다는 사실을 잊지 않아야 하지요. 부모는 아이의 행동보다 감정을 먼저 읽는 연습을 해야 합니다. 아이의 감정을 단정 짓지 말고, 직접 물어보는 것도 좋은 방법이랍니다.

감정을 표현하는 말

* 이 기차는 어쩜 이렇게 멈추지 않고 계속 움직일 수 있을까? 정말 신기하다.
* 개미가 자기 몸보다 더 큰 먹이를 나르는 사진을 보니 신기하네.
* 어제 신기하게도 거꾸로 움직이는 시계를 봤어!
* 와~! 막대기를 천정까지 닿을 수 있게 올릴 수 있다니 신기하다.
* ○○아, 여기 있는 모든 놀잇감은 처음 보는 것들이라서 신기하지?

　신기하다는 느낌이 들었을 때 아이들은 행동으로 호기심을 채우려고 만지거나 두들겨 보기도 한답니다. 타인에게 무례한 상황이 생기지 않도록 주의가 필요합니다.

| Week 12 • Day 4   몸 튼튼, 마음 튼튼 즐거운 놀이

선 따라 걷기

주어진 상황을 인지하고 걷는 활동은 자신의 신체를 조절하고 균형감각과 협응 능력을 발달시킬 수 있는 즐거운 놀이입니다. 선을 벗어나지 않고 걷기 위해 애쓰는 과정에서 집중력이 길러지고 자신감과 성취감을 얻을 수 있는 효과가 있습니다.

준비물: 색 테이프, 가위, 쿠션

1. 색 테이프로 바닥에 선을 그립니다.(직선, 지그재그, 곡선, 다양한 모양)
2. 여러 선 가운데 일부는 벽과 평행을 이루도록 그려서 처음에는 벽을 짚고 걷거나 벽과의 거리감을 느낄 수 있게 합니다.
3. 아이에게 바닥에 그려진 선을 따라 걸어 보게 합니다.(직선으로 시작하다 점차 다양한 모양으로 변화를 줍니다)
4. 천천히, 빠르게, 또는 좋아하는 노래에 맞추어 선에서 벗어나지 않도록 집중하며 걸어봅니다.
5. 동물 이름을 말하고, 그 동물의 걸음걸이로 선을 따라 걸어봅니다.(예: 오리는 어떤 모습으로 걸을까? 오리처럼 걸어볼까?)
6. 뒤꿈치와 다른 쪽 엄지발가락이 만나게 양발을 번갈아 내디디며 선을 따라 걸어봅니다.(발로 도장을 찍듯이 꾹꾹 눌러 걷습니다)
7. 양손을 바닥에 짚고 선을 따라 손과 발로 나란히 걸을 수 있는지 시도해 보고, 한 발로 걸어보는 방법도 시도합니다.
8. 머리에 쿠션을 올려주고 쿠션이 떨어지지 않게 집중하며 걸어봅니다.

| Week 12 • Day 5   마음과 생각을 키우는 그림책

일주일

고양이 룽지는 창밖을 내다보는 걸 무척 좋아합니다. 어느 월요일 룽지는 아직 피지 않은 꽃봉오리 하나를 발견합니다. 창밖을 보며 꽃이 피기만을 온종일 기다리지만, 꽃봉오리는 그대로 있습니다. 화요일, 수요일, 목요일… 하루하루 지날 때마다 룽지의 고양이 친구들도 하나둘 모여듭니다. 그리고 드디어 월요일! 꽃이 핀 꽃봉오리를 보며 고양이들은 행복한 표정을 지으며 기뻐합니다.

김라임 글그림, 키다리

이 책은 섬세하고 생동감 있는 그림으로 아이의 관찰력과 상상력을 자극합니다. 또 매일 다른 사건이나 변화를 볼 수 있어 세부적인 관찰 능력과 이야기 추론 능력을 길러주지요. 또 '일주일'이라는 시간을 중심으로 아이들이 요일, 시간 흐름을 자연스럽게 이해하도록 도와줍니다.

아이가 시간 개념을 이해하도록 '우리 가족 일주일 달력 만들기'를 해 볼까요? 오늘 어떤 일이 있었는지 이야기 나눈 다음, 해당하는 요일 칸에 글이나 그림으로 표현해 보세요. 완성되면 한쪽 벽에 전시해 보세요.

 마음과 생각을 키우는 그림책 대화 질문

★ 오늘은 무슨 요일이니? 오늘 어떤 일을 했니?

★ 이 그림책에서 가장 재미있었던 요일은 언제였니?

★ 너만의 특별한 요일이 있다면 무엇을 하고 싶니?

| Week 12 • Day 6   일상에서의 작은 여행과 탐험

 # 식당

  온 가족이 모이는 주말, 식당으로 나들이를 가 볼까요? 어느 식당으로 갈 것인지는 가족이 함께 정해 봅니다. 식당에 가면 휴대폰으로 영상을 보며 식사를 하는 아이들을 종종 볼 수 있지요. 오늘은 가족과 함께하는 날이므로 휴대폰은 가방이나 주머니에 잠시 넣어두세요. 대신 아이가 가족의 표정, 말, 행동을 자신의 두 눈에 채울 수 있도록 합니다.

  가족의 수만큼 수저와 물컵을 놓아 보는 기회를 제공해 주세요. 아이의 연령이 어리다면 부모님이 도와주는 것도 좋습니다. 또 음식이 나오면 음식 이름, 재료, 맛을 맞추는 놀이를 해 보세요. 음식에 관한 관심이 높아지면서 새로운 음식에도 도전해 볼 용기를 갖게 된답니다. 나아가 가족과의 실시간 교류로 인해 아이의 마음 온도는 높아질 것입니다.

 메뉴판을 펼치면 놀이가 가득

- **궁금 수 놀이** 메뉴판에 있는 음식의 가격 비교해 보기, 사진 보고 음식의 양 예측하기, 메뉴판 페이지 세어보기
- **재미있는 언어 놀이** 메뉴판에서 가족 이름 글자 찾기, 큰 글자와 작은 글자 찾기, 음식 이름으로 끝말잇기 놀이하기
- **알쏭달쏭 과학 놀이** 메뉴판에 있는 음식 이름이나 사진을 보고, 어떤 음식인지 예측해 보기, 어떤 재료가 들어가 있을지 상상해 보기

네 번째 달

| Week 13 • Day 1   마음이 자라는 오늘의 말

 ## 즐거운 하루가 될 거야

　즐거운 하루는 어떤 하루일까요? '즐겁다'라는 말은 사람을 참 흐뭇하게 합니다. 인간은 본능적으로 즐거움의 욕구가 있습니다. 인생이 즐겁지 않으면 하루하루 살아내기 참 힘들지요. 즐거운 마음으로 하루를 시작하면 세상을 보는 시선도 경쾌해집니다. 나도 모르게 콧노래가 나오고 어떤 하루가 펼쳐질지 기대하게 되지요. 물론 생각지 않은 일이 우리를 힘들게 하고 주저앉게 할 때도 있지만, 매일매일 '즐거운 마인드셋'으로 장착하면, '이것 또한 지나갈 거야'라고 마음을 위로하면서 버틸 힘이 생기게 됩니다.

　네 번째 긍정의 말은 '즐거운 하루가 될 거야!'입니다. 아이의 마음이 더 단단해지고 긍정의 시선으로 바라볼 수 있게 하루의 시작을 즐거움으로 열어 봅니다. 아이 마음에 핀 '즐거움의 꽃'은 행복 열매를 가득 맺히게 하지요. 아이를 안아주며 밝은 미소로 건네 봅시다. "즐거운 하루가 될 거야!"

 부모의 말 습관

○○야, 마음이 즐거우면 더 즐겁게 생활할 수 있을 거야. 엄마(아빠)랑 큰 소리로 말해 볼까? 즐거운 하루가 될 거야!

○○의 표정이 참 즐거워 보이는구나! 매일매일 즐겁게 지내길 바란단다. 엄마(아빠)와 함께 외쳐볼까? 즐거운 하루가 될 거야!

즐거운 표정은 어떤 표정일까? 즐거운 표정을 지어보자. 그리고 말로 해 보자. 즐거운 하루가 될 거야!

| Week 13 • Day 2   슬기로운 생활습관과 안전

신발을 바르게 신어요

아이에게 신발 신는 일이 무척이나 어렵고 낯설게 느껴질 수 있습니다. 따라서 아이의 연령, 선호도, 발달 특성을 고려하여 수월하게 신고 벗을 수 있는 신발을 선택합니다. 신발 크기, 위치, 신는 순서를 구체적으로 알려주어 아이 스스로 신발을 신을 수 있도록 도와줍니다.

 이렇게 해 보세요

- **안전하고 좋아하는 신발 선택하기** 발이 편하고 안전하게 다닐 수 있는 신발을 선택합니다. 특히 바퀴가 달리지 않은 안전한 운동화, 끈이 없어 신고 벗기 좋은 운동화, 아이가 좋아하는 신발로 지도하면, 더 즐겁게 신발 신는 법을 배울 수 있습니다.
- **신발 크기** 신발이 크거나 작으면 불편할 수 있으므로 아빠, 엄마, 내 신발을 살펴보고 신발의 크기가 왜 다른지, 내 발과 맞지 않는 신발을 신으면 어떻게 될지 말해 봅니다.
- **오른쪽 왼쪽 신발 위치 확인** 신발을 오른쪽과 왼쪽을 맞지 않게 신을 수 있습니다. 신발 위치를 잘 찾을 수 있게 손가락을 가리키며 왼쪽, 오른쪽을 말해 봅니다. 또 왼쪽, 오른쪽 신발에 다른 모양을 표시하여 신발을 잘 구분하여 신을 수 있게 도와줍니다.
- **신발 신기** 자리에 앉아서 두 손으로 신발 입구를 잡은 다음 엄지발가락에 힘을 주어 신발 끝까지 밀어 넣습니다. 발뒤꿈치가 들어갈 수 있도록 엄지손가락을 지렛대처럼 만들어 지지해 줍니다. 잘 안될 때는 자리에서 일어나 엄지발가락 쪽을 툭툭 치며 들어가게 합니다.
- **신발 벗기** 자리에 앉아 두 손을 신발 발꿈치 쪽을 잡아서 고정한 후 발꿈치를 들썩이며 힘을 주어 바깥으로 당깁니다. 벗은 신발은 제자리에 가지런히 정리합니다.

| Week 13 • Day 3   마음을 이해하는 감정 공부

유쾌하다

　아이는 자신이 느끼는 감정을 부모가 잘 들어주면 부모를 신뢰하게 됩니다. '내 기분을 이해해 주는구나' 하면서 자신의 감정이 존중받는 기분과 함께 자연스레 자존감도 높아지게 됩니다. '유쾌하다'는 즐거운 감정과 비슷하지만, 즐겁고 상쾌한 기분이 함께 어우러져 표현되는 감정입니다. 아이는 좋은 것을 느끼고 표현하면서 생각과 행동의 반경을 넓혀갈 수 있답니다. 아이가 자신의 느낌과 기분을 적절하게 표현할 수 있도록 상황에 맞는 감정의 언어로 자극해 주세요.

감정을 표현하는 말

* 엄마(아빠)는 ○○를 만날 생각을 하면 기분이 유쾌해진단다.
* 엄마(아빠)는 우리 집 강아지 '난꾸'와 산책할 때 유쾌한 기분이 들어.
* ○○이의 이야기를 잘 들어주고 매일 같이 놀아주는 친구가 있다는 것은 유쾌한 일이야.
* 비행기를 탔을 때 창밖을 볼 수 있는 자리에 앉으니까 기분이 유쾌했지.
* 네가 제일 마지막 순서로 줄을 서게 되어서 기분이 유쾌하지 않았구나.

　즐겁다거나 유쾌하다 등의 감정을 느끼지 못하면 삶에 활기가 없어질 수 있습니다. 때로는 불쾌한 감정이 들었을 때 '유쾌하지 않다'라는 말로 순화해서 표현하는 것도 부정적인 감정을 나타내는 방법일 수 있답니다.

| Week 13 • Day 4   몸 튼튼, 마음 튼튼 즐거운 놀이

돌돌돌 김밥말이

    이불은 가정에서 항상 사용하는 매우 친근한 소재입니다. 이 놀이는 이불의 부드러운 감촉과 가족 간의 자연스러운 신체 접촉을 경험함으로써 긴장감을 완화시키고, 감각적 경험을 통해 부모-자녀 간의 친밀감과 정서적 안정감을 만들어 줍니다. 이불을 활용하는 놀이는 잠들기 전이나 아침에 간단히 하면 좋습니다.

준비물: 얇은 이불, 쿠션이나 부드러운 베개

1. 이불을 넓게 펴고, 이불 끝자락에 아이를 바로 눕힙니다.
2. 아이가 누워있는 쪽에서부터 아이를 감싸며 이불로 돌돌 말아 갑니다.
3. 이불 속에 숨겨져 있는 아이의 몸을 찾아봅니다.(예: 다리는 어디쯤 있을까? 배는 어디에 있지?)
4. 놀이의 즐거움을 더하기 위해 다양한 색의 스카프나 긴 천을 준비하여 김밥 속 재료에 해당하는 달걀, 단무지, 당근 등 이름을 붙여가며 함께 김밥말이 놀이를 해 볼 수 있습니다.

| Week 13 • Day 5   마음과 생각을 키우는 그림책

봄 속으로 풍덩

마른 가지에 노란 산수유꽃이 활짝 피고, 나비와 벌이 날아갑니다. 봄이 오자 겨우내 잠을 잔 반달곰들이 자운영 꽃밭에서 놀고, 다람쥐들은 할미꽃을 모자처럼 머리에 씁니다. 족제비 가족은 제비꽃밭으로 소풍을 가고, 새들은 목련꽃 향기를 깊게 마십니다. 모두 봄을 만끽합니다.

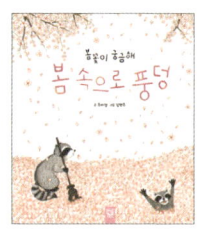

주미경 글, 김연주 그림,
키즈엠

이 책은 봄날 볼 수 있는 꽃들을 시처럼 아름답고 리듬감 있게 소개하고, 예쁜 꽃 그림으로 한층 더 봄을 만끽할 수 있게 합니다. 책 마지막에는 봄꽃으로 할 수 있는 놀이도 소개합니다.

이제는 밖으로 나가 책에서 만난 봄꽃을 찾아볼까요? 찾은 봄꽃을 보면서 꽃의 이름을 불러주고, 꽃과 인사를 나눠보세요. 또 책에서 소개하는 봄꽃 놀이를 해 보세요. 아이의 마음에 봄꽃이 더 오랫동안 머물 것입니다. 집에 돌아오면 밖에서 찾은 봄꽃을 그리고 오려서 창문에 붙여보세요. 가족 모두가 봄을 느낄 수 있을 것입니다.

 마음과 생각을 키우는 그림책 대화 질문

* 그림책에 어떤 봄꽃이 나왔니?
* 봄꽃을 만나는 동물들의 표정을 살펴볼까? 동물이 무슨 말을 할 것 같니?
* 만약 봄꽃이 사라진다면 어떨 것 같니?

| Week 13 • Day 6   일상에서의 작은 여행과 탐험

 # 약국

 필요한 약을 구매할 때나 병원에서 진료를 받은 다음 약국으로 갑니다. 약국의 크기에 따라 약이 진열된 모습이나 약의 종류, 손님을 위한 편의 시설(휴대폰 소독기, 정수기, 의자 등) 등이 다르겠지만, 아이들의 호기심을 자극하는 많은 요소가 있습니다. 특히 캐릭터로 된 유아 밴드, 비타민, 립밤, 마스크, 영양제 등은 아이들의 발걸음을 멈추게 합니다.

 우리 아이는 약국을 어떤 곳으로 느낄까요? 만약 매번 약국에 있는 유아 캐릭터 제품을 사달라고 한다면, 약국을 방문하기 전에 약국에 가는 정확한 이유를 말해 주세요. 또 약국의 특징을 함께 이야기 나눈 다음 가정에서 아이와 함께 약국 역할놀이를 해 보세요. 약사와 손님의 역할을 통해 약사는 어떤 일을 하는지 알 수 있고, 약국에 대한 고마운 마음을 갖게 됩니다.

 감각으로 만나는 약국

- ★ **시각** 어떤 약을 살지 살펴보기
- ★ **후각** 약국의 냄새 맡아보기, 어떤 냄새인지 맞혀보기
- ★ **미각** 약을 먹기 전에 어떤 맛일지 예상해 보기, 약을 먹은 후 어떤 맛인지 말해 보기
- ★ **청각** 약사의 이야기 주의 깊게 들어보기
- ★ **촉각** 포장된 약봉지를 만지면 어떤 느낌일지 예측해 보기

| Week 14 • Day 1   마음이 자라는 오늘의 말

 ## 힘찬 하루가 될 거야

하루를 씩씩하게 보내면 몸과 마음이 건강해지는 듯합니다. 씩씩함은 내면에 저장된 에너지가 잘 작동하고 있음을 의미하지요. '씩씩함'을 몸으로 표현해 볼까요? 또 큰소리로 '나는 씩씩하다'라고 말해 보세요. 씩씩함을 표현하고 말하는 사이에 어느새 힘찬 에너지가 내 마음에 들어오는 것을 느낄 수 있습니다.

다섯 번째 긍정의 말은 '힘찬 하루가 될 거야!' 입니다. 이 힘찬 에너지를 아이에게 전달해 봅시다. "힘찬 하루가 될 거야." 이 말을 들으면, 아이의 마음 한구석에 자리 잡은 힘듦과 두려움의 공간이 줄어들고, 힘이 넘치는 공간이 크게 자리 잡을 것입니다.

마음의 건강은 나의 의지에서 출발하고, 말의 보약으로 힘을 채운답니다. 오늘도 아이의 하루를 응원하며 힘차게 지내봅시다.

 부모의 말 습관

○○야, 오늘도 으라차차 힘을 내 보자. 힘찬 하루가 될 거야!

○○야, 오늘 하루도 힘차게 시작해 볼까? 엄마(아빠)와 함께 외쳐 보자. 힘찬 하루가 될 거야!

오늘도 파이팅! 힘찬 하루가 될 거야!

힘찬 모습을 몸으로 표현해 보자! 그리고 큰 소리로 말해 보자. "힘찬 하루가 될 거야!"

| Week 14 • Day 2   슬기로운 생활습관과 안전

 # 골고루 먹어요

아이들은 어른보다 맛을 더 강하게 느낀다고 합니다. 그 이유는 맛을 느끼는 '미뢰'가 어른보다 3배나 많기 때문이지요. 또 맛에 대한 취향이 형성되는 중이라 새로운 음식을 시도하거나 새로운 맛을 받아들이기 어렵답니다. 그러므로 아이들은 자신의 음식을 직접 선택하고 싶어 하며, 종종 원치 않는 음식을 거부합니다. 편식지도를 할 때는 아이들의 성향, 특성, 환경적 요인 등을 고려하여 점진적으로 지도하는 것이 중요합니다.

 이렇게 해 보세요

- ★ **부모의 모델링과 긍정적인 반응** 아이는 부모의 모습을 보고 배우므로 부모의 올바른 식습관이 먼저입니다. 또 부모의 표정이나 말투에 따라 음식을 대하는 태도가 달라지므로 식습관 지도 시 긍정적인 언어를 사용합니다. 예를 들면 "○○이는 다 먹는데 너는 왜 못 먹니?"라는 비교나 "다 먹어야 해"라는 강요보다 "레몬에서 상큼한 향이 나네! 냄새 한번 맡아볼래?"라며 음식과 관련해 긍정적인 반응을 하며 지도합니다.
- ★ **한입 도전~! 음식 탐험대** 아이에게 소량의 음식을 다양하게 제공하여 새로운 맛을 경험하도록 돕습니다. 한입 도전한다는 것은 아이 스스로 노력해 보겠다는 의지이므로 아주 크게 반응하며 격려해 줍니다.
- ★ **꼬마 주방장** 아이가 하고 싶은 요리를 직접 선택하고 준비한 뒤, 재료를 씻고 자르면서 직접 요리를 해 보게 합니다. 이는 아이가 새로운 음식을 시도하는 데 큰 도움이 됩니다.

| Week 14 • Day 3   마음을 이해하는 감정 공부

활발하다

몸과 마음이 생기 있고 힘찬 상태를 '활발하다'라고 표현합니다. 아이들은 활발한 감정을 느낄 때 뛰어다니거나 크게 노래를 부르기도 하고, 장난치며 친구들과 적극적으로 어울리기도 하지요. 또 신나고 기분이 좋아서 몸을 많이 움직이고 싶어지고, 즐겁고 긍정적인 마음이 생겨나기도 합니다. 이처럼 활발한 감정을 느낄 때 더욱더 적극적이고 긍정적인 에너지가 넘치는 상태가 된답니다.

감정을 표현하는 말

* 친구들과 신나게 공놀이를 하면 활발한 기분이 들 거야.
* 놀이터에서 잡기 놀이를 하면서 뛰어다닐 때 활발한 모습을 보였단다.
* 음악에 맞춰 춤을 추면 에너지가 넘치고 활발한 기분이 든단다.
* ○○이가 놀이기구 타는 모습이 활발하구나.
* 친구들과 어울려 활발하게 놀이 하는 모습을 보니 안심이 된단다.

아이는 활발한 감정을 느끼면 가만히 있는 것을 어려워하고 몸을 많이 움직이려고 합니다. 아이가 즐겁게 에너지를 발산할 수 있도록 놀이할 기회를 주고, 과하게 흥분할 때는 "물 한 모금 마시고 다시 할까?"처럼 잠깐 쉬는 시간을 제안하여, 호흡을 조절하거나 마음을 가라앉히는 것이 좋습니다.

| Week 14 • Day 4   몸 튼튼, 마음 튼튼 즐거운 놀이

흔들흔들 보따리 놀이

　부드러운 담요나 이불을 활용하는 놀이는 아이들이 무척 좋아합니다. 이 놀이는 따뜻하고 안전한 환경에서 부모에게 보살핌을 받는 느낌을 충분히 경험할 수 있는 놀이입니다. 부드러운 담요에 접촉하고, 감싸안기는 경험을 함으로써 긴장감이나 부정적인 감정은 해소되고, 친밀감이 높아집니다.

준비물: 부드러운 담요

<움직이는 양탄자>

1. 담요를 아이가 앉을 만한 크기로 접어, 그 위에 아이를 앉힙니다.
2. 담요의 끝자락을 잡고 끌어서 움직이는 양탄자 놀이를 하며 방을 한 바퀴 돌아옵니다.(담요가 움직일 때 넘어지지 않도록 담요를 꼭 붙잡게 합니다)
3. 아이가 고개를 왼쪽으로 돌리면 양탄자를 왼쪽으로, 오른쪽으로 돌리면 오른쪽으로 끌어주면서 아이의 신호에 따라 움직입니다.

<보따리 옮기기>

1. 담요를 넓게 펴서 아이를 가운데 앉히고 두 명 이상의 어른이 담요의 네 귀퉁이를 손으로 잡아 안쪽으로 모으고 아이가 떨어지지 않도록 주의하며 옮깁니다.
2. 한 명의 어른이 시도할 때는 담요의 네 귀퉁이를 모두 모아 감싸고 아이가 담긴 보따리를 옮깁니다.

✓ 담요를 너무 빨리 움직여 다치는 일이 없도록 주의합니다.

| Week 14 • Day 5   마음과 생각을 키우는 그림책

맛없는 밥은 없어

밥이 내 몸에 들어와 살이 되려고 하고, 반찬이 내 몸에 들어와 뼈가 되려고 합니다. 그리고 '먹자. 먹자'라고 계속 말합니다. 밥은 진짜 맛있다고 외치며, 이 세상에 맛없는 밥은 없다고 말합니다.

이 책은 통통 튀는 색감의 귀여운 캐릭터가 한가득 나와 아이들의 시선을 사로잡습니다. 또 국내 최초 국악 동요 그림책으로 마지막 장에는 국악 동요 악보도 있습니다. 국악 동요 가사가 그림책 속 이야기 글로 되어 있어서, 글밥이 많지 않아 아기부터 초등 저학년까지 두루 읽기 좋습니다.

류형선·류준하 글, 최지미 그림, 풀빛

오늘 우리 가족 식탁에는 어떤 음식이 올라왔나요? 아이와 함께 음식 이름 맞추기 퀴즈를 하면서 음식에 관심을 갖도록 해 볼까요? 그리고 '맛없는 밥은 없어' 국악 동요를 감상하면서 식사를 해 보세요. 아이와 정서적인 교감은 물론 예술 감각도 기를 수 있답니다. 식사 후에는 아이와 함께 노래를 부르면서 율동도 해 보세요.

 마음과 생각을 키우는 그림책 대화 질문

★ 그림책에 어떤 음식이 나왔니?
★ 왜 맛없는 밥은 없다고 외쳤을까?
★ 누구에게 이 이야기를 들려주고 싶니?

| Week 14 • Day 6   일상에서의 작은 여행과 탐험

병원

아이는 감기, 치아 검진, 장염, 예방 접종 등으로 병원을 방문하게 되는 경우가 많습니다. "병원에 가자"라는 말에 두려워하거나 주사 맞기 싫어 울기도 합니다.

병원에 가기 전에 아이와 함께 병원에 가는 목적을 알려줍니다. 그러면 아이는 아픈 부위에 따라 가야 하는 병원이 다름을 알게 되고, 각 병원의 특징을 알게 됩니다. 병원에는 일하시는 분들이 계십니다. 어떤 분들이 계시는지 이름 맞추기를 해 보면서 일하시는 분들의 역할을 알아봅니다.

또 병원에는 여러 공간이 있습니다. 진료실, 주사실, 물리치료실 등 다양한 공간도 알아보면서 병원의 특징을 더 깊게 알 수 있습니다. 병원을 다녀온 다음 관련된 놀이를 한다면, 아이들은 더이상 병원을 두려워하지 않고, 몸을 돌보는 좋은 곳으로 느낄 수 있을 것입니다.

 우리 동네 병원은…

* **병원 간판 놀이** 병원 이름 바꾸기, 간판에 있는 숫자 중 가장 큰(작은) 숫자 찾기, 내 이름과 똑같은 자음 찾기
* **인사로 전하는 마음** 의사, 간호사 선생님께 "안녕하세요?", "고맙습니다" "안녕히 계세요" 등의 인사말로 마음 표현하기
* **짝꿍 병원을 맞혀요** 동네에서 발견한 병원 앞에서 신체 부위를 짚으면 해당하는 병원 맞히기(예 : 목-이비인후과, 치아-치과, 눈-안과 등)

| Week 15 • Day 1   마음이 자라는 오늘의 말

 ## 잘 들어보자

경청이란 다른 사람의 이야기를 귀 기울여 듣는 것을 의미합니다. 아이들은 세상을 만나 경험하는 일들이 새롭기만 하고 궁금하기도 하지요. 그러다 보니 듣기보다 말하려는 욕구가 앞서 자신이 하고 싶은 말에 더 집중을 합니다. 또 다양한 미디어에 노출되어 있는 아이들은 미디어의 영향으로 쌍방향 소통보다 일 방향으로 소통할 때가 많습니다. 여러 요인 탓에 잘 듣는 것보다 말하는 것에 더 익숙할 수 있지요.

아이들이 일상에서 다른 사람의 이야기를 잘 들을 수 있게 그림책 감상하기, 말 전달하기, 지시대로 행동하기, 퀴즈 놀이 등 듣기와 관련된 다양한 경험을 지원합니다. 또 부모가 모델링이 되어 다른 사람의 이야기를 들을 때는 상대방의 눈을 보고 응대하기, 고개를 끄덕이기와 같이 잘 들어주는 모습을 보이는 것이 중요합니다. 이러한 모습을 보고 아이는 주의 깊게 듣는 방법을 배워나갈 수 있습니다. 일상에서 아이가 귀 기울여 들을 수 있게 '잘 들어보자!' 라고 말해 봅시다.

 부모의 말 습관

> 엄마(아빠)가 그림책을 들려줄 거야. 어떤 이야기가 펼쳐지는지 잘 들어보자.

> 지금 엄마(아빠)가 이야기할 차례야. 무슨 말을 하는지 잘 들어보자.

> ○○야, 잘 들으려면 어떻게 해야 할까? 그런 방법이 있었구나. 그럼, 지금부터 이야기를 잘 듣고 전달하는 게임을 할 거야. 잘 들어보자.

| Week 15 • Day 2   슬기로운 생활습관과 안전

요구르트 뚜껑 여는 법

　아이가 요구르트를 열기 어려워하는 이유는 손가락의 힘이 약하고 손동작 능력이 미숙하기 때문입니다. 아이 스스로 요구르트를 열게 되면 자신감과 독립심이 생기고, 자기 효능감을 느끼게 되어 아이의 성장에 긍정적인 영향을 얻게 됩니다. 또 눈과 손의 협응력이 잘 발달하여 쓰기 발달에도 많은 도움을 줍니다.

 이렇게 해 보세요

* **한 손으로 요구르트 통을 고정하기** 알루미늄 포일 덮개를 열다가 안에 있는 요구르트가 흘러나오지 않도록 한쪽 손으로 요구르트 통을 바닥에 고정하여 꽉 잡습니다.
* **알루미늄 포일 덮개를 옆으로 펼치기** 한 손으로 요구르트 통을 단단히 잡고 다른 손으로 알루미늄 포일 덮개의 끝부분을 엄지로 살짝 집어 위로 천천히 들어 올립니다. 포일이 찢어지거나 구겨지지 않도록 힘을 조절하여 손끝으로 천천히 당기듯이 들어 올린 다음, 활짝 펴주세요.
* **천천히 열기** 요구르트 통이 쓰러지지 않도록 잡았던 한 손을 그대로 잘 고정한 후 다른 손가락으로 천천히 힘을 주어서 들어 올리듯 엽니다.
* **격려와 도전** 아이가 스스로 요구르트를 열면, 칭찬과 격려를 해 줍니다. 이를 통해 아이의 자신감과 독립심을 키워줄 수 있습니다. 요구르트를 쏟았다고 화내거나 짜증 내면 도전하고 싶은 마음이 사라지므로 "괜찮아, 다시 하면 되지"라고 말하며 스스로 도전할 수 있도록 도와줍니다. 쏟았을 경우 휴지를 사용하여 아이가 스스로 닦을 수 있도록 지도합니다.

| Week 15 • Day 3   마음을 이해하는 감정 공부

화나다

　자신이 원하는 대로 잘되지 않거나 불편할 때, 또 상대방 때문에 마음이 상할 때 등 우리는 여러 이유로 화가 날 때가 있습니다. 특히, 영유아기 아이들은 욕구가 충족되지 않으면 바로 반응하는데, 화가 난 마음을 행동으로 표현할 때가 많지요. '화'라는 감정은 마음의 불편함이나 분노에서 나옵니다. 그러므로 그 감정을 있는 그대로 수용해 주는 것이 중요합니다. 다만, 화나는 감정을 때리기, 물건 던지기와 같은 부정적인 방법으로 표현하지 않고 심호흡하기, 물 마시기, 숫자 세기 등 자신만의 화 푸는 방법을 선택해 긍정적으로 표현할 수 있도록 도와줍니다.

감정을 표현하는 말

* 표정을 보니 많이 **화가 나** 보이는구나! 무엇 때문에 **화가 났는지** 말해보자.
* 동생이 ○○의 장난감을 건드려서 **화가 났구나. 화가 난다고** 동생을 때리면 어떻게 될까?
* ○○가 블록을 무너뜨려서 **화가 많이 났을** 텐데, 친구에게 무엇 때문에 **화가 났는지** 말로 하는 모습이 참 멋지구나!

　아이가 화를 조절하고 대체할 방법을 찾을 수 있게 '화'와 관련된 그림책을 들려줍니다. 그림책을 읽고 나서 화가 날 때 그림책 속 아이(동물)는 어떻게 했는지 살펴보며, 화를 푸는 방법을 알아봅니다.

| Week 15 • Day 4   몸 튼튼, 마음 튼튼 즐거운 놀이

균형 잡고 걷기

　균형을 잡고 걷는 것은 아이가 자기 신체를 이해하고 움직이는 것에서 출발합니다. 앞과 옆으로 걷기를 시작으로 장애물을 피하며 걷기 등 여러 가지 방법으로 걷는 놀이는 균형감각을 높여줍니다. 새로운 과제에 도전하고 심화된 놀이로 발전시킴으로써 성취하는 경험과 즐거움을 느끼게 됩니다.

준비물: 색 테이프 또는 긴 줄, 두께가 비슷한 책들

1. 바닥에 테이프나 긴 줄을 이용하여 20cm 폭으로 평행하게 3m 정도로 길을 만듭니다.(아이가 숙련되면 줄 사이의 폭은 점점 줄일 수 있습니다)
2. 앞으로 걷기 표시된 선을 벗어나지 않도록 선 안에서 걸어봅니다.(걷는 동안 양팔을 들어 중심을 잡게 하고 잘 걷게 되면 팔을 내려도 됩니다)
3. 뒤꿈치-발가락 걷기 발을 바닥에 댈 때 뒤꿈치에서 발가락 끝으로 중심을 이동하며 걷는 방법을 보여주고 아이가 따라 하도록 합니다.
4. 옆으로 걷기 오른발을 오른쪽으로 한 걸음 내딛고, 왼발은 오른발 옆에 붙이면서 옆으로 걷습니다. 줄의 끝까지 가면 반대로 돌아오는 것을 반복합니다.
5. 장애물 피하며 걷기 길에 작은 종이를 두어 장애물로 정한 다음, 장애물을 잘 피하는 방법을 생각해 보고 걷게 합니다.(장애물의 크기는 적절하게 조절합니다)
6. 책 위를 걷기 바닥에 비슷한 두께의 책을 길게 늘어뜨리고 그 위를 떨어지지 않고 위의 방법으로 걷습니다.

✓ 경사로를 만들어 걷거나 지면에서 몇 cm 올려진 널빤지 위를 걸어 볼 수도 있습니다.

| Week 15 • Day 5   마음과 생각을 키우는 그림책

내가 말할 차례야

친구와 함께 놀다가도 장난감을 두고 싸우거나 순서를 두고 다투는 일은 아이들 사이에서 흔하게 일어납니다. 카를라와 마리오는 순서를 두고 다투는 과정에서 자신의 감정을 솔직하게 표현하고 서로의 마음도 존중하면서 문제를 스스로 해결해 갑니다.

크리스티나 테바르 글,
마르 페레로 그림,
유 아가다 옮김, 다봄

아이들이 다투면 어른들은 빨리 끝내기 위해 "싸우면 안 돼!", "서로 미안하다고 해!" 하고 심판자나 해결사처럼 개입하려고 합니다. 하지만 이 책은 부모가 중재자로서 아이들이 서로 이야기를 차분히 나눌 수 있게 하는 방법을 알려줍니다. 이를 통해 아이는 자신의 감정을 솔직히 표현하는 법, 상대의 이야기를 경청하는 법, 서로 상처 주지 않고 문제를 해결하는 법을 배울 수 있습니다.

책 속 부모님처럼 간단한 도구(막대기나 작은 돌멩이)를 마이크 삼아, '말할 차례'를 정해 주어서 차분하게 자기 생각을 말할 수 있도록 도와주세요.

 마음과 생각을 키우는 그림책 대화 질문

★ 그림책의 카를로와 마리오처럼 다툰 적이 있니?
★ 친구와 다투었을 때 어떻게 해결했니?
★ 속상하지 않게 해결하는 방법은 무엇일까?

| Week 15 • Day 6   일상에서의 작은 여행과 탐험

 ## 네 컷 사진관

 필름 카메라에서 디지털카메라 그리고 휴대폰 카메라로 바뀌면서 편하게 사진을 찍는 횟수가 늘어나고, 사진 찍는 방법도 다양해지고 있습니다. 편리해진 만큼 가족의 추억도 쉽게 찾아보고 공유할 수 있지요. 특히, 요즘에는 네 컷 사진 찍는 가게를 종종 볼 수 있습니다. 오늘은 네 컷 사진 찍는 가게에서 우리 가족의 또 다른 추억을 만들어 봅니다.

 가게에는 가발, 안경, 머리띠, 모자 등 다양한 소품이 있습니다. 아이도 부모님도 각자 원하는 소품을 선택해 착용해 보세요. 이 순간만큼은 내가 이 세상 최고의 모델입니다. 사진을 찍기 전 포즈를 미리 정하거나 카메라의 위치를 확인한다면 더 편하게 사진을 찍을 수 있지요. 이제 우리 가족이 원하는 사진을 하나씩 골라봅니다. 사진을 고르는 과정에서 서로의 의견을 존중하는 마음도 커질 것입니다.

 잠깐! 마지막에 사진 이미지를 QR 코드로 꼭 전송받으세요! 휴대폰으로 손쉽게 보면서 가족의 추억을 되새길 수 있답니다.

 사진은 소중해!

* **가족 네 컷 전시회** 끈과 집게를 이용해 우리 가족 네 컷 사진 전시하기
* **기록은 추억으로** 네 컷 사진 뒷면에 날짜, 사진 찍은 감정을 단어로 기록하기
* **표정 따라 하기** 사진 속 가족의 표정을 거울을 보며 따라 하기

| Week 16 • Day 1   마음이 자라는 오늘의 말

 ## 할 수 있어

아이들은 세상의 많은 것이 낯설고 새롭기만 합니다. 어떤 아이는 호기심 가득한 세상을 탐구하며 무엇이든 도전해 보고 싶을 수 있고, 또 어떤 아이는 낯선 세상이 두렵거나 잘할 수 있을지 걱정이 되어 용기 내길 어려워할 수도 있습니다. 아이마다 세상을 보는 시선은 다르지만 도전하고 있는 아이에게, 용기가 필요한 아이에게 '할 수 있다'라는 믿음은 자신감의 씨앗이 되어 무언가를 해내는 힘이 됩니다.

살아가다 보면 다양한 어려움에 부딪힐 때가 있습니다. 시작은 했지만 자기 뜻대로 되지 않아 포기하고 싶을 때, 너무 어려워서 용기가 나지 않을 때, 내가 하는 것을 보고 친구들이 못한다고 놀릴까 봐 걱정될 때와 같이 여러 이유로 무언가를 시도하고 도전하는 것이 두려울 때가 있지요. 이럴 때 아이에게 다가가 "그런 마음이 들 수 있어", "넌 할 수 있어"라고 격려해 준다면, 아이는 엄마, 아빠의 응원에 힘입어 용기를 낼 것입니다.

 부모의 말 습관

퍼즐 맞추기가 잘되지 않아 속상해 보이는구나. 다시 한번 해 볼까? ○○는 **할 수 있어!**

블록 쌓기를 하는구나. 무엇을 쌓을지 기대가 돼! **할 수 있어. 파이팅!**

친구에게 '같이 놀자'라는 말을 하기 어렵구나. 처음에는 말하기 어려워도 계속 용기를 내 보면 이 말도 어렵지 않게 할 수 있단다. 노력해 볼까? **넌 할 수 있어!**

| Week 16 • Day 2   슬기로운 생활습관과 안전

 ## 우유 팩 여는 법

  우유 팩을 잘 열려면 여는 방향에 맞춰 손의 힘을 조절하는 것이 중요합니다. 이 시기는 소근육이 발달하는 중이라 우유 팩을 여는 것이 쉽지 않지요. 우유 팩의 재질이 딱딱하거나 미끄러워서 잡기 어려울 수 있고, 처음 해 보는 경험이라서 힘들어할 수 있습니다. 아이가 우유 팩 여는 것을 도전해 볼 수 있도록 단계별로 방법을 알려주세요.

 이렇게 해 보세요

- ★ **무엇이 보이니?** 우유 팩 겉모양을 살펴보며 어디로 어떻게 열어서, 우유를 마셔야 하는지 생각해 봅니다. 또 아이가 여는 곳으로 열 수 있도록 우유 팩 발견 놀이를 해 봅니다. 예를 들면 '보이니? 보이니? 무엇이 보이니?'를 찬트로 하여 재미있게 우유 팩을 관찰한 뒤, "여는 곳을 찾아라!"와 같이 관찰한 부분을 게임으로 찾아봅니다.
- ★ **조금씩 힘주고 천천히 열기** 우유 팩을 열 때 손의 힘을 세게 주면, 우유를 흘릴 수 있으므로, 아이가 처음 우유 팩 열 때 "조금씩, 조금씩 힘주기", "천천히 조심조심 열기"를 반복하여 말해주면서 아이 스스로 힘 조절을 할 수 있도록 도와줍니다.
- ★ **양쪽을 다 열기** 양쪽을 눌러서 다이아몬드 모양이 만들어지지 않을 경우 반대쪽 편에도 스스로 열 수 있도록 대각선으로 잡아당겨 다 열어보도록 안내한 다음, 다시 원래 상태로 하여 처음부터 아이 스스로 다시 해 보게 합니다.

| Week 16 • Day 3   마음을 이해하는 감정 공부

벅차오르다

　아이가 태어났을 때의 그 마음은 말로 표현할 수 없을 정도로 벅차오릅니다. 생명의 탄생에 대한 경이로움, 아이를 만난 감동과 기쁨 등 여러 감정이 마음에 머물러 벅참을 느끼게 하지요. 세상에서 가장 소중한 아이가 고사리 같은 손으로 무언가를 만들고 자랑할 때, '엄마(아빠) 사랑해!' 하며 와락 안길 때 등 벅참의 순간은 셀 수 없을 정도로 많답니다. 벅차오르는 마음을 아이에게 자주 표현하면, 아이는 자신이 얼마나 귀하고 소중한 사람인지 느낄 것입니다. 오늘도 아이와 함께한 순간의 벅참을 말로 전달해 보세요.

감정을 표현하는 말

* ○○가 어려운 종이 접기를 마무리해서 마음이 **벅차오른단다**.
* ○○의 웃는 표정을 보면 너무 행복해서 마음이 **벅차오른단다**.
* ○○가 엄마(아빠)를 위해 정성스러운 선물을 준비해서 마음이 **벅차오른단다**.
* ○○와 함께 산 정상에 오르니까 무언가를 해냈다는 마음에 **벅차오르네**.

　'벅차오르다'는 기쁨, 감동 등 긍정의 감정이 가득 찰 때와 같이 어떤 상태를 표현할 때 사용하기도 하지만, 무언가를 감당하기 어려울 때도 사용합니다. 아직 어린아이에게는 '벅차오르다' 의미가 혼동되지 않게 긍정의 벅참을 먼저 표현합니다. 아이가 충분히 '벅참'의 의미를 이해하면, 다른 뜻도 알려주어 적절하게 '벅참'의 감정을 표현하도록 도와줍니다.

| Week 16 • Day 4   몸 튼튼, 마음 튼튼 즐거운 놀이

공 위에서 중심 잡기

이 놀이는 움직이며 흔들리는 공 위에서 평형감각을 유지하는 놀이입니다. 위아래와 좌우, 혹은 앞뒤 방향으로 울퉁불퉁 흔들리는 공 위에서 중심을 잡아 균형을 유지하면서 자기조절능력과 성취감을 맛볼 수 있습니다.

준비물: 짐볼(또는 큰 고무공)

1. 짐볼을 다양한 방법으로 탐색합니다.(끌어안기, 눌러보기 등을 통해 탄력을 몸으로 느끼기)
2. 아이를 짐볼 위에 앉히고 마주 앉아서 팔로 안전하게 잡아줍니다.
3. 짐볼을 부드럽게 앞뒤 좌우로 굴려 균형을 잡아보게 합니다.
4. 아이를 짐볼 위에 세우고 허리를 안전하게 잡은 뒤, 짧게 위아래로 튕겨줍니다.
5. 짐볼에 올라선 자세가 익숙해지면 양손을 잡아주고 짐볼 위에서 중심을 잡고 서보게 합니다
6. 양손을 잡은 상태로 짐볼 위에서 번갈아 가며 한 발씩 떼었다 내려놓기를 반복하다가 두 발로 콩콩 튕깁니다.
7. 짧은 순간 한쪽 손 또는 양손을 놓았다가 다시 잡아주며 아이가 스스로 균형을 잡아보도록 격려합니다.

✓ 아이가 무서워하거나 거부하면 놀이를 멈추고 다음 기회에 시도합니다.

| Week 16 • Day 5   마음과 생각을 키우는 그림책

민들레는 민들레

봄이면 화려한 벚꽃과 목련들 사이 작은 틈에서 한결같이 피는 민들레를 본 적이 있나요? 이 책은 씨앗이 날아와 뿌리를 내리고 꽃을 피우며, 다시 씨앗을 날리는 민들레의 한살이를 한 편의 드라마처럼 평온하게 보여줍니다.

김장성 글, 오현경 그림,
이야기꽃

화려하지 않아도, 주목받지 않아도, 자기답게 꽃을 피워내면서 언제 어디서나 꿋꿋하게 살아가는 민들레처럼 '너는 너답게 존재하는 것만으로 충분하다'라는 메시지를 전합니다. 부모에게는 특별함을 강요하기보다 아이의 자기다움을 존중하는 마음을 돌아보게 하고, 아이에게는 작아 보여도 꿋꿋하게 살아가는 힘을 길러주지요.

책을 읽으며 민들레가 우리 주변 어느 곳에 피어있는지 찾아보고 "나는 나답게 무엇을 피워내고 싶을까?"를 이야기 나눠보세요. 그리고 '민들레는 민들레' 노래에서 '민들레'가 나오는 가사 부분에 아이 이름을 넣어 들려주세요.

 마음과 생각을 키우는 그림책 대화 질문

★ 우리 주변에서 민들레는 어디에 피어있었니?

★ 민들레가 사람들에게 어떤 말을 하고 싶을까?

★ '민들레는 민들레' 노래를 들으니 어떤 느낌이 드니?

| Week 16 • Day 6   일상에서의 작은 여행과 탐험

 # 미용실

　미용실은 동네 어느 곳이든 쉽게 만날 수 있는 곳으로, 아이와 함께 일 년 중 몇 번을 방문하게 되지요. 하지만 낯선 환경, 가위 소리, 오래 앉아 있는 불편함 때문에 가기 싫어하는 아이도 있습니다. 오늘은 미용실 가기 전에 아이가 즐거운 마음으로 다녀올 수 있도록 기대감을 심어줍니다.

　아이가 좋아하는 캐릭터나 만화 주인공의 머리 이야기를 해 주면 아이의 기대감이 커지고, 미용실을 '예쁘게 꾸미는 곳', '멋지게 변신하는 곳'처럼 재미있게 소개해 주면 호기심을 갖게 됩니다. 또 집에서 인형 머리를 빗겨주거나 장난감 가위로 '머리 자르기 놀이'를 해 보면 미용실 가기를 두려워하는 아이에게는 낯섦이 줄어들 수 있습니다.

　아이에게 선택권을 주는 건 어떨까요? "앞머리 이렇게 할까?"처럼 작은 선택을 아이에게 맡겨보면 아이는 자신의 헤어스타일에 관심을 갖게 되고 새로워진 자신의 모습에 기쁨을 느낄 것입니다.

 미용실은 즐거워!

- **거울 앞 패션쇼** 새로 한 머리를 보며 거울 앞에서 포즈 취한 다음, 사진 찍기
- **머리를 꾸며요** '오늘은 공주 머리', '오늘은 왕자님 머리' 주제로 재미있게 놀기. 머리핀, 머리띠, 모자 등을 활용해 새로운 스타일 만들기
- **미용실 거울 놀이** 미용실에 있는 동안 다양한 표정을 지으며 '웃는 얼굴, 화난 얼굴, 깜짝 놀란 얼굴' 맞히기 놀이

다섯 번째 달

| Week 17 • Day 1   마음이 자라는 오늘의 말

 ## 고마워

다른 사람이 무언가 도움을 주었을 때 우리는 "고맙습니다", "감사합니다."라고 말합니다. 이 말을 들으면 기분이 좋아지고 즐거워집니다. 다른 사람을 즐겁게 하는 말은 하는 사람까지 기분 좋게 하는 힘이 있습니다. 아이의 모습이나 행동을 들여다보면 고마운 것이 참 많습니다. 잘 성장해주어서 고맙고, 나를 보고 웃어주는 것도 고맙지요. 아이의 성장에 대견함을 느끼고, 해맑은 웃음에 덩달아 미소가 지어져 우리 마음까지 행복해집니다.

아이에게 '~하지 마라'라는 부정적인 말보다 '~해줘서 고맙다'라는 말을 사용해 봅시다. 아이는 어른에게 '고마워'라는 말을 들었을 때 '나도 할 수 있는 일이 많구나', '내가 다른 사람에게 도움이 되는구나', '내가 존중받고 있구나'와 같이 자신을 긍정적으로 생각하게 됩니다.

아이에게 고마웠던 순간을 떠 올려봅시다. 그 순간을 내 마음에 담아보면 행복해지는 느낌을 받습니다. '고마워'라는 따뜻한 말 한마디는 다른 사람에게 행복한 울림이 되어 마음까지 따뜻해지는 마법 같은 언어랍니다.

 부모의 말 습관

엄마(아빠)는 네가 잘 자라줘서 참 고마워!

○○가 비행기 접는 법을 알려줘서 엄마(아빠)도 잘할 수 있었어. 알려줘서 고마워!

신발장에 있는 신발들을 잘 정리해줘서 바로 찾을 수 있겠다. 고마워!

| Week 17 • Day 2   슬기로운 생활습관과 안전

 # 풀 사용법

　아이들은 다양한 종류의 풀을 사용하며 창의적인 활동을 경험합니다. 하지만 물풀, 딱풀, 목공풀 등 종류에 따라 풀 사용법이 다르고, 적절한 사용 방법을 익히지 않으면 주변이 지저분해지거나 풀이 굳어 사용할 수 없게 되지요. 풀을 마르지 않게 하기, 적절한 양을 사용하기, 깔끔하게 풀칠하기 등 올바른 풀 사용법을 일상에서 자연스럽게 익히도록 구체적으로 지도합니다.

 이렇게 해 보세요

- **풀 종류 알기** 풀의 종류를 보여주며 간단하게 차이를 설명합니다. 아이와 함께 풀을 살펴보며 각각 어떤 작업에 쓰이는지 이야기해 본 뒤, 직접 만져보게 합니다.
  - 딱풀: 막대처럼 되어 있고, 돌려서 사용하는 풀이에요.
  - 물풀과 목공풀: 찐득찐득해서 잘 짜야 하는 풀이에요.
- **골고루 바르기** 물풀이나 목공풀처럼 액체 형태의 풀은 아이가 양을 조절할 수 있게 도와줍니다. "조금만 눌러서 짜야 해", "쭉 나오지 않게 천천히 눌러보자"와 같이 한 손으로는 종이를 잡고 다른 손은 풀을 바르며, 종이 전체에 고루 얇게 발라 봅니다.
- **뚜껑 닫기** 풀을 사용한 후에는 뚜껑을 꼭 닫아야 마르지 않는다는 것을 알려줍니다. 풀을 사용하고 나면 스스로 뚜껑을 닫고 제자리에 정리하는 습관을 들입니다.
- **안전하게 사용하기** 아이들은 호기심 때문에 풀을 얼굴, 손, 심지어 입에 바르려는 경우가 많습니다. 얼굴이나 몸에 바르면 피부 트러블, 알레르기 위험이 있고, 입에 넣으면 위장 장애나 질식 위험이 있습니다. 풀은 종이를 붙일 때만 사용하고, 먹는 것이 아님을 반복적으로 알려주세요.

| Week 17 • Day 3   마음을 이해하는 감정 공부

편안하다

　마음이 편안하면 좀 더 여유로워지고, 다른 사람이 불편하게 대하더라도 너그럽게 이해하는 마음이 생깁니다. 편안한 감정은 몸과 마음이 불편하지 않고 좋은 상태를 의미합니다. 자세가 편안할 때, 옷차림이 편안할 때, 잠을 잘 잤을 때, 상대방이 나를 따뜻한 시선으로 바라볼 때 등 다양한 상황에서 편안함이 나타나지요. 편안함을 유지하면 긍정적인 마음을 갖게 되어 주변의 많은 것이 따뜻하게 느껴진답니다. 아이가 일상에서 좀 더 편안한 감정으로 생활할 수 있게 어려운 점은 없는지 면밀하게 살펴보고, 상황에 따라 적절하게 지원해 주세요.

감정을 표현하는 말

- ★ 잔잔한 음악을 들으니 엄마(아빠) 마음도 **편안해지는구나**.
- ★ ○○야, 공놀이를 열심히 해서 땀이 많이 나는구나. 이제 공놀이를 멈추고 잠깐 쉬자. 그럼, 몸과 마음이 **편안해질 거야**.
- ★ ○○가 편안한 자세로 앉으니 마음까지 **편안해 보이는구나**.

　아이가 일상에서 편안함을 느끼도록 유연하게 아이를 대하는 태도가 필요합니다. 실수나 실패를 하더라도 "틀려도 괜찮아", "누구나 실수할 수 있어", "다시 하면 되지 뭐"와 같이 긍정의 마음으로 응원해 줍니다. 또 차분한 음악을 자주 들려주거나 활발한 활동을 하고 나면 휴식을 할 수 있게 하여 여러 상황에서 편안함을 느끼게 도와줍니다.

| Week 17 • Day 4   몸 튼튼, 마음 튼튼 즐거운 놀이

풍선 쳐서 올리고 받기

풍선에 바람을 불어 넣으면 가벼워져서 공중에 유유히 떠다니는 모습을 볼 수 있답니다. 풍선을 쳐서 올리고 아래로 떨어지기 전에 재빠르게 받는 놀이는 즐거운 경험과 함께 순발력을 길러줍니다. 아울러 눈과 손의 협응을 이루며 다양한 방법으로 신체를 움직이면서 집중력이 높아집니다.

준비물: 풍선

1 풍선을 들고 위로 날려서 풍선이 떨어지는 모습과 속도를 관찰합니다.
2 풍선을 잡고 다시 쳐서 올리고 받기를 여러 번 반복합니다.
3 풍선을 공중으로 높이 올려 날린 다음, 풍선이 아래로 내려오는 사이에 박수를 한 번 치고 풍선을 받습니다.
4 풍선을 쳐서 올리고 받는 것에 성공하면 박수의 개수를 늘려 시도해 봅니다.(풍선을 높이 쳐서 올릴수록 박수를 칠 시간이 더 많이 확보됩니다)
5 이번에는 풍선을 쳐서 올리고 손으로 바닥을 한번 짚은 후 풍선을 받습니다.
6 제 자리에서 한 바퀴 돌고 풍선 받기, 이동했다가 받기 등을 시도합니다.

✓ 풍선을 너무 탱탱하게 불어 놀이 중 터지는 일이 없도록 주의합니다.

| Week 17 • Day 5   마음과 생각을 키우는 그림책

숲으로 가자

가랑잎 초대장을 받은 아이들이 "숲으로 가자!" 노래를 부르며 숲속으로 들어갑니다. 숲에서 참나무와 소나무, 새싹, 산토끼와 다람쥐를 만나 인사하고, 신나게 뛰놀며 자연과 친구가 됩니다.

이 책은 자연을 가까이하기 힘든 요즘 아이들에게 숲의 생명력과 즐거움을 그림과 노래로 전해 주어 몸과 마음이 건강하게 자라도록 돕습니다. 경쾌한 노랫말과 따뜻한 그림이 어우러져 아이가 숲 여행을 경험할 수 있답니다.

김성범 글, 김혜원 그림, 한솔수북

책 속 아이들이 숲에서 만난 친구들은 누구였는지, 무엇을 하고 어떻게 놀았는지, 아이들의 표정과 기분은 어떨지 이야기 나눠보세요. 아이와 함께 숲으로 산책을 나가 책 속 주인공이 되어 "길쭉길쭉 참나무님 반갑습니다"라고 인사하며 즐겁게 놀아 보세요. 책의 뒤면지의 노래를 들으며 아이와 함께 산책하면 더 신나는 숲속 여행이 될 거예요.

 마음과 생각을 키우는 그림책 대화 질문

★ 네가 숲에 간다면 어떤 동물이나 식물을 만나고 싶니?

★ 숲에서 어떤 소리가 들릴 것 같니?

★ 우리 가족이 숲에 간다면 어떤 놀이를 하고 싶니?

| Week 17 • Day 6   일상에서의 작은 여행과 탐험

 # 은행

　아이들에게 은행은 익숙하지 않고 낯선 곳일 수 있지만, 신기함이 가득한 곳이기도 합니다. 아이와 함께 은행에 갈 일이 있다면 방문하기 전에 은행이 어떤 일을 하는 곳인지 간단하게 알려주세요. 모형 돈으로 입금과 출금을 미리 연습해 본다면 더욱 호기심을 느낍니다.

　요즘엔 아이의 통장을 개설해 주는 부모가 많습니다. 아이의 통장을 보여주며 '이건 네 돈을 기록하는 통장이야' 라고 설명해 주면 저축에 조금 더 관심을 갖게 됩니다. 또 아이의 용돈 중 일부를 직접 창구에 맡겨보게 하면서 저금하기 체험을 하는 것도 좋습니다. 이때 '안녕하세요? 저 돈을 저금하러 왔어요' 라고 직접 직원에게 인사를 해 본다면 더 친숙함을 느끼게 됩니다.

　간혹 ATM(현금 자동 입출금기)을 이용할 때가 있습니다. 이때 부모님 옆에서 돈이 어떻게 입금, 출금되는지를 구경만 해도 큰 배움이 됩니다. 아이는 은행 체험을 통해 돈의 가치, 저축 습관, 사회적 예절을 자연스럽게 배우게 될 것입니다.

 은행이 궁금해요!

- **은행 관찰 퀘스트** '은행에서 찾아볼 것' 미션 주고 관찰하기(창구 직원, 번호표 기계, 돈 세는 기계, 고객 의자, CCTV 등)
- **ATM 탐험** 돈을 넣거나 카드를 넣는 구멍 찾기, 실제 입금과 출금은 부모님이 하고 아이가 버튼 (몇 개) 눌러보기

| Week 18 • Day 1   마음이 자라는 오늘의 말

감동이야

　아이가 처음 태어난 날! 마음이 벅차오르고 말로 표현할 수 없는 감동이 밀려옵니다. 생명의 경이로움에 감탄하면서 부모가 된다는 떨림과 설렘에 감동의 물결이 넘쳐납니다. 이토록 사랑스럽고 소중한 아이가 내 곁에 온 날을 기억하면서 아이를 바라봅니다. 모든 것이 처음인 아이가 세상을 만나면서 때로는 좌충우돌하며 실패할 때도 있지요. 이러한 경험도 아이에게는 세상을 알아가는 일이고 배움이기에 모든 순간이 소중하고 의미 있습니다.

　아이의 표정이나 행동, 말을 유심히 보면서 작은 것 하나라도 놓치지 않고 그 소중한 순간을 함께 나눠 볼까요? 아이를 보면서 마음은 벅차오르지만, 표현을 잘하지 못했던 말! 감동! 세상을 알아가는 아이에게 꼭 필요하며, 삶의 영양소가 되는 말이지요. 날마다 '감동'의 말을 아이에게 전해봅니다.

 부모의 말 습관

엄마(아빠)는 ○○가 엄마(아빠) 딸(아들)이라서 참 좋아! 그래서 무척 **감동이야!**

○○가 엄마(아빠)를 보고 활짝 웃네! **감동이야!**

○○가 밥을 꼭꼭 씹어서 맛있게 먹는구나! **감동이야!**

○○가 엄마(아빠)를 위해 그림을 그려줘서 **감동이야!**

○○가 어질러진 장난감을 깨끗하게 정리해 줘서 **감동이야!**

| Week 18 • Day 2   슬기로운 생활습관과 안전

가위 사용법

　가위 사용은 손의 근육 발달과 손-눈-뇌의 조율 능력을 향상시킬 수 있습니다. 다만, 이 시기 아이들은 가위를 사용하는 경험이 부족하여 사용 방법을 모를 수 있으며, 아이의 손과 손가락 근육은 아직 발달 중이므로 가위를 잘 조작하기 어렵습니다. 또한, 가위는 날카로운 도구이므로, 아이가 안전하게 사용할 수 있도록 아이에게 맞는 적절한 가위를 선택하게 해 주고, 올바른 사용법을 단계적으로 알려주는 것이 필요합니다.

 이렇게 해 보세요

- **안전 규칙 알려주기** 가위는 날카로운 도구이므로 아이가 사용하기 전에 안전 규칙을 알려주고 사용하도록 합니다.(예: 찌르거나 던지지 않기, 사용 후 제자리에 넣기, 다른 사람에게 줄 때는 가위 끝을 모아서 잡은 후 상대방이 손잡이를 잡을 수 있게 건네기, 종이 외의 머리카락 등은 자르지 않기, 가위를 콘센트에 넣지 않기, 날 부분을 만지지 않기)
- **적절한 가위 선택** 아이의 손에 잘 맞는 크기와 모양, 가위의 끝이 둥글거나 특수한 안전장치가 있는 것이 좋습니다.
- **올바른 자세와 사용법** 가위를 잡을 때는 엄지손가락을 큰 고리에 넣고, 다른 손가락은 작은 고리에 넣어 사용한다는 것을 알려줍니다.
- **단계적 접근** 먼저 종이로 직선 자르기부터 시작하여 곡선 자르기 등으로 넘어가 봅니다. 또 도화지와 같은 두께의 종이를 자르는 연습부터 시작하여 점점 다양한 종이나 천 등의 재료를 사용하여 오려봅니다.

| Week 18 • Day 3   마음을 이해하는 감정 공부

포근하다

　포근하다는 감정을 느끼는 때는 언제일까요? 잠자기 전 푹신한 이불 속에 누워 있을 때, 가족의 품에 안겨 있을 때, 자연에서 휴식을 취할 때와 같이 부드럽고 따뜻해서 편안한 감정을 느끼는 상황을 예로 들을 수 있답니다. 아이에게 포근함은 어떤 감정인지, 어떤 상황에 포근함을 느끼는지 생각하고 표현해 볼까요? 그리고 이러한 긍정적인 감정을 느낄 수 있게 배려해 주는 것도 좋은 경험이 될 것입니다.

감정을 표현하는 말

* 아기를 안아주니 **포근해서** 잠을 잘 자는 것 같구나.
* 이렇게 모두 모여 이야기를 듣고 있으니 **포근한** 마음이 든단다.
* ○○이는 엄마의 품이 **포근하다고** 느끼는구나.
* 인형을 안고 있으면 할머니가 안아줄 때처럼 **포근함이** 느껴져서 기분이 좋구나.
* 이불 속에 있는 네 모습이 **포근해 보이는구나.**

　아이는 자신이 느끼는 감정을 잘 인식하고 표현하는 연습을 통해 점점 사회적 기술이 발달합니다. 포근함은 감각뿐만 아니라 감정으로도 느낄 수 있으므로, 어떤 상황에서 포근함을 느끼는지 이야기 나눠봅니다.

| Week 18 • Day 4   몸 튼튼, 마음 튼튼 즐거운 놀이

풍선공 받기

　얇은 보자기나 천은 엄마의 치마폭처럼 편안함과 친근감을 줄 수 있는 놀이도구입니다. 최선을 다해 풍선 공을 놓치지 않고 받으려는 노력과 도전적인 경험을 통해 자신감과 성취감을 얻을 수 있으며, 다른 사람과 협동하여 풍선을 받고 올리는 놀이도 즐거운 경험이 될 수 있습니다.

준비물: 보자기, 풍선 여러 개

1. 풍선을 지름 20cm 크기로 불어 놓습니다.(풍선을 불 때 풍선 속에 휴지를 조금 말아 넣어 너무 가볍지 않도록 해도 좋습니다)
2. 보자기를 앞치마 두르듯 아이의 허리에 묶고 나머지 두 끝자락을 손으로 잡아 바구니 모양을 만들게 합니다.
3. 풍선공을 던져 주고 보자기로 풍선공을 받아보게 합니다.
4. 풍선공이 보자기를 벗어나 멀리 날아가려고 할 때는 몸을 움직여 받습니다.
5. 풍선공을 위로 튕겨 올린 후, 내려오면 다시 쳐서 올리는 것을 반복합니다.
6. 풍선을 칠 때 '웃차', '피융' 등의 소리를 내면서 하면 더욱 재미있게 즐길 수 있습니다.

| Week 18 • Day 5   마음과 생각을 키우는 그림책

모두 다 꽃이야

'산에 피어도 꽃이고, 들에 피어도 꽃이고, 몰래 피어도 꽃이고 모두 다 꽃이야~' 국악 동요 '모두 다 꽃이야'의 아름다운 노랫말이 펼쳐집니다. '아무데나 피어도 생긴 대로 피어도 이름 없이 피어도 모두 다 꽃이야'라는 가사처럼, 누구나 소중하고 빛나는 존재임을 알려줍니다.

류형선 글,
이명애 그림, 풀빛

이 책은 꽃을 사람에 비유하여 모두 다 아름답고 향기로우며 소중하고 귀한 존재임을 알려줍니다. 꽃에 아이의 이름을 넣어서 시처럼 들려주면 아이는 자존감과 자기 긍정을 키우고, 따뜻한 정서적 지지를 느낄 수 있습니다.

책에 나오는 '꽃' 글자에 대신 아이의 이름을 넣어 노래를 불러보세요. 아이는 소중함을 더 깊이 느끼며 진한 감동을 느낄 거예요. 자신이 좋아하는 꽃은 무엇인지, 친구나 가족을 꽃에 비유한다면 어떤 꽃인지, 서로에게 어울리는 꽃 이름을 지어주며 따뜻한 말을 나눠보세요.

 마음과 생각을 키우는 그림책 대화 질문

* 왜 노래 속에서 우리 모두를 꽃이라고 했을까?
* 이 그림책에서 어떤 부분이 가장 마음에 드니?
* 너는 어떤 꽃과 닮았다고 생각하니? 왜 그렇게 생각해?

| Week 18 • Day 6   일상에서의 작은 여행과 탐험

전시관

'전시'라는 단어를 들으면 누군가는 행복의 감정을 느끼지만, 누군가는 어렵다는 감정을 갖기도 합니다. 어렸을 때부터 다양한 전시 작품을 접한 아이는 집중력과 관찰력을 기르고, 마음의 치유를 통해 정서적 안정감을 느낍니다. 나아가 창의력이 향상되기도 하지요.

요즘에는 공원이나 카페 등에서도 전시물을 볼 수 있고, 전시관에 따라 입장료가 없기도 합니다. 또 특별 전시를 하는 곳도 있고, 명화뿐 아니라 민화, 조각, 사진, 도예 등 전시 주제도 다양합니다.

전시물을 감상하다 보면, 아이들에게 작품에 관해 설명을 해주는 부모님을 종종 볼 수 있습니다. 오늘은 작품의 의미를 알려주기 위해 아이에게 질문하기보다는 작품에서 한 발짝 떨어져서 그냥 바라보는 시간을 갖는 건 어떨까요? 이 시간을 통해 아이는 자연스럽게 전시물을 감상하는 태도를 가지게 됩니다.

 작품의 집, 전시관

- ★ **작품과 친해지자!** 도슨트 해설 듣기, 작품과 관련된 정보 검색하기
- ★ **작가의 마음** 작품을 감상하며, 작가가 나에게 전해주는 말 상상하기, 내가 작가라면 무엇을 더 그리고 싶은지 상상하기
- ★ **타이머 감상 여행** 타이머로 시간을 설정한 다음 조용히 작품 감상하기
- ★ **그림책 감상과 연결해요** 『미술관에 간 윌리』, 『창밖은 미술관』, 『미술관에 간 규리』 등

| Week 19 • Day 1   마음이 자라는 오늘의 말

 # 자랑스러워

아이의 잠든 모습을 보고 있노라면 나도 모르게 미소가 지어집니다. 아이의 모습이 참 해맑고 눈부셔서 한참을 보고 있어도 시간 가는 줄 모르지요. 이렇게 사랑스러운 아이가 내 곁에 있는 것만으로도 행복하고 소중하게 느껴집니다. 하지만 늘 기쁜 일만 있는 것은 아닙니다. 속상하고 화날 때도 있고, 아이가 아프기라도 하면 마음이 미어질 때도 있지요.

아이와 희로애락을 같이 하면서 다양한 모습을 만나게 됩니다. 아이의 어떤 모습도 놓치지 않고 구체적으로 격려해 준다면, 아이는 자신을 믿고 더 건강하게 성장해 나갈 것입니다. 누군가 나를 믿어준다는 것은 자기 존재를 인정해 주는 것이기에, 어떤 상황에도 흔들리지 않고 나아갈 힘이 됩니다.

아이의 존재 자체를 소중히 여기고 자랑스러워하는 부모의 모습에 아이는 자신감이 충만해져 자기 내면에 감춰진 보물을 찾아낼 것입니다. 무언가 결과를 이루어 낸 것뿐만 아니라 아이가 노력하고 애쓴 점, 그 존재 자체를 자랑해 주세요.

 부모의 말 습관

○○가 엄마(아빠) 딸(아들)이라서 **자랑스러워!**

○○야, 스스로 옷을 입었구나! 엄마(아빠)는 무엇이든 스스로 해 보려고 노력하는 ○○가 **자랑스러워!**

엄마(아빠)와 약속한 '내가 사용한 물건 정리하기'를 오늘 지켜주어서 참 **자랑스러워!**

| Week 19 • Day 2   슬기로운 생활습관과 안전

 ## 사인펜 사용법

　사인펜은 색상이 선명하여 무엇을 그릴 때 형태가 분명하게 나와 그림을 더 돋보이게 합니다. 또 색연필에 비해 힘을 덜 주어도 잘 그려져 색연필보다 사인펜을 선호하는 아이가 많지요. 다만, 사인펜은 대체로 색연필에 비해 굵기가 가늘어 힘 조절에 따라 표현 방법이 달라지므로, 아이와 함께 사인펜 사용 방법에 대해 알아보고, 바르게 사용하도록 도와줍니다.

 이렇게 해 보세요

- **사인펜 선택** 아이의 연령과 소근육 발달을 고려하여 아이가 잡기 편한 크기와 모양의 제품을 선택합니다.
- **힘 조절하기** 사인펜을 잡을 때는 좀 더 정교함이 필요합니다. 먼저 사인펜의 생김새를 살펴보고 어떻게 잡아야 하는지 이야기 나눈 뒤, 바른 방법으로 잡아봅니다. 또 힘을 주어 세게 그리거나 살살 그려보면서 어떻게 힘 조절을 해야 하는지 알아봅니다.
- **단계적 접근** 아이의 발달 특성과 흥미를 고려하여 처음에는 직선 그리기, 동그라미 그리기를 통해 선의 형태를 탐색하다가 익숙해지면 다양한 형태 그리기, 색칠하기를 해 봅니다. 사인펜으로 색칠할 때는 천천히 살살 하도록 도와줍니다.
- **사인펜의 올바른 사용법** 사용 후에는 반드시 뚜껑을 닫고 제자리에 두기를 알려주고, 벽이나 옷에 낙서하면 지워지지 않는다는 것을 설명하고 다시는 하지 않도록 지도합니다. 종이에 멋지게 그림을 그렸을 때는 "옷이나 벽에 그리지 않고 종이에 멋지게 그림을 그렸구나. 약속을 지켜줘서 고마워."와 같이 칭찬과 격려를 해 줍니다.

| Week 19 • Day 3   마음을 이해하는 감정 공부

부끄럽다

'부끄럽다'는 큰 맥락에서 두 가지 경우가 있습니다. 다른 사람들 앞에서 수줍은 마음이 들었을 때와 도덕적으로 옳지 못한 행동을 하거나 잘못했을 때입니다. 기질이나 성향, 상황으로 느끼는 부끄러움은 수줍음으로 인한 자연스러운 감정이므로 그 마음에 공감해 줍니다. 또 무언가를 잘못했을 때 느끼는 부끄러움은 자기 행동에 대해 크게 자책할 수 있으므로, 아이의 행동을 비난하기보다 그 행동에 따른 결과를 알려주어 올바른 행동을 할 수 있도록 도와줍니다. 아이가 자신을 긍정적으로 생각할 수 있게 격려와 칭찬을 자주 해 주세요.

감정을 표현하는 말

* 여러 사람 앞에서 노래를 부르는 것이 **부끄러웠구나**. 그래도 용기 내서 노래를 부르는 모습이 참 멋졌단다.
* ○○야, 거짓말을 하면 마음이 **부끄러워질** 수 있단다. 정직하게 말해보자.

"네가 이런 행동을 해서 정말 부끄러워!", "이것밖에 못 하니! 엄마(아빠)가 부끄러워서 다른 사람들에게 보여줄 수가 없어"와 같이 아이를 질책하거나 비난할 때 '부끄럽다'라는 단어를 사용하면, 아이는 수치심이나 죄책감이 들 수 있습니다. 아이가 이 감정을 부정적으로 인식하지 않게 아이의 감정 상태나 상황에 대한 감정에 초점을 맞춰 객관적으로 표현해 주세요.

| Week 19 • Day 4   몸 튼튼, 마음 튼튼 즐거운 놀이

온몸으로 풍선 치기

 다양한 신체 부위를 이용하여 풍선을 치는 놀이입니다. 풍선이 바닥으로 떨어지지 않도록 쳐서 올리며 민첩성과 순발력을 기릅니다. 또한, 몸의 여러 부위를 인식하고 움직이면서 신체조절 능력과 집중력을 기르게 됩니다.

준비물: 풍선, 음악

1. 두 손으로 풍선을 들고 위로 날려 올립니다.
2. 내려오는 풍선이 바닥에 닿기 전에 손바닥이나 손등으로 쳐서 바닥에 떨어지지 않도록 풍선을 위로 올립니다.
3. 오른손(또는 왼손)으로만 풍선 치기를 해 본 후, 두 손으로 동시에 풍선을 쳐서 위로 올리는 놀이를 합니다.
4. 왼쪽 발과 오른쪽 발을 번갈아 사용하여 풍선을 쳐서 올립니다.
5. 여러 가지 신체 부위(머리, 어깨, 팔꿈치, 무릎, 배 등)로 풍선을 쳐서 올립니다.
6. 신나는 음악을 들으며 자유롭게 몸을 움직이면서 풍선 치기를 합니다.(시범을 보이기보다는 아이가 스스로 다양한 방법으로 놀이하도록 격려합니다)

✓ 실외에서는 점프를 하면서 머리로 풍선을 쳐서 올립니다. 이때 주변에 장애물이 있는지 확인하고, 넓은 장소에서 안전하게 놀이합니다.

| Week 19 • Day 5   마음과 생각을 키우는 그림책

잔치국수

숲속 곰 할머니네 막둥이가 장가를 갑니다. 할머니는 손님들에게 맛있는 잔치국수를 드리기로 합니다. 이 소식을 들은 간장, 고추, 마늘, 참기름, 당근, 버섯, 애호박, 달걀 등 잔치국수에 들어갈 양념들이 곰 할머니 집에 모여들기 시작합니다. 할머니의 요리 순서에 따라 재료가 하나씩 들어가면서 잔치국수가 완성되고 손님들은 맛있게 먹었습니다.

김이삭 글,
이효선 그림, 걸음동무

이 책은 콜라주 기법의 그림이 아이에게 입체적인 만남을 선사합니다. 또 옛날 마을 잔치 때 모두가 어울려서 먹었던 음식이 잔치국수이고, 긴 면발은 장수의 뜻을 담고 있음을 알려주지요.

우리 가족이 먹고 싶은 잔치국수를 미술 작품으로 만들어 봅니다. 큰 종이에 커다란 국수 그릇을 그리고, 넣고 싶은 재료를 색종이, 스티커, 그림 등으로 꾸며보세요. 그리고 색연필이나 파스텔 등으로 그림을 색칠하고, 잔치국수의 이름을 지어서 적으면 완성입니다.

마음과 생각을 키우는 그림책 대화 질문

★ 왜 재료들이 할머니 집에 모여들기 시작했을까?
★ 너도 국수를 먹어본 적이 있니? 국수를 먹을 때 어떤 기분이 드니?
★ 만약 네가 할머니라면 잔치 날 무엇을 나누고 싶니?

| Week 19 • Day 6   일상에서의 작은 여행과 탐험

 # 박물관

　차를 타고 지나가거나 우리 동네 지도를 보다 보면 다양한 박물관을 발견할 때가 있습니다. 환경, 역사, 생태 등 다양한 주제의 박물관은 크기, 생김새, 시설물, 전시물 등이 모두 다릅니다.

　박물관에 가면 안내데스크나 티켓 판매소 등을 만날 수 있습니다. 또 박물관을 소개하는 팸플릿도 볼 수 있지요. 간혹 어린이를 위해 박물관 스탬프 투어를 운영하기도 하니 전시물에 관심도 갖고, 성취감도 느낄 수 있도록 도장을 하나씩 찍으면서 다녀보세요.

　박물관에 입장하기 전 눈으로 먼저 사람들의 모습을 살펴볼까요? 전시물에서 한 발 뒤로 물러나 눈으로 감상하는 사람들의 모습을 보면서 자연스럽게 공공장소의 약속도 알게 됩니다. 만약 도슨트 설명을 실시하는 곳이라면 사전에 시간을 확인해 예약하는 것도 좋습니다. 눈으로 보고 귀로 들으면서 박물관의 매력에 한 층 더 빠져들게 됩니다.

 지키자! 즐기자! 박물관!

* **나는 명탐정** 박물관을 둘러보며 새로운 점 찾기, 박물관에 있는 편의 시설 찾아보기
* **우리 가족 약속** 박물관에서 지켜야 할 약속을 릴레이로 말하기
* **스피드 게임** 박물관에서 본 전시물 30초 안에 3가지 말하기, 가족이 설명하는 전시물 이름 맞추기

| Week 20 • Day 1   마음이 자라는 오늘의 말

 ## 응원할게

　아이들은 일상에서 많은 것을 경험하고 도전하며 세상을 배웁니다. 때로는 아이가 경험하는 일들이 행복할 때도 있지만, 실패로 이어져 속상할 때도 있지요. 실패가 반복되면 의욕이 사라지면서, 두려움이 자라게 됩니다. 두려움이 더해지면 그 강도는 어마어마해서 점점 무언가를 피하고 싶어져 자신만의 동굴을 만들게 됩니다. 이러한 두려움은 새로운 것을 만났을 때 도전하기보다 멈추고 싶은 마음이 먼저 들게 하지요. 그러므로 아이의 마음을 헤아려 있는 그대로 받아들이는 것이 필요합니다.

　아이는 자신의 마음을 알아주는 내 편이 있다는 것을 느끼면 무언가에 갇힌 마음에서 나오려고 애를 쓸 것입니다. 아이가 두려워하지 않고 용기 내어 세상을 알아갈 수 있게 애쓰고 있는 지금의 모습을 응원해 줍니다.

　아이들이 힘을 낼 수 있게 도와주는 말! "응원할게!" 누군가의 응원에 아이들은 힘을 내어 세상을 향해 한 걸음 내디딜 것입니다.

 부모의 말 습관

> 블록 쌓기를 하는구나. 무엇을 쌓을지 기대가 돼! 할 수 있어. 응원할게!

> 그림을 잘못 그려서 속상했나 보구나. 이 그림을 다시 변신시켜 보자. 어떤 그림으로 바꿔볼까? ○○가 그린 그림은 다 소중해. 응원할게!

> ○○가 힘을 낼 수 있게 엄마(아빠)가 박수를 쳐 주며 응원할게!

| Week 20 • Day 2   슬기로운 생활습관과 안전

 ## 친구랑 놀지 않고 혼자 놀았대요

때로는 혼자 놀이하는 아이를 발견할 때가 있습니다. 아이들이 혼자 놀이하는 이유는 다양합니다. 어떤 아이는 내성적이고 조용한 성격에 혼자 놀이를 선호하고, 또 어떤 아이는 친구들과 어울리는 방법을 잘 모르거나, 친구들과 공통된 관심사가 없어서 혼자 놀이를 선택할 수 있지요. 혼자 놀이를 선호하는 아이라도 점차 친구들과 다양한 관계를 맺을 수 있도록 안내하는 것이 필요합니다. 친구와 함께 놀이할 기회를 많이 마련해주어 친구와 놀이하는 방법, 사이좋게 지내는 방법을 경험할 수 있도록 도와주세요.

 이렇게 해 보세요

- **놀이 환경 마련하기** 친구들과 함께 놀 환경을 조성해 줍니다. 예를 들어, 친구들과 함께 놀 수 있는 놀이 그룹을 만들거나, 친구들과 함께 참여할 수 있는 활동을 찾아줍니다.
- **놀이 기회 주기** 친구들과 함께 놀 기회를 제공합니다. 예를 들어, 친구들과 함께 놀이공원이나 박물관 등을 방문하거나, 친구들과 함께 게임을 즐길 수 있는 시간을 마련합니다.
- **함께하는 방법 알려주기** 친구들과 함께 놀이하는 방법을 알아보고, 아이가 잘 모를 경우 구체적으로 안내해 줍니다.(예: 친구들과 함께 놀이할 때 순서가 필요할 경우 순서 정하기, 먼저 다가가서 "같이 놀자"라고 말해보기, 블록이나 놀잇감을 처음부터 똑같이 나누기 등)

| Week 20 • Day 3   마음을 이해하는 감정 공부

간절하다

　어린 시절 소풍 가는 날, 혹시나 비가 올까 염려되어 몇 번이고 창문을 열며 하늘을 본 기억이 납니다. 비가 오지 않기를 간절하게 바랐던 마음이 또렷하게 남아 있어 어린 시절 그 감정이 지금도 느껴지네요. 간절함은 바람이나 소망이 매우 절실할 때 표현하는 감정입니다. 사람마다 간절함을 느끼는 감정은 다르기에, 있는 그대로 그 감정을 공감하며 응원해 줍니다. 아이가 일상에서 어떤 것을 바라고 소망하는지 살펴보고, 그 마음을 표현할 수 있는 감정 단어 중에 '간절하다'를 알려주어 자신의 바람이나 소망을 잘 표현할 수 있도록 합니다.

　감정을 표현하는 말

* ○○는 이 장난감을 빨리 갖고 싶구나! ○○의 간절한 마음이 느껴졌어!
* ○○가 감기에 걸려서 마음이 많이 아프단다. 빨리 낫기를 간절하게 바라.
* ○○는 이 놀이를 간절하게 하고 싶구나! 그럼, 이 놀이를 함께 해 볼까?

　아이들은 간절하게 바라는 것을 구체적으로 표현하기 어려울 경우, 먼저 표정으로 나타날 때가 있지요. 감정은 표정으로 먼저 나오므로 아이의 표정을 면밀하게 살펴봅니다. 아이가 간절한 표정을 지을 때 "○○의 표정을 보니 간절한 마음이 느껴지는구나!" 처럼 그 감정을 읽어주어 간절한 감정을 말로도 표현할 수 있게 도와주세요.

| Week 20 • Day 4   몸 튼튼, 마음 튼튼 즐거운 놀이

풍선 야구

신문지나 종이 등 가정에서 쉽게 구할 수 있는 재료를 활용해 아이와 함께 쉽게 만들고 재미있게 할 수 있는 놀이입니다. 종이 방망이로 풍선 공을 맞히는 놀이를 반복하면 성공의 경험이 쌓이게 되어 자신감이 생기고, 집중력과 협응력도 함께 길러집니다.

준비물: 풍선, 종이 방망이(종이로 말아서 만든 방망이)

1. 종이 또는 신문지를 길게 말아서 종이 방망이를 준비합니다.
2. 풍선을 적당한 크기(아이가 맞히기 쉽게 축구공만 한 크기)로 불어서 바람이 빠지지 않도록 입구를 묶습니다.
3. 풍선을 두드려보기도 하고 던져보기도 하는 등 다양한 탐색 놀이를 합니다.
4. 풍선을 위로 던져 올리고 종이 방망이로 풍선 치기를 반복합니다.
5. 아이와 서로 역할을 정해 한 사람이 풍선을 던지면 다른 한 사람은 종이 방망이를 휘둘러 풍선을 칩니다.
6. 놀이가 원활하게 진행되면 서로 역할을 바꾸어 놀이합니다.

| Week 20 • Day 5   마음과 생각을 키우는 그림책

건전지 아빠

건전지 아빠는 매일매일 바쁘게 일해요. 문을 열고, 장난감을 움직이고, 불을 켜고, 집을 지키느라 쉴 틈이 없습니다. 그래서 점점 힘이 빠지고 지치지요. 건전지로서 역할을 다 해내고 지친 걸음으로 집에 도착했을 때 '아빠! 아빠!' 라고 외치는 아이들의 말에 아빠는 다시 힘이 납니다.

전승배·강인숙 글그림, 창비

이 책은 등장인물을 양모 페트 인형으로 만들어서 이야기와 감정에 몰입할 수 있고, 생동감도 매력적으로 다가옵니다. 스톱모션 애니메이션이 원작이기 때문에 그림책을 읽을 때 애니메이션에서 볼 수 없었던 장면을 찾아보는 재미가 있습니다. 또 아빠도 에너지가 필요하고, 가족 간의 사랑과 배려가 중요함을 느낄 수 있답니다.

책 뒤에 있는 QR 코드를 통해 애니메이션을 감상해 보세요. 마지막에 귓속말로 아빠에게 고마운 점을 전한다면 가족 사랑은 더 커지겠죠?

 마음과 생각을 키우는 그림책 대화 질문

* 왜 건전지 아빠는 무엇이든 척척 잘했을까?
* 계곡에서 돌아오는 건전지 아빠를 보니 어떤 기분이 들었니?
* 만약 건전지 아빠가 옆에 있다면 어떤 말을 해 주고 싶니?

| Week 20 • Day 6   일상에서의 작은 여행과 탐험

학교

　동네마다 학교가 있습니다. 아이의 연령에 따라 학교에 입학하는 것이 아직 먼 이야기일 수 있지만, 동네에 있는 학교를 가끔 방문하다 보면 아이에게 학교는 호기심과 즐거움의 공간이 됩니다.

　학교마다 출입을 허용하지 않는 곳도 있고, 정해진 시간만 개방하는 곳도 있습니다. 또 개방하더라도 특별한 목적 외에는 학교 건물이나 교실에 들어갈 수 없지만, 운동장, 벤치, 놀이터, 조경 등을 보면서 학교에 관한 개념을 하나씩 형성해 나갈 수 있습니다.

　특히 진학을 앞두고 학교에 대해 낯설고 두려운 마음을 가진 아이라면 더욱더 미리미리 학교를 방문해 학교에 대한 긍정적 인식을 가질 수 있도록 도와주는 것이 좋습니다.

 학교는 즐거워

★ **눈과 귀로 즐기자!** 운동장 벤치에 앉아 음악을 들으며 학교 살펴보기, 눈감고 학교에서 들리는 소리 감상하기

★ **몸으로 즐기자!** 학교 운동장 느리게(빠르게) 걸어보기, 운동장에 있는 기구 이용해 보기

★ **생각하며 즐기자!** 유치원(어린이집)과 학교의 같은 점 또는 다른 점 찾아보기, 부모님의 초등학교 이야기 들어보기, 학교를 둘러보면서 새롭게 발견한 점 사진 찍기

여섯 번째 달

| Week 21 • Day 1   마음이 자라는 오늘의 말

잘될 거야

　아이들은 매일 성장합니다. 아이의 성장이 눈에 잘 보일 때도 있지만, 찰나의 순간에 나타나 놓칠 때도 있습니다. 그러다 보니 우리 아이가 또래에 비해 성장이 느린 것 같아 걱정할 때도 있고, 부모가 중요하게 여기는 부분의 성장이 원만하지 않으면 불안할 때도 있습니다. 아이들은 성장 중이라 다양한 시행착오를 거칠 수 있습니다. 이러한 경험은 아이의 삶을 더 단단하게 만드는 요소가 되지요. 아이들은 다양한 경험을 통해 자신이 누구인지 알아 가면서 '괜찮은 나'를 만들어 가려고 노력합니다.

　성향이나 기질, 유전적 요인 등에 따라 아이마다 성장 속도가 다를 수 있습니다. 그 다름을 이해하고 각자의 속도와 방법대로 성장하는 아이를 격려하고 지지한다면, 아이는 잠재성을 발현하면서 꿈을 키워나갈 것입니다.

　아이의 마음을 살피며 격려하는 말 한마디가 아이의 기를 살리며 무언가를 해 볼 힘이 생기게 합니다. 아이에게 따뜻한 목소리와 밝은 표정으로 "잘될 거야!"라고 말해 봅시다. 부모의 말 한마디에 아이는 힘이 나서 더 자신 있게 무언가를 해 내고자 노력할 것입니다.

 부모의 말 습관

> 오늘도 자신 있게 해 보는 거야. 큰 소리로 외쳐 볼까? 잘될 거야!

> 이것을 마무리하는 것이 힘들었구나! 포기하고 싶을 때 '잘될 거야' 하고 마음속으로 외쳐보자. 그리고 잘 마무리할 방법을 찾아보자.

| Week 21 • Day 2   슬기로운 생활습관과 안전

 ## 자기 성기를 만지는 아이

아이는 성장 과정에서 자기 몸에 대해 자연스럽게 호기심을 느끼며, 성기에 관심을 가지고 만질 수 있습니다. 이때 아이를 혼내거나 부끄럽게 하면 부정적인 성 인식을 심어줄 수 있으므로, 친절하고 단호한 방법으로 지도하는 것이 중요합니다. 공공장소와 사적 공간의 구분을 자연스럽게 알려주고, 감정과 신체 변화를 존중하며 지도합니다.

 이렇게 해 보세요

- **3분 대화** 외로움이나 대화 부족으로 인한 호기심이 성기 만짐으로 이어질 수 있습니다. 하루 중 3분만 정해 아이와 눈을 맞추며 "오늘은 어떤 게 제일 재미있었어?", "기분은 어땠어?"와 같은 대화를 합니다.
- **내 몸은 내가 깨끗하게** 보호자가 아이의 성기를 자주 씻겨주면, 그 과정에서 느껴지는 자극이 습관화될 수 있습니다. 인형을 활용해 씻는 순서를 익힌 다음, 실제 목욕 시간에 아이가 스스로 씻을 수 있게 지도해 주세요.
- **내 몸 지키기 놀이** '여긴 어디?' 게임을 통해 공공장소와 사적인 공간을 구분하는 놀이를 해 봅니다. "여기는 놀이터! 여기서 내 몸을 만질까요? 안 돼! 안 돼!" 놀이로 재미있게 반복하여 알려줍니다. 다만, 혼자 있을 때도 자신의 성기를 만지거나 주무르면 세균이나 상처가 생겨 아플 수 있음을 알려줍니다.
- **편한 옷 패션쇼 놀이** 꽉 끼는 옷은 쏠림으로 인해 자극을 줄 수 있습니다. 여러 종류의 옷을 만져보고, 편안한 옷을 찾아 입어보며 패션쇼 놀이를 해 봅니다.

| Week 21 • Day 3   마음을 이해하는 감정 공부

후련하다

　가슴에 담아두었던 말을 누군가에게 이야기하면 마음이 한결 가벼워지고 후련합니다. 또 슬픈 감정을 울음으로 표현하면 답답한 마음이 뚫려 시원해집니다. 이럴 때 우리는 '후련하다' 라고 말합니다. 속상한 일이나 답답한 일이 해소될 때, 또 힘들었던 일이 잘 해결되었을 때 아이에게 '후련하다' 라는 말을 써볼까요?

감정을 표현하는 말

* ○○야, 속상한 일이 있으면 엄마(아빠)한테 이야기하렴. 그럼, 답답했던 마음이 풀리고 **후련해질 거야.**
* ○○야, 실컷 울고 나니 마음이 **후련해졌니?**
* 거실이 정리되지 않아서 답답했는데, ○○와 함께 깨끗하게 정리를 하니 마음이 **후련해졌어.**
* ○○이가 유치원(어린이집)에서 대변보는 것을 힘들어해 자주 참았는데, 오늘은 참지 않고 대변을 보았구나. 대변을 보니 시원하고 마음도 **후련하지?** 이제 참지 말고, 바로 대변을 보자.

　'후련하다'의 감정 언어를 이해할 수 있도록 그 의미를 함께 알아보고, 몸으로 표현해 보세요. 또 아이가 '후련하다' 의미를 충분히 이해하면, 후련할 때는 언제인지 구체적으로 이야기 나눠봅니다.

| Week 21 • Day 4   몸 튼튼, 마음 튼튼 즐거운 놀이

분무기 놀이

　분무기 놀이는 물방울의 감촉을 경험하게 합니다. 분무기로 물을 뿌릴 때 퍼지는 작은 물방울을 관찰하고, 물방울이 몸에 닿을 때 시원하게 느껴지는 촉감을 경험해 볼 수 있습니다. 또한, 신체 접촉을 통해 긴장감을 완화하고 서로에 대한 관심과 친밀감을 느끼는 기회가 됩니다.

준비물: 분무기, 마른 수건

1. 야외 공간이나 물 사용이 허용되는 장소를 정해, 수건을 준비합니다.
2. 분무기로 공중에 물을 뿌려서 작은 물방울이 퍼지는 것을 탐색합니다. (야외에서 햇빛을 향해 쏘면 무지개도 볼 수 있습니다.)
3. 공중에 뿌려진 물방울에 손과 얼굴을 가까이 대보며 느낌을 이야기합니다.
4. 아이의 손에 분무기로 물을 뿌려주고 호호 불거나 손으로 톡톡 두드려 보고, 부채질을 하여 시원하게 말려 줍니다.
5. 팔꿈치, 발, 무릎, 종아리 등 다양한 신체 부위에도 같은 놀이를 해 봅니다.

| Week 21 • Day 5   마음과 생각을 키우는 그림책

엄마 약

준이는 아픈 엄마를 위해 혼자 약국으로 갑니다. 약사 선생님과 왜 엄마가 아픈지, 엄마를 낫게 하는 방법 등을 이야기 나누며 자신이 한 행동을 다시 돌아보게 됩니다. 약사 선생님의 질문에 답을 하면서 엄마를 사랑하는 자신의 마음이 더 깊이 느껴지고, 그 따뜻한 마음을 담아 엄마에게 실천해 봅니다. 그 실천이 엄마에게는 아주 특별한 선물이 됩니다.

김미라 글,
키 큰 나무 그림, 키즈엠

이 책은 가족을 사랑하는 마음을 행동으로 표현하는 법을 알려줍니다. 가까운 사이일수록 마음을 표현하는 것이 어렵지만, 준이의 모습은 사랑을 드러내는 것이 얼마나 큰 힘이 되는지 깨닫게 합니다.

준이는 왜 혼자 약국에 갔는지, 엄마가 아플 때 준이는 어떤 마음이었는지 이야기 나눠보세요. 아이와 함께 가족에게 필요한 마음의 약(예: 웃음 약, 안아 주는 약, 칭찬약)을 그림이나 말로 적어 약봉지에 담아 보세요. 약봉지에 담긴 마음의 약을 가족에게 표현하면 가족의 사랑이 더욱더 커질 것입니다.

 마음과 생각을 키우는 그림책 대화 질문

* 약사 선생님은 준이에게 어떤 질문을 했을까?
* 그림책 속 엄마는 준이를 보며 어떤 기분이었을까?
* 우리 가족에게 오늘 해 주고 싶은 말은 무엇일까?

| Week 21 • Day 6   일상에서의 작은 여행과 탐험

봄 햇살

아이들은 조명 빛, 스마트기기 빛이 아닌 자연의 빛을 과연 얼마나 자주 느끼고 만날까요? 고개를 숙여 전자기기로 만나는 인위적인 빛이 아니라 고개 들어 자연의 빛을 만나 봅시다.

먼저 봄 햇살을 비추는 태양이 내 머리 위 어디에 있는지 살펴봅니다. 그리고 길을 걸으며 봄 햇살을 반기는 자연물을 찾아봅니다. 이때 아이가 발견한 봄 식물이 무엇인지 같이 알아보는 것도 즐겁습니다. 또 봄 햇살을 반기는 자연물을 찾다 보면 나비, 벌, 개미, 무당벌레 등 봄에 볼 수 있는 곤충도 만날 수 있습니다.

자연물뿐만 아니라 봄 햇살은 아이의 성장에도 도움이 됩니다. 수면의 질이 향상되고, 뼈 건강에 도움을 받으며 생체 리듬이 유지되지요. 봄 햇살을 만끽하고 집으로 들어가기 전 처음 만났던 태양이 내 머리 위 어디에 있는지 살펴보다 보면 자연스럽게 태양이 이동한다는 사실도 알게 됩니다.

 봄 햇살을 느껴요

* ★ **감각으로 만난 햇살** 눈 감고 고개 들어 봄 햇살 샤워하기, 봄 햇살과 만난 자연의 향기 맡아보기
* ★ **생각으로 만난 햇살** 우리 가족 그림자 길이 비교하기, 봄 곤충(나비, 벌 등)이 날아가는 모습을 몸으로 표현하기
* ★ **마음으로 만난 햇살** 봄 식물과 대화하기, '햇살 좋은 날' 동요 감상하며 산책하기

| Week 22 • Day 1   마음이 자라는 오늘의 말

와! 우와! 오!

　아름다운 자연을 보면 "와", "우와", "오"처럼 다양한 감탄사가 절로 나옵니다. 많은 말을 하지 않아도 '감탄사' 하나로 내가 보고 느낀 것을 표현할 수 있지요. 상대로부터 감탄사를 들으면 그것에 관심을 가지고 더 자세히 들여다보게 됩니다. 또 감탄사 하나로 다양한 스토리를 만들 수 있습니다. "우와! 폭포 좀 봐"라고 부모가 말하면, 아이는 폭포에서 나는 소리, 물이 떨어지는 폭포의 모습에 흥미를 갖고 폭포와 관련된 이야기를 이어갑니다. 마음을 움직이게 하는 마법의 언어 '감탄사'는 아이 마음에 자신감을 심어주어 사물이나 상황을 자세히 관찰할 수 있는 즐거운 연결고리가 됩니다.

　일상에서 아이의 모습이나 행동을 살피며, 감탄의 말을 건네 봅니다. 부모가 건네는 감탄의 말에 아이는 더 신이 나서 즐겁게 해낼 것입니다. '감탄사' 하나로 나의 마음을 전할 수 있고, 아이의 행동을 격려할 수 있답니다. 짧지만 긍정의 힘을 가지고 있는 감탄사! 우리 아이에게 다양한 감탄사로 아이를 응원해 줍시다.

 부모의 말 습관

> 와! 하늘 좀 봐!

> 오! 이런 생각을 했구나! 좋은 생각이네.

> 우와! 예쁜 꽃을 접었구나!

> 오! 이렇게 하면 되겠구나! 알려줘서 고마워.

> 우와! 이 어려운 것을 끝까지 마무리했구나.

> 와! 개미들이 줄을 이어 가고 있어.

| Week 22 • Day 2   슬기로운 생활습관과 안전

내 몸은 소중해요

어느 날 아이가 "아기는 어떻게 태어나요?", "왜 남자와 여자가 달라요?" 등의 질문을 하면 어떻게 대답해야 할지 난감할 때가 있습니다. 이때 두리뭉실하게 대답하거나 숨기려고 하면 오히려 잘못된 성 개념을 갖게 될 수도 있습니다. 또한, 위험한 상황에서 자신을 보호하는 방법을 몰라 어려움에 처할 수도 있지요. 아이에게 성에 대한 이해와 나와 다른 사람의 몸은 소중하다고 가르치는 것은 아이의 건강한 성장과 발달에 도움이 될 것입니다.

 이렇게 해 보세요

- **특별히 소중한 부분** 유아기는 성에 관한 호기심이 급격히 증가하는 시기이므로, 올바른 교육이 필요합니다. 아이와 함께 우리 몸의 각 부분을 살펴보며 어떤 일을 하는지 알아본 다음, 특별히 소중한 부분(배꼽, 가슴, 엉덩이, 성기)은 나만 볼 수 있음을 안내합니다.
- **대화의 시작** 성에 관한 대화를 시작할 때는 아이의 관심사와 일상적인 경험을 활용하세요. 이때 아이가 좋아하는 그림책의 주인공이나 캐릭터를 이용하여 이야기를 나누면 더 집중할 수 있습니다.
- **적절한 언어 사용** 아이에게 성에 관한 용어를 설명할 때는 정확한 명칭을 사용합니다. 예를 들면, 남자아이의 성기는 음경, 여자아이의 성기는 음순이라고 정확하게 알려줍니다.
- **거절할 수 있어** 성향과 기질, 특성에 따라 타인이 내 몸을 만질 때 거절하는 것을 어려워하는 아이가 있습니다. 불편하거나 원하지 않으면 거절할 수 있음을 알려줍니다.

| Week 22 • Day 3   마음을 이해하는 감정 공부

놀라다

무언가에 놀라면 눈이 동그래지거나 큰 소리를 내며 놀란 마음을 온몸으로 표현합니다. 생각지도 못한 일이 벌어지거나 무서운 일, 신기한 것을 보았을 때처럼 일상에서 놀라는 상황은 다양하지요. 놀람은 어떠한 상황에 자동으로 반응하는 감정의 하나이므로, 아이의 표정이나 몸짓에서 놀란 감정을 살피고, 그 감정을 읽어주는 것이 필요합니다.

감정을 표현하는 말

- ★ 친구가 북을 세게 쳐서 놀랐구나!
- ★ 오늘은 어제보다 간식이 더 많아서 깜짝 놀랐구나!
- ★ 정리할 장난감이 많아서 정리하기 어려웠을 텐데 깨끗하게 정리해서 깜짝 놀랐단다. 정말 대단해!
- ★ ○○의 표정을 보니 많이 놀란 것 같은데, 무엇 때문에 놀랐는지 알려줄래?
- ★ 와! ○○가 만든 성을 봐! 아주 멋지게 만들어서 깜짝 놀랐어!

아이와 함께 '놀라다' 감정 카드를 보고 어떤 때 놀랐는지 이야기하면서 놀란 상황을 떠올려봅니다. 또 어떤 상황에서 놀람을 표현하는지 알 수 있도록 사람들이 크게 소리를 질렀을 때, 무서운 장면을 보았을 때, 커다란 성을 보았을 때 등 다양한 상황을 설정하여 그 상황에 맞게 놀란 감정을 표현해 봅니다.

| Week 22 • Day 4   몸 튼튼, 마음 튼튼 즐거운 놀이

두 팔 농구

　신체를 활용한 농구 골대에 풍선 공을 넣는 놀이입니다. 두 팔을 이용해 간단하게 할 수 있는 놀이지만, 즐거움과 동시에 성공에 대한 경험으로 자신감이 생기게 됩니다. 또한, 부모와 아이가 함께 공을 넣고 받으면서 서로의 움직임에 집중할 수 있는 놀이입니다.

준비물: 풍선 또는 종이공

1. 풍선을 지름 20cm 크기로 불어서 입구를 묶습니다.(종이나 휴지를 구겨서 만들어도 됩니다)
2. 부모는 아이 앞에서 두 팔을 벌려 원을 만듭니다.
3. 아이는 그 원에 준비한 풍선(공)을 던져 넣습니다.
4. 아이의 키에 맞추어 두 팔로 만든 농구대의 높낮이를 조절합니다.
5. 공을 골대에 넣기 어려워하면 공을 따라가서 받음으로써 아이가 성공의 기쁨을 경험할 수 있도록 합니다.
6. 놀이가 익숙해지면 던지고 받는 역할을 바꾸어서 해 봅니다.

| Week 22 • Day 5   마음과 생각을 키우는 그림책

주름 때문이야

서영 글그림,
다그림책(키다리)

　멋진 씨는 매일 아침, 마음에 드는 옷을 차려입고 산책하는 것을 좋아합니다. 정해진 시간, 정해진 코스를 걸으며 이웃과 다정하게 안부를 나눕니다. 어느 날 안경을 새로 맞추고 거울을 본 멋진 씨는 자신의 얼굴에 주름이 가득하다는 사실을 발견하고, 사람들에게 들키고 싶지 않아 주름을 감추기 위한 여러 가지 방법을 사용합니다. 또 모든 불행이 주름 때문이라고 믿습니다.

　이 책은 작가 특유의 섬세하고 부드러운 그림체가 멋진 씨의 감정 변화와 분위기에 이입할 수 있게 합니다. 또 이야기 속 '주름'은 단순한 외모의 변화가 아닌 자신의 보기 싫은 모습이나 마음의 상처를 나타내지요.

　가족이 둘러앉아 '내가 좋아하는 내 모습' 말하기를 해 봅니다. '상대방이 바라보는 나'가 아닌 '내가 바라보는 나'의 좋은 점을 찾아보는 거지요. 이런 경험을 통해 아이는 자신에 대해 생각해 보게 되고, 자존감도 한 층 더 성장할 것입니다.

 마음과 생각을 키우는 그림책 대화 질문

★ 주름을 발견한 멋진 씨의 마음은 어땠을까?
★ 너도 다른 사람에게 보여주기 싫은 것이 있니?
★ 너의 자랑거리는 무엇이니?

| Week 22 • Day 6   일상에서의 작은 여행과 탐험

 # 그늘

　나무와 건물이 만들어 주는 그늘에 들어가면 어떤 기분이 들까요? 여름에는 시원함을 선사하지만, 겨울에는 더욱 어깨를 움츠러들게 하기도 하는 그늘! 오늘은 아이와 함께 그늘을 만끽해 봅니다.

　먼저 그늘을 찾아볼까요? 어디에 그늘이 있는지 찾아보면서 그늘이 생기는 원리도 자연스럽게 이해하게 됩니다. 또 그늘과 햇빛 아래를 자유롭게 오가면서 그늘이 주는 느낌을 느껴봅니다.

　이때 그늘에 대한 과학적 지식을 전달하기보다는 아이가 자연스럽게 그늘을 만나볼 수 있게 분위기를 만들어 줍니다. 또 오늘뿐만 아니라 다른 날에도 그늘을 만나보면서 날씨에 따라 그늘의 크기와 색이 다름을 발견해 볼 수 있도록 안내해 봅니다. 실시간으로 펼쳐지는 그늘은 아이에게 자연의 품에 안기는 편안함을 선사할 것입니다.

 그늘을 만나요

* **자연에서 그늘 만나기** 잎이 가득한 나무, 뜨거운 햇살 등 자연의 풍경에 따라 생기는 그늘 탐색하기(예 : 그늘의 크기, 색의 진하기 비교해 보기)
* **그늘이 주는 행복 만나기** 나무 그늘 밑에 돗자리 깔고 앉아서 시원함 느끼기, 편안한 음악을 감상하며 누워보기
* **그늘 숨바꼭질** 햇빛과 그늘을 오가면서 그림자 숨바꼭질하기

| Week 23 • Day 1   마음이 자라는 오늘의 말

발견했구나

"개미가 줄을 지어가요.", "딱지를 이렇게 접으니까 더 잘 접어져요.", "종이를 반으로 접어 오리면 구멍을 낼 수 있어요." 아이들은 일상에서 자신이 알게 된 것을 주변 사람들에게 말합니다. 우리가 볼 땐 누구나 아는 것이지만, 아이들은 경험하면서 세상을 알아가므로 무언가를 알아내는 것은 의미 있는 일입니다.

또 아이들이 만나는 세상은 새롭기 때문에 모든 것이 신기하고 궁금하기도 합니다. 그래서 호기심 가득한 눈으로 "이건 뭐야?", "왜?"라며 끊임없이 질문을 하지요. 질문을 통해 자신이 궁금한 것을 해결해 나가고, 새로운 것을 발견하게 됩니다. 무언가를 발견했을 때의 아이 표정은 이루 말할 수 없는 기쁨으로 가득 차 있습니다. 이 순간을 놓치지 말고 아이가 발견한 것에 함께 기뻐하며, 무엇을 발견했는지 이야기 나눠 봅니다. 아이의 발견은 경험이 되고, 경험은 정보가 되며, 정보는 세상을 알아가는 지혜가 될 것입니다.

 부모의 말 습관

기울기에 따라 공이 굴러가는 것이 다르다는 것을 발견했구나!

이 신발에는 구멍이 10개가 있구나! 이것을 발견했구나!

이 그림책에서 ○○가 나오는 것을 발견했구나!

○○ 나뭇잎과 △△ 나뭇잎의 모양이 다르다는 것을 발견했구나!

| Week 23 • Day 2   슬기로운 생활습관과 안전

너와 나의 몸의 경계

"내 몸을 꽉 안아주지 마세요", "내 몸에 닿는 게 싫어요" 등 아이가 불편함을 얘기할 때 부모에게서 멀어지는 기분이 듭니다. 하지만 아이가 자기 자신에 대해 관심을 갖고 소중히 여기려는 신호라고 생각해 보세요. 또 우리 눈에는 보이지 않지만, 누구나 존중받아야 하는 개인적인 영역 '경계 존중'에 대해 이야기해 주세요. 경계 존중 교육을 통해 자신뿐만 아니라, 상대방도 존중하는 아이로 성장할 수 있을 것입니다.

 이렇게 해 보세요

* **그림책으로 경계에 대해 알아보기** 『나와 너의 소중한 몸 이야기』, 『내가 안아줘도 될까?』 등 경계 존중과 관련된 그림책을 읽어보면서 '경계'가 무엇인지 이야기 나눠봅니다. 또 손으로 내 몸의 경계선을 그려보며 경계의 의미를 직접 체험하도록 도와줍니다.
* **'동의'가 필요해** 경계 존중 교육에서 가장 우선되어야 하는 것이 '동의' 교육입니다. 먼저 내가 기분이 좋을 때와 싫을 때를 알아보면서 좋고 싫음을 구분할 수 있게 도와줍니다. 다음은 내 몸을 보여주어야 할 때(병원 진료, 엄마가 목욕시켜 줄 때 등)와 보여주면 안 될 때를 알아봅니다. 마지막으로 다른 사람의 몸은 내 것이 아니고 소중하므로 친구를 안아주고 싶을 때도 먼저 "안아줘도 될까?"라고 물어봐야 함을 알려줍니다. 또 부모도 아이를 안아주기 전에 엄마(아빠)가 안아줘도 되는지 아이에게 물어봅니다.

| Week 23 • Day 3   마음을 이해하는 감정 공부

흐뭇하다

  일이 순조롭게 진행되었거나 만족한 결과를 얻었을 때 흐뭇한 감정을 느낍니다. 기대했던 목표를 성취하고 바라볼 때도 스스로 흐뭇하다고 느끼지요. 특히, 열심히 노력하여 어떤 일을 해냈을 때 흐뭇한 감정은 몇 배 크게 느껴진답니다. 부모도 어느 순간 부쩍 자란 자녀를 바라보거나 자녀의 존재만으로도 흐뭇할 때가 많을 것입니다. 아이도 스스로 이뤄낸 일이 만족스러울 때 흐뭇해한답니다. 이때 아이에게 '잘 해냈구나'라고 격려하며 흐뭇함을 표현해 준다면, 자신과 타인의 소중함을 더 크게 느낄 것입니다.

감정을 표현하는 말

* ○○가 만든 자동차가 전시되어서 엄마(아빠)는 흐뭇한 마음이 든단다.
* ○○가 친구랑 사이좋게 놀이하는 모습을 보니 엄마(아빠) 마음이 흐뭇해.
* 엄마(아빠)가 데려온 강아지가 밥도 맛있게 먹고 잘 자는 걸 보니 흐뭇하구나.
* 엄마(아빠)가 만든 요리를 맛있게 먹어줘서 흐뭇하단다.
* ○○가 벌써 이렇게 키가 컸다니 흐뭇하구나.

늘 만족하고 흡족한 결과만 있는 것은 아닙니다. 결과가 완벽하지 않더라도 존재 자체만으로도 가치 있고 흐뭇할 수 있습니다. 아이도 자기 자신과 주변의 소중함을 발견함으로써 흐뭇한 감정을 갖도록 응원해 주세요.

| Week 23 • Day 4   몸 튼튼, 마음 튼튼 즐거운 놀이

몸 따라 공 굴리기

  이 놀이는 공이 내 몸을 따라 구르면서 지나가는 느낌을 경험하는 놀이입니다. 몸의 선을 따라 공을 굴려보면서 자신의 신체를 인식하고, 몸의 감각에 집중하게 됩니다. 자신의 이미지를 형성하고, 자신을 긍정적으로 바라보게 되면 타인에 대해서도 집중하는 시간을 가질 수 있습니다.

준비물: 고무공, 축구공, 농구공. 탱탱볼 등

1. 여러 가지 방법으로 공을 탐색합니다.(예: 손가락으로 눌러보기, 끌어안고 탄력 느끼기, 손바닥으로 쳐보기, 굴려보기 등)
2. 다리를 뻗고 바닥에 앉아서 뻗은 모양을 따라 왼쪽 다리의 바깥쪽부터 공을 굴려 다리 안쪽으로, 이어서 오른쪽 다리 안쪽부터 오른쪽 다리 바깥쪽까지 몸의 선을 따라 공을 굴려 봅니다.
3. 이번에는 양팔을 벌리고 왼쪽 손끝에서 시작하여 손등-팔-어깨-목-머리 순서로 몸을 따라 공을 굴리고 오른쪽으로 넘겨 오른쪽 손끝까지 굴립니다.
4. 부드러운 담요나 매트 위에 아이를 편히 눕힙니다.
5. 발끝부터 시작하여 아이의 몸을 따라 공을 굴립니다.
6. 너무 빠르게 지나가지 말고, 아이가 지금 공이 자신의 몸 어디를 지나가고 있는지 느낄 수 있도록 합니다.
7. 역할을 바꿔 아이가 직접 부모의 몸을 따라 공을 굴려보게 합니다.

| Week 23 • Day 5   마음과 생각을 키우는 그림책

수박 수영장

시골 마을에 한여름이 되면 수박 수영장이 문을 엽니다. 엄청나게 큰 수박이 반으로 갈라지면서 온 마을 사람이 들어가 신나게 수영하면서 놉니다. 수박 수영장에서 놀며 더위를 식히는 마을 사람들은 마을 너머로 지는 해를 바라보면서 내년 여름을 기약합니다.

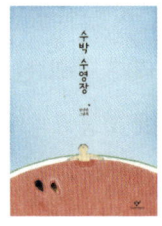

안녕달 글그림, 창비

표지부터 시작해서 장면마다 생생하게 묘사된 수박이 시선을 사로잡습니다. 그리고 아이들의 웃음소리, 시원한 소나기, 밤의 반딧불이 등 여름의 풍경이 담겨 있어 정서적 아름다움도 느낄 수 있죠. 또 무더위를 수박 수영장에서 즐긴다는 기발한 발상이 아이를 판타지의 세계로 초대합니다.

이불이나 매트를 깔고 그 위에 수박 모양 방석이나 쿠션, 수박 그림 등을 두어 '수박 수영장'을 만듭니다. 그리고 수영이나 다이빙하는 흉내를 내면서 신체 놀이를 즐겁게 해 보세요. 이때 '어푸', '풍덩', '첨벙' 등의 의성어도 함께 말해 본다면 상상력과 함께 어휘력도 성장할 것입니다.

 마음과 생각을 키우는 그림책 대화 질문

* 그림책에서 수박 수영장은 어떤 모습이니?
* 우리 집에 수박 수영장이 생긴다면 어떻게 놀고 싶니?
* 만약, 수박 수영장 속의 수박씨가 살아서 움직인다면 어떤 일이 일어날까?

| Week 23 • Day 6   일상에서의 작은 여행과 탐험

돌멩이

　바닷바람에 반질반질해진 돌멩이, 길을 걷다 발끝에 차여 굴러가는 돌멩이, 돌덩이에서 깨져 거칠거칠한 돌멩이, 흙 속에 콕 박혀 얼굴만 빼죽이 내민 돌멩이 등 우리 아이는 어떤 돌멩이를 만나봤을까요? 혹시 그동안 돌멩이를 무심코 지나치진 않았을까요?

　시중에서 파는 장난감도 좋은 놀잇감이지만, 오늘은 자연의 작은 보물인 돌멩이로 놀이하는 날입니다. 가장 먼저 해야 하는 건 돌멩이를 찾는 것입니다. 공원이나 놀이터, 산책로 등에서 돌멩이를 찾아 모아 보세요. 만약 집에서 놀이한다면 깨끗이 씻어 사용하세요. 그리고 놀이하기 전에 돌멩이 던지지 않기, 입에 넣지 않기 등 안전에 관한 약속을 꼭 정합니다. 아이가 직접 약속을 생각해서 말한다면 더 잘 기억하고 실천할 것입니다.

　자, 그럼 지금부터 돌멩이 놀이 시작!

 돌멩이도 놀잇감이야!

- ★ **돌멩이 악기** 양손에 돌멩이를 잡고 동요 부르며 두드리기
- ★ **우리 편 모여라!** 기준에 따라 돌멩이 분류하기(예: 색깔, 크기, 모양, 무늬, 촉감 등)
- ★ **돌멩이랑 닮았어요!** 내가 찾은 돌멩이랑 닮은 사물 말하기
- ★ **누가 누가 잘 맞추나?** 큰 돌멩이 세워 놓고 다른 돌멩이로 맞추기
- ★ **소원을 말해봐!** 가족과 함께 돌멩이 탑 쌓고 소원 빌기

| Week 24 • Day 1   마음이 자라는 오늘의 말

 ## 어떻게 될까?

아이들은 다양한 시선으로 세상을 보기보다 자신의 시선에서 세상을 바라보므로, 위험한 상황이 발생하거나 시행착오를 거칠 수 있습니다. 아이들에게 여러 시선으로 사물을 바라보고 세상을 볼 수 있게 일상에서 예측과 관련된 질문을 해 봅니다.

무언가를 예측해 보는 일은 어떠한 문제 상황을 최소한으로 줄이고, 폭넓게 생각하는 데 도움이 됩니다. '예측'이라는 가설을 통해 다양한 해결 방법을 추론할 수 있으므로, 아이들에게 예측해 볼 시간을 제공하는 것이 필요합니다. 또 자기중심적 사고에 머물러 있는 아이들에게 객관적으로 생각해 볼 수 있는 질문을 하면, 아이들은 원인과 결과에 대해 이해할 수 있게 됩니다. 이러한 질문을 할 때는 어떠한 상황을 구체적으로 이야기하여, 그 상황과 관련된 예측을 해 볼 수 있도록 합니다.

 부모의 말 습관

> ○○의 이야기를 들어보니 동생이 블록을 빌려주지 않아 화가 나서 블록을 던졌다는 거구나. 그런 거니? 동생에게 블록을 던지면 **어떻게 될까?**

> 밀가루에 물을 넣으면 밀가루는 **어떻게 될까?** ○○는 그렇게 생각했구나. 그럼, ○○가 말한 것처럼 밀가루가 변하는지 살펴볼까?

> 빨간색에 파란색을 섞으면 **어떻게 될까?** 어떤 색으로 변했는지 살펴보자.

| Week 24 • Day 2   슬기로운 생활습관과 안전

손 씻기

　외출 후, 음식을 먹기 전, 아이가 스스로 손을 씻나요? 부모의 안내가 없으면 손을 씻지 않을 때 아이와 갈등 상황이 생기기도 합니다. 손을 깨끗하게 씻지 않으면, 식중독, 감기, 눈병 등에 걸릴 수 있어서 부모의 마음은 속상하기만 합니다. 손을 자주 씻는 것은 세균과 바이러스로부터 자신을 보호하는 가장 효과적인 방법입니다. 아이 스스로 손을 씻어야 하는 이유를 알고 습관화하는 것이 중요합니다. 작은 습관 하나가 아이의 건강을 지켜줍니다.

 이렇게 해 보세요

- **사라지는 색깔 놀이** 손에 색깔 물감을 바른 다음, 손을 깨끗하게 씻으면서 색깔이 사라지는 것을 관찰하는 놀이를 해 봅니다. 손을 깨끗이 씻어야 하는 이유와 방법을 알게 됩니다.
- **깨끗하게 손 씻기** 비누와 물을 사용하여 손을 씻을 때, 손바닥과 손등을 서로 문지르고, 손가락을 교차하여 문지르고, 손톱을 깨끗하게 닦아내는 것이 중요합니다. 또 손가락 사이를 문지르고, 손목을 문지르는 것도 잊지 마세요. 충분한 시간 동안 손을 씻어야 하며, 물로 헹구고 깨끗한 수건으로 손을 닦아냅니다.
- **거품은 조금만** 거품을 너무 많이 내면 환경 오염이 될 뿐만 아니라 물을 더 많이 사용하게 되므로 비누나 세정제를 조금만 써도 충분하다는 것을 알려줍니다.
- **물을 절약해요** 물은 소중한 자원이라는 것을 알려주어 비누칠할 때는 물을 잠그고, 헹굴 때만 물을 틀어 사용한 후 잠글 수 있게 합니다. 물을 세면대에 받아놓고 사용하는 것도 물 절약의 한 방법입니다.

| Week 24 • Day 3   마음을 이해하는 감정 공부

철렁하다

　예상하지 못한 상황에 놀라서 가슴이 철렁했던 느낌을 경험한 적이 있었나요? 뜻밖의 일이 생겨서 걱정되거나 마음이 무겁게 내려앉았던 기억도 있을 것입니다. 특히, 자녀를 양육하면서 위험한 상황을 갑자기 맞이하거나 염려스러운 마음 때문에 가슴이 철렁한 순간이 많습니다. 우리 모두의 삶이 언제나 변함없이 평안하지만은 않듯이 아이도 철렁한 순간을 맞게 된답니다. 이때 무엇보다도 아이가 안전하고 편안하게 느낄 수 있도록 해 주어야 합니다. 놀랐을 아이가 회복할 수 있도록 "괜찮아. 다행이구나"라는 말로 위로해 주고 지지해 주어야 합니다.

감정을 표현하는 말

- 동생이 보이지 않아서 가슴이 **철렁했구나**. 너무 염려하지 않아도 돼.
- ○○이가 높은 곳에 올라간 모습을 보고 엄마(아빠)는 가슴이 **철렁했어**.
- ○○와 다시는 못 만난다고 생각하니 가슴이 **철렁했단다**.
- 그 친구는 거짓말한 걸 다른 사람들에게 들키는 순간 **철렁했을 거야**.
- 가방이 없어진 줄 알고 **철렁했겠구나!** 여기에 있어서 정말 다행이다.

　가슴 철렁한 순간이 생겼을 때 부모와 함께 있는 아이도 함께 철렁함을 느낀답니다. 불안한 상황을 마주했을 때 걱정스럽더라도 서로 마음을 돌보는 시간을 잠시 가져보기를 권합니다. 그리고 당당히 이겨내기를 기대하며 지지해 주세요.

| Week 24 • Day 4   몸 튼튼, 마음 튼튼 즐거운 놀이

보들보들 양말공 놀이

  매일 신고 벗는 양말이 아이들에게는 친숙한 놀잇감이 될 수 있답니다. 양말공 놀이는 여러 가지 색깔과 크기의 양말을 활용하여 부드러운 천의 감촉을 느끼며 즐기는 놀이입니다. 손가락의 움직임을 조절하여 양말공을 만들어 보는 놀이는 단순하지만, 여러 소근육이 발달하는 효과와 함께 재미를 경험할 수 있습니다. 아울러 손 근육의 강도를 조절하면서 촉각의 발달을 돕습니다.

준비물: 다양한 종류의 양말, 빨래 바구니 또는 큰 상자

1. 다양한 크기와 색깔의 양말을 한곳에 가져와 모아 놓습니다.
2. 양말 한 짝을 집어서 같은 짝을 찾아 포개 놓습니다.
3. 겹친 양말들을 발끝부터 돌돌 말아 접습니다.
4. 가장 바깥쪽의 입구 부분을 뒤집어 양말을 감싸 양말 공을 만듭니다.
5. 여러 가지 크기와 색깔의 양말 공을 손으로 주물러보거나, 손안에서 굴려보고, 양손으로 번갈아 던지며 탐색합니다.
6. 여러 개의 양말 공을 손안에 가득 담아 바구니 안에 옮겨 담습니다.(양말의 양에 따라 여러 차례 반복합니다)
7. 아이를 양말이 가득한 바구니에 들어가게 하여 몸 전체로 양말공의 감촉을 느끼며 놀이하게 합니다.(발로 밟기, 깔고 앉기, 몸 위에 쌓기 등)
8. 놀이가 끝난 후, 더러워진 양말은 세탁하기 쉽게 한 짝씩 분리합니다.

| Week 24 • Day 5 마음과 생각을 키우는 그림책

코끼리 미용실

주인공은 부모님이 원하는 모습 그대로 얌전히 지내는 착한 아이입니다. 어느 날 우연히 '코끼리 미용실'을 보게 된 아이는 단발머리를 하고 싶지만, 부모님이 싫어할까 봐 고민합니다. 용기를 내어 들어간 미용실에서 코끼리 미용사의 손길로 마음에 쏙 드는 단발머리로 변신합니다. 아이는 만족하며 미용실을 나섭니다.

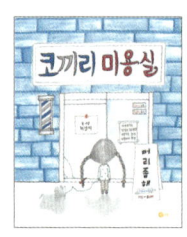

최민지 글그림,
노란상상

이 책은 곳곳에 숨어있는 웃음 포인트를 찾는 재미가 있습니다. 그림 속에 있는 깨알 같은 글씨를 읽다 보면 이야기에 더 흥미를 갖고 몰입할 수 있지요. 또 주인공이 자신이 원하는 것을 행동으로 옮겼을 때 느끼는 기쁨과 자신의 변화된 모습을 긍정적으로 받아들이는 장면은 우리 아이의 자아존중감도 성장하게 도와줍니다.

오늘은 우리 집에 미용실을 열어 부모님이 미용사, 아이는 손님이 되어 역할놀이를 해 보세요. 아이가 원하는 스타일을 스스로 말하게 해 주고, "그 머리 멋지다", "창의적인 생각이야"와 같은 칭찬으로 자신감을 키워주세요.

 마음과 생각을 키우는 그림책 대화 질문

* 부모님은 왜 주인공이 변하는 것을 싫어했을까?
* 네가 해 보고 싶었는데 부모님 때문에 하지 못한 것이 있니?
* 그림책 속 다양한 머리 모양 중 어떤 머리 모양을 해 보고 싶니?

| Week 24 • Day 6   일상에서의 작은 여행과 탐험

 ## 밖에서 보는 우리 집

  가족이 함께 생활하는 집! 아이는 집에서 안정감을 느끼고, 가족과 함께 많은 추억을 만듭니다. 외출할 때는 익숙한 길을 통해 밖으로 나오고, 그 익숙한 길을 통해 다시 집으로 들어갑니다. 그러다 보니 늘 같은 곳, 익숙한 곳에만 시선이 머물게 됩니다. 아이와 함께 외출한 다음 집으로 들어가는 길, 오늘은 시선을 돌려 우리 집 주변을 둘러보세요.

  아이는 밖에서 보는 우리 집의 모양, 색깔, 크기 등에 관심을 갖게 되고, 여러 가지 질문을 하며 궁금한 것을 해결합니다. 또 우리 집에서 옆집, 옆집에서 우리 동네에 있는 집으로 점차 시선이 확장됩니다. 이때 자연스럽게 공간과 도형에 대한 수학적 사고력도 조금씩 길러지지요. 호기심이 왕성하고, 질문도 많이 하는 이 시기의 아이에게 사물을 새로운 시선으로 바라보는 기회를 주세요.

 우리 집을 소개합니다

- **말하자!** 가족이 돌아가며 밖에서 보는 우리 집 느낌을 단어로 말해 보기, 밖에서 보이는 옆집과 우리 집의 다른 점 찾기
- **만들자!** 놀잇감, 자연물, 재활용품 등으로 우리 집 구성하기, 우리 집 별명을 지은 다음 문패 만들기
- **놀자!** 전단지, 잡지, 신문 등을 이용해 우리 집 콜라주 놀이하기, 모래로 우리 집 만들기

일곱 번째 달

| Week 25 • Day 1   마음이 자라는 오늘의 말

 ## 궁금해

　아이들이 만난 세상은 참 신기하고 궁금한 것들로 넘쳐납니다. 나무는 왜 하루 종일 서 있는지, 하늘에 있는 구름은 왜 여러 모양인지, 책상은 어떻게 만들었는지… 등 궁금한 것이 많아 '왜?' 라는 질문을 많이 하지요.

　하루에 수도 없이 궁금하다고 질문하는 아이! 처음에는 기분 좋게 대답해 주다가 이러한 일이 반복되면 지치게 되고 슬슬 짜증이 올라옵니다. "그만 물어봐. 엄마(아빠)가 바빠서 답해 줄 수 없어. 네가 찾아봐" 하며 짜증 섞인 말을 하게 되지요. 이 말을 하는 순간 후회도 함께 오지만 아이의 궁금증을 다 해결해 줄 수 없기에, 아이 마음에 상처를 줄 때가 있답니다.

　아이의 궁금증은 '세상을 만나고 싶은 열정' 입니다. 특히 이 시기는 사고가 형성되는 시기라 '왜?', '무엇 때문에?' 와 같이 사고의 명료화를 돕는 질문을 통해 의미 있는 지식을 구성하게 되지요. 아이가 궁금해할 때 '우리 아이가 또 다른 발견을 하려고 생각의 시동을 거는구나' 라고 여기며, 좀 더 기쁘게 받아들여 주세요. 또 아이가 물어보면 바로 대답해 주기보다 그 질문을 되물어 함께 답을 찾아봅니다. 매일매일 궁금한 아이에게 '궁금해' 의 질문은 또 하나의 세상 탐험이 되겠지요.

 부모의 말 습관

> 이런 것이 **궁금하구나**! 엄마(아빠)도 궁금한데 함께 찾아볼까?

> ○○가 상자를 이용하여 자동차를 만들었구나. 어떻게 만들었는지 엄마(아빠)는 **궁금해**!

| Week 25 • Day 2   슬기로운 생활습관과 안전

 ## 치카치카 양치를 해요

"양치하자"라는 말에 도망을 가거나 못 들은 척하는 아이의 모습을 보면 오늘도 치러질 전쟁에 한숨이 나올 때가 있습니다. 아이들은 양치하는 것이 익숙하지 않거나 칫솔이 입안에 들어오는 것, 치약 맛에 불편함을 느껴 양치를 거부할 때가 있지요. 또한, 이 시기의 아이는 주의 집중력이 길지 않아 양치하는 것을 지루하다고 느낄 수도 있습니다. 일상에서 양치도 하나의 재미있는 놀이로 여길 수 있도록 도와주세요.

 이렇게 해 보세요

- **칫솔과 치약 선택** 아이의 연령, 발달 단계, 치아 상태를 고려하여 칫솔과 치약을 고릅니다. 아이가 양치질에 관심을 가질 수 있게 칫솔 모양, 치약의 맛에 관해 이야기 나눠 봅니다.
- **양치 놀이** 검지와 중지로 양치 놀이를 해 봅니다. 놀이하면서 양치하는 방법을 알 수 있도록 "양치하자! 위, 아래 치아 바깥쪽! 양치하자! 위, 아래 음식 씹는 쪽! 양치하자! 위, 아래 쓱쓱 혓바닥!"과 같이 양치하는 방법을 찬트로 표현해 봅니다. 또 칫솔모형을 이용하여 인형의 치아를 양치하는 놀이도 해 봅니다.
- **노래와 함께** 양치하는 시간에 아이가 좋아하는 노래를 들려주어 즐거운 시간이 되도록 도와줍니다. 또 모래시계를 준비하여 그 시간 동안 양치를 할 수 있도록 안내합니다.
- **연습이 필요해** 양치 놀이 도구를 준비하여 일상에서도 아이가 양치하는 방법을 연습할 수 있도록 도와줍니다.

| Week 25 • Day 3   마음을 이해하는 감정 공부

실망하다

바라던 일이 뜻대로 되지 않거나 기대했던 대로 되지 않아 마음이 상한 적이 있나요? 상대에게 바랐던 것이 이루어지지 않아 실망할 때도 있고, 자신의 실수나 부족함으로 인해 실망할 때도 있습니다. 실망을 하면 어깨가 축 처지고 바닥을 향해 고개도 숙어집니다. 실망했을 때 표정은 어떨까요? 희망을 잃게 되면 작은 실수에도 움츠러들고 자신을 탓하거나 도전하기를 두려워하게 됩니다. 잠시 실망의 감정이 들었어도 포기하지 않고 다시 도전한다면 더 성장하고 단단해질 수 있음을 알려주세요.

감정을 표현하는 말

- ★ 꼭 올 줄 알았던 ○○이가 오지 않아서 **실망했구나**.
- ★ 내 물건을 허락 없이 사용하다니 **실망했어**.
- ★ 그림을 완성하지 못했다고 너무 **실망하지 않아도 돼**.
- ★ ○○이가 이번에도 게임에 져서 많이 **실망했구나**.
- ★ 즐거운 마음으로 소풍을 가고 싶었는데, ○○이가 먹고 싶은 간식을 챙겨주지 않아서 **실망이 컸겠구나**.

아이가 실수했을 때 부모가 실망하는 모습을 보이면 위축되고 숨으려고만 한답니다. 기대했던 대로 되지 않았더라도 새롭게 도전해 보는 분위기를 만들어 주면 더욱더 성장할 수 있고 타인에게도 너그러운 아이가 될 것입니다.

| Week 25 • Day 4   몸 튼튼, 마음 튼튼 즐거운 놀이

보자기 파라슈트

주변에서 쉽게 구할 수 있고 아이들도 좋아하는 공을 이용하여 즐거운 놀이를 할 수 있습니다. 아이들은 직접 만져보고 놀이하면서 세상을 배워가기 때문에 다양한 질감을 경험하는 것이 필요합니다. 다양한 크기와 재질의 공(플라스틱, 천, 나무, 고무 등)을 활용한 놀이는 아이들의 감각을 일깨우고 순발력과 민첩성을 기르는 데 도움을 줍니다.

준비물: 다양한 크기와 재질의 공, 보자기

1. 가족이 모두 함께 둥글게 모여서 다리를 벌리고 앉습니다.
2. 원의 가운데에 공을 넣고 상대방에게 공을 굴려 보냅니다.
3. 공을 전달받은 사람은 다른 사람에게 다시 공을 굴려 전달합니다.
4. 공이 굴러가는 속도와 공의 재질을 고려하여 공을 굴리는 힘을 조절합니다.
5. 자리에서 일어나서 보자기나 큰 천의 네 모서리를 마주 잡습니다.
6. 보자기 위에 공을 올리고 하나, 둘 구호에 맞추어 함께 공을 쳐서 올립니다.
7. 공의 높이와 떨어지는 속도를 살피면서 몇 번을 튕겼는지 숫자를 세어봅니다.

| Week 25 • Day 5　　마음과 생각을 키우는 그림책

물이 되는 꿈

물이 '물이 되는 꿈'을 꿉니다. 물은 꽃이 되는 꿈을 꾸고 강과 바다가 되는 꿈을 꿉니다. 이번에는 물이 별과 달, 새가 되는 꿈을 꾸면서 하늘로 갑니다. 그리고 비가 되어 내려와 돌과 흙이 되는 꿈을 꿉니다. 물은 산과 바다가 되는 꿈을 꾸고 다시 하늘로 올라갑니다.

루시드 폴 글,
이수지 그림,
청어람아이

가수 루시드 폴의 노래 '물이 되는 꿈' 노랫말을 그대로 그림책으로 만들었습니다. 또 책에 QR 코드가 있어 노래를 들으며 더욱 감각적으로 그림책을 만날 수 있죠. 물의 특성을 살린 아코디언 형식의 구조라서 마치 영화의 긴 장면을 감상하듯 아이가 더 이야기에 몰입할 수 있습니다.

투명한 컵 몇 개를 준비해 물의 양을 다르게 담고, 나무젓가락으로 컵을 두드려 컵 악기 놀이를 합니다. 음정이나 박자를 지키려고 하기보다 즐겁게 연주할 수 있도록 해 주세요. 그러면 아이의 예술적 표현과 컵 악기에 대한 과학적 탐구심도 향상될 것입니다.

 마음과 생각을 키우는 그림책 대화 질문

★ 그림을 보면 물이 어떻게 변하는 것 같니?
★ 물이 되어 여행을 떠날 때, 어떤 소리를 들을 수 있을까?
★ 만약 물이 없다면 세상은 어떻게 될까?

| Week 25 • Day 6   일상에서의 작은 여행과 탐험

골목길

  길을 걷다 우연히 고개를 돌려 발견한 골목길은 또 다른 감성을 불러일으키지요. 아이 혼자 골목길을 걷는 건 위험할 수 있지만, 오늘은 가족과 함께 우리 동네 골목길을 탐험해 봅니다. 그러면서 우리 집 주변에, 우리 동네에 무엇이 있는지 살펴봅니다.

  건물 사이로 난 골목길이 때로는 삭막한 분위기를 연출하기도 하지만, 주택 사이에 난 골목길은 사람 사는 냄새를 풍기기도 합니다. 우리 가족이 만난 골목길은 아이에게 어떤 서사로 남을까요? 그 서사를 추억하기 위해 아이가 직접 사진을 찍어보는 것도 좋습니다.

  아파트, 빌라, 주택, 높은 건물, 상가 등 다양한 건물 사이에 있는 골목길을 찾아볼까요? 골목길 탐험대의 대장은 아이입니다. 아이가 이끄는 대로 걸어가며 골목길을 찾아봅니다. 사전에 위험하거나 외진 곳은 다니지 말아야 한다는 안전교육을 해 주세요. 그래도 아이가 위험하거나 엉뚱한 길로 안내한다면 부모님이 살짝 힌트를 주어 다른 길을 제시해 주면 됩니다.

 뚜벅뚜벅 골목길 탐험

- ★ **우리 가족은 골목길 모델** 발견한 골목길에서 주제를 정해 가족사진 찍기(예: 마주 보고 찍기, 다양한 표정 짓기, 뒷모습 찍기, 걸으며 찍기 등)
- ★ **골목길 스토리** 골목길의 느낌, 특징, 우리 가족이 좋아하는 골목길 등을 서로 소개하기

| Week 26 • Day 1   마음이 자라는 오늘의 말

 ## 그랬구나

　아이가 화나 분노를 조절하지 못하고 소리 지르기나 물건 던지기, 친구 때리기와 같이 부정적인 행동을 할 경우, 우리는 그 행동에만 초점을 맞춰 옳고 그름을 따질 때가 있습니다. 아이의 마음을 보기보다는 그 행동을 사과하라고 하거나 규칙을 어긴 것에만 초점을 맞춰 행동 수정에 집중하기도 합니다. 물론, 위험한 행동에는 허용한계를 정해 단호하게 대처해야 합니다.

　이러한 지도를 하기 전에 우선 감정의 불바다가 된 아이의 마음을 살펴야 합니다. 감정의 불바다인 상태에서는 어떤 말도 들리지 않기 때문이지요. 제일 먼저 아이의 마음을 두드려주는 '감정의 소화기'가 필요합니다. "그랬구나!"라며 천천히 아이의 마음에 머물러줍니다. 아이의 행동 뒤에 어떤 메시지가 숨어 있는지 그 마음에 머무르면서, "그랬구나!"로 마음에 공감하며 토닥입니다. 불같이 화난 마음이 어느덧 잔잔한 마음으로 변하게 됩니다.

 부모의 말 습관

그랬구나! 화가 많이 나서 말을 하고 싶지 않았구나!

그랬구나! 엄마에게 솔직하게 말해줘서 고마워!

아! 그랬구나! 그런 일이 있었구나! 친구가 놀린다고 생각하면 충분히 화가 나고 친구가 미울 수 있지.

그랬구나! 그래서 엄마(아빠)에게 그런 말을 했구나!

| Week 26 • Day 2   슬기로운 생활습관과 안전

치약 짜는 방법

    아이가 치약을 짤 때 너무 많이 짜는 경우가 있습니다. 적절한 치약의 양을 잘 알지 못하거나, 조금만 짜려고 하다가도 너무 많은 양이 나오는 것처럼 적절한 양에 맞게 짤 수 있는 능력이 부족하기 때문일 수 있답니다. 아이가 적절한 치약의 양을 알고, 사용할 수 있도록 알려줍니다. 그러다 보면 아이는 점차 적절한 양의 치약을 사용할 수 있게 되고, 환경 오염을 예방하는 습관이 자연스럽게 길러집니다.

 이렇게 해 보세요

- **시각적인 가이드** 아이에게 적절한 치약의 양을 보여주는 시각적인 가이드를 제공해 주세요. 예를 들어, 치약의 양을 완두콩 크기 정도로 짜야 한다고 알려주세요.
- **점토 치약 놀이** 치약을 많이 짜서 양치하면 어떤 점이 불편하고 안 좋은지 이야기 나눠봅니다. 하얀 점토를 사용하여 완두콩 크기와 비슷한 모양을 만드는 놀이를 해 봅니다. 또 하얀 점토를 치약 모양처럼 길쭉하게 만든 다음, 칫솔 그림 위에 완두콩 크기의 양만큼 잘라 올려 놓아봅니다.
- **치약 위치** 아이가 쉽게 접근할 수 있는 위치에 치약을 두어 스스로 해 볼 수 있도록 합니다. 또한, 아이에게 실수해도 괜찮다는 것을 알려주고, 실수를 통해 배우는 과정을 격려합니다.

| Week 26 • Day 3   마음을 이해하는 감정 공부

무섭다

　유아기 아이들은 기억력과 상상력이 발달하면서 다양한 경험을 기억하고, 매체나 상황을 통해 상상하기를 즐겨합니다. 또 두려움, 공포감을 느꼈던 경험이나 상상 속에서 무서운 감정을 느끼기도 하지요. 이는 성장하는 과정에서 자연스럽게 느낄 수 있는 감정이므로, 아이가 무서움을 느낄 때 따뜻하게 다독여 주며 무엇 때문에 무서웠는지 말로 표현해 보도록 합니다. 무서운 감정을 말로 표현하는 것은 아이 스스로 무엇을 무서워하는지 알아차릴 수 있으며, 사전에 무서움을 예방하고 해결 방법을 찾아볼 수 있습니다.

감정을 표현하는 말

* 도깨비가 나오는 꿈을 꾸어 많이 **무서웠구나**. 엄마(아빠)가 옆에 있으니까 안심해도 된단다.
* ○○야, **무서웠던** 적이 있니? 언제 **무서웠는지** 이야기해 보자.
* ○○는 이럴 때 **무서운** 감정을 느꼈구나!

아이가 무서움을 느낄 때 '뭐가 무서워! 하나도 안 무서워!'라고 하면 아이는 자신의 마음을 몰라줘 서운한 마음이 들거나, 자신이 느끼는 이 감정이 옳지 못하다는 생각이 들어 상대방에게 마음을 표현하지 않으려고 합니다. 무서움은 누구나 느낄 수 있는 자연스러운 감정임을 알려주고, 그 마음에 공감해 주는 것이 필요합니다.

| Week 26 • Day 4   몸 튼튼, 마음 튼튼 즐거운 놀이

등 도화지

    종이 도화지에 그림을 그려본 경험이 있나요? 크레파스, 색연필, 사인펜, 물감 등 어떤 도구를 사용하느냐에 따라 모두 다른 느낌의 그림을 그릴 수 있답니다. 오늘은 색다른 그리기 도구를 활용하여 그림 그리는 놀이를 해 봅시다. 손가락으로 등에 그림이나 문자를 쓰는 적절한 자극을 줌으로써 감각이 발달되고, 서로 친밀감을 높일 수 있습니다. 등에 쓰이는 모양이나 단어를 맞히기 위해 집중함으로써 주의력과 집중력이 향상됩니다.

1. 서로 등을 대고 앉아서 몸을 움직여 등을 마사지합니다.
2. 한 사람이 뒤를 돌아 손가락으로 등을 살짝 터치한 후, 어떤 손가락으로 만졌는지 알아맞히는 놀이를 합니다.
3. 처음에는 한 손가락으로 터치하다가 점점 손가락의 숫자를 늘리거나 줄여서 변화를 줍니다.
4. 등에 단순한 모양(동그라미, 세모, 네모 등)을 그리고 어떤 모양인지 알아맞힙니다.
5. 이름이나 단어를 쓰고 알아맞힙니다.
6. 역할을 바꿔 놀이합니다.
7. 세 사람 이상 참여가 가능하면, 모두 줄지어 앉은 다음 맨 뒤 사람이 앞 사람의 등에 단어를 적고, 다음 사람이 그 앞사람의 등에 자신이 느낀 단어를 적어 맨 앞에 앉은 사람이 단어를 알아맞히는 게임을 할 수 있습니다.
8. 등 이외에 손바닥, 발바닥, 배 등의 다른 신체 부위로 응용할 수 있습니다.

| Week 26 • Day 5   마음과 생각을 키우는 그림책

마음 빨래

라미는 새 옷을 입고 기분 좋게 하루를 시작합니다. 하지만 옷에 새똥이 떨어지고, 비를 맞고, 넘어지기까지 합니다. 라미의 마음은 점점 까매지고, 기분은 무거워집니다. 라미는 숲속으로 걸어 들어가 그곳에서 마음 속에 생긴 까만 얼룩들을 만납니다. 라미는 얼룩을 피하지 않고 조심조심 빨기 시작하지요. 그러자 얼룩은 점점 작아지고 라미의 마음도 뽀송뽀송 깨끗해집니다.

남개미 글그림, 올리

어린아이는 자기감정을 인식하고 표현하는 방법이 서툽니다. 이 책은 '마음의 얼룩'이라는 은유적 표현이 시각적으로 표현돼서, 감정을 눈에 보이는 것처럼 느끼게 합니다. 또 뒤표지에는 아이와 함께할 수 있는 독후 활동지와 활동 자료가 수록되어 있습니다.

오늘 우리 가족은 어떤 부정적 감정을 느꼈을까요? 가족이 돌아가면서 자신의 감정을 소개하면, 다른 가족은 '힘내!'라고 말하면서 응원해 주세요. 그러면 우리 가족의 마음 얼룩도 사라질 것입니다.

 마음과 생각을 키우는 그림책 대화 질문

★ 주인공은 왜 울었을까?
★ 너도 마음이 슬펐던 적이 있니?
★ 마음 빨래를 하면서 주인공은 어떤 감정을 느꼈을까?

| Week 26 • Day 6   일상에서의 작은 여행과 탐험

산책로

　오랜 세월 살아온 동네여도 늘 익숙한 길로만 다니게 됩니다. 그러다 문득 새로운 길, 새로운 풍경을 보면 '어? 우리 동네에 이런 곳이 있었어?' 하며 놀라곤 합니다. 오늘은 아이와 함께 우리 동네 산책로를 따라 걸어보는 건 어떨까요?

　아이가 낯선 길, 낯선 풍경에 대한 두려움을 표현한다면 새로운 경험에 대한 즐거움을 느낄 수 있도록 분위기를 만들어 줍니다. 또 평소 호기심이 가득한 아이는 안전을 생각하기보다는 호기심을 먼저 표출하려고 할 수 있으므로 부모님과 손잡고 다닐 수 있도록 합니다.

　산책로를 걷다 보면 마주 걸어오는 동네 주민을 만나기도 합니다. 이럴 때 먼저 인사를 건네보면서 더불어 사는 마음을 느껴볼 수 있게 해 주세요. 또 산책로를 걷다가 갈림길이 나오면 아이가 원하는 방향으로 갈 기회를 주는 것도 좋습니다.

 우리 동네 산책로

* **꾸미는 말로 말해요** 산책로에서 보이는 풍경을 꾸미는 말로 말하기(예 : 사람들이 빠르게 걸어가요, 강아지가 나무 옆에 서 있어요 등)
* **어서 와 우리 동네는 처음이지?** 우리 동네 산책로의 자랑거리를 그림이나 글로 표현하기
* **생생정보** 우리 동네 산책로에 대해 새롭게 알게 된 점 소개하기

| Week 27 • Day 1   마음이 자라는 오늘의 말

노력해 보자

아이의 기질, 성향에 따라 새로운 것을 대하는 태도가 각기 다릅니다. 어떤 아이는 호기심이 강해 새로운 것에 두려워하지 않고 적극적으로 참여합니다. 또 어떤 아이는 낯선 생황이나 새로운 일에 시간이 필요해서 처음에는 두려워하여 시도를 못 할 때가 있습니다. 이 외에도 시작은 즐겁게 하였으나 활동이 어려워 중간에 포기할 때도 있지요. 따라서 아이들이 어떤 이유로 포기하거나 싫증을 느끼는지, 또 무엇 때문에 어려워하는지 파악하여 다시 한번 도전할 수 있게 격려해 주는 것이 필요합니다.

"잘했어!, 최고야!"와 같이 결과에 초점을 두는 칭찬보다 아이가 무엇을 노력하는지에 중점을 두어 격려해 주는 것이 좋습니다. 일상에서 '노력'이라는 말을 자주 사용하여 열심히 해 내고 있는 자신을 뿌듯하게 여길 수 있도록 도와주세요.

 부모의 말 습관

> ○○야, 신발 신기가 어렵구나. 엄마(아빠)가 끈 매는 것을 도와줄게. 나머지 이 부분은 네가 해 볼래? 처음에는 힘들겠지만, 자주 하다 보면 더 쉽게 할 수 있단다. **노력해 보자.**

> 이 블록으로 조립하는 것이 어렵구나. 이 블록과 저 블록을 연결하면 어떨까? 또 다른 방법은 없을까? 우리 포기하지 말고 **노력해 보자.**

> ○○가 색종이로 비행기를 접다가 찢어져서 속상했을 텐데, 포기하지 않고 다시 펴서 접어보려고 **노력하는구나!** 노력한다는 것은 참 대단한 일이란다!

| Week 27 • Day 2   슬기로운 생활습관과 안전

 ## 자주 화장실에 가고 싶어요

화장실에 다녀왔는데 10분 후 또 화장실에 가고 싶다고 하면, 아이에게 문제가 있는 것은 아닌지, 언젠가 실수하지는 않을지 걱정이 됩니다. 이때 아이를 다그치기보다는 정말 화장실에 가고 싶은지, 혹은 일부러 그런 건지 아이의 의도를 파악하는 것이 중요합니다. 자주 화장실에 가는 원인을 파악하고 이에 맞게 대처합니다. 화장실 사용은 심리적인 부분과도 관련이 있으므로 아이의 마음을 헤아려 즐겁게 화장실을 사용할 수 있도록 도와줍니다.

 이렇게 해 보세요

* **원인 찾기** 조금만 소변이 차도 예민하게 반응하기도 하고, 불안하거나 관심을 받고 싶을 때 화장실을 자주 찾습니다. 또한, 화장실을 '잠시 쉬는 공간'으로 여겨 자주 화장실을 가기도 합니다. 단, 하루 10회 이상 잦은 배뇨가 지속되거나 소변을 볼 때 통증, 혈뇨, 탁한 소변이 있을 때는 반드시 소아과 진료를 받습니다.
* **생활패턴 관찰** 아이의 생활패턴을 주의 깊게 관찰하여 화장실에 하루 몇 번 갔는지 간단한 표에 체크해 보세요. 화장실에 갔는데 소변이 거의 없거나 놀이 중에는 잘 참는다면 '가짜 신호'일 가능성이 있습니다.
* **규칙적인 패턴 만들기** 식사 후나 잠자기 전 등 화장실 가는 시간을 일정하게 조절해 예측 가능한 환경을 만들어 주면 불안감이 줄어듭니다.
* **편안한 환경 제공** 아이가 불안이나 스트레스를 느낄 때 부모가 먼저 초조해서 화장실을 자꾸 데려가기도 합니다. 걱정하기보다는 아이가 자기 마음을 표현할 수 있도록 편안한 환경을 만들어 줍니다.

| Week 27 • Day 3   마음을 이해하는 감정 공부

마음이 무겁다

　마음속에서 갈등이 생겼을 때 어떤 결정을 하는 것이 옳은지 판단하기 어려우면 마음이 무거워집니다. 무거운 마음이 들면 표정도 어두워지고 생각도 많아지지요. 마음과 행동이 일치되지 않을 때 양쪽을 모두 만족시키는 결과를 이끌어내기가 어렵습니다. 내가 세운 기준 때문에 좋고 나쁨을 단정 짓지 말고, 자신을 긍정적으로 바라보는 연습이 필요합니다. 그러면 어느 순간 감정에 치우치지 않고 문제가 해결되어 저절로 무거운 마음도 사라질 것입니다.

감정을 표현하는 말

- ★ 둘 다 소중한 친구인데 한 명만 짝을 정하게 되어 **마음이 무겁구나**.
- ★ ○○의 생일 파티에 동생을 떼어놓고 혼자만 가려니 **마음이 무겁겠네**.
- ★ 서로 양보하지 않고 형제끼리 다투는 모습을 보니 **마음이 무겁다**.
- ★ 하기 싫은 청소를 내일 또 해야 한다고 생각하니 벌써 **마음이 무겁구나**.
- ★ 엄마(아빠)는 ○○이가 원하는 만큼 충분히 놀아주고 싶지만, 시간을 낼 수 없어서 **마음이 무겁단다**.

　세심하게 관찰하다 보면 아이의 표정에서 무거운 마음을 읽을 수 있습니다. 이때 '그렇게 생각하고 있구나', '그런 마음이구나'라는 말로 공감해 주고 응원해 준다면 아이가 자신을 긍정적으로 바라볼 기회가 될 것입니다.

| Week 27 • Day 4   몸 튼튼, 마음 튼튼 즐거운 놀이

동그라미 체조

아이들은 아무 도구 없이 맨몸으로 놀거나 움직이는 것도 좋아합니다. 하루를 시작하는 아침이나 가족이 모인 저녁 시간에 하루의 피로를 풀 듯, 즐거운 체조를 해 봅시다. 하나, 둘, 셋, 넷 구령에 맞춰 신체의 각 관절을 동그랗게 움직이며 스트레칭과 관절운동을 합니다. 신체 놀이를 하기 전후에 이 체조를 하면 자연스럽게 준비운동과 마무리 운동이 됩니다.

1 다리를 어깨너비로 벌리고 바른 자세로 마주 섭니다.
2 머리 돌리기 머리를 앞뒤로 움직인 후 시계 방향으로 4회, 반대 방향으로 4회 동그랗게 그리며 돌립니다.
3 어깨 돌리기 양손을 어깨에 올리고 앞으로 4회, 뒤로 4회 동그랗게 돌립니다.
4 손목 돌리기 두 팔을 쫙 펴고 손목을 안에서 밖으로 4회, 밖에서 안으로 4회 동그랗게 돌립니다.
5 허리 돌리기 양손으로 허리를 짚고 왼쪽으로 4회, 오른쪽으로 4회씩 동그랗게 돌립니다.
6 무릎 돌리기 양손으로 양쪽 무릎을 잡고 왼쪽으로 4회, 오른쪽으로 4회씩 동그랗게 돌립니다.
7 발목 돌리기 한발씩 번갈아 발끝을 바닥에 대고 안에서 밖으로 4회, 밖에서 안으로 4회 동그랗게 돌립니다.

| Week 27 • Day 5   마음과 생각을 키우는 그림책

싸움 말개

충간소음, 친구 간 갈등, 부부 다툼 등 싸우는 소리만 들리면 커다란 김발을 들고 나타나 다투는 사람들을 돌돌 말아버리는 '싸움 말개'. 김발 안에서 데굴데굴 구르며 서로를 이해하게 된 사람들은 마음을 풀고 화해합니다.

박민주 글그림, 책읽는곰

이 책은 아이가 자기 입장만을 내세우기보다 다른 사람의 생각과 감정을 이해하고 존중할 수 있도록 도와줍니다.

그림책의 싸움 말개처럼, 자신이 싸움 말개라면 친구와 다투었을 때 어떤 방법으로 화해를 시킬지 이야기를 나누어 보세요. 이번에는 싸움 말개가 되어 큰 천이나 이불을 김발 삼아 가족이 번갈아 들어가 '돌돌 말기 놀이'를 하며, 웃음 속에서 갈등을 풀어보세요. 데굴데굴 구르면서 웃다 보면 기분이 좋아질 거예요. 그리고 오늘은 각자 좋아하는 재료를 골라 함께 김밥도 만들어 보세요.

 마음과 생각을 키우는 그림책 대화 질문

* 싸움 말개는 왜 싸우는 소리를 싫어했을까?
* 김발 속에서 사람들의 마음이 어떻게 바뀌었지? 왜 달라졌을까?
* 네가 싸움 말개라면 어떤 방법으로 사람들을 화해시킬까?

| Week 27 • Day 6   일상에서의 작은 여행과 탐험

가로수 길

　도로를 따라서 나무들을 줄지어 심어 놓은 가로수 길은 명화 속 한 장면을 연출합니다. 길을 걷다 무심코 고개를 들었을 때 나뭇잎이 펼치는 멋진 장관을 보면 자연스럽게 카메라를 꺼내기도 하지요.

　유명한 이름을 가진 가로수 길도 있지만, 오늘은 우리 동네에 있는 가로수 길을 찾아볼까요? 가로수 길을 걸으며 어떤 나무가 있는지 이름 맞추기 놀이를 해 봅니다. 또 떨어진 나뭇잎으로 나뭇잎 날리기도 해 봅니다. 가로수 길을 바라보는 아이의 표정을 카메라에 담고, 가로수 길을 배경으로 우리 가족 사진을 찍는 것도 또 하나의 추억 앨범이 될 것입니다.

　어떤 날은 같은 가로수 길을 아침, 점심, 노을 지는 저녁에 찾아가 보세요. 시간에 따라 만나는 가로수 길을 감상하고 그 느낌을 말로 표현해 보면서 아이의 감성도 깊어집니다.

 가로수 길을 걸어요

- **나무와 나무 사이** 나무와 나무 사이는 몇 걸음일지 예측한 다음 걸어보기
- **가로수 길 만들기** 가로수 길에서 주운 자연물로 나만의 가로수길 만들어 걸어보기
- **나무와 교감해요** "나무야, 고마워"라고 말하며 나무를 토닥여주기, 나무 밑동에 앉아 눈 감고 자연의 소리와 바람 느껴보기

| Week 28 • Day 1   마음이 자라는 오늘의 말

 ## 해냈구나

　아이가 바른 행동을 했을 때, 무언가를 잘 해냈을 때 등 긍정적인 행동을 보이면 칭찬이나 격려를 합니다. 부모가 건네는 칭찬과 격려의 말은 아이의 자신감을 북돋워 주어 긍정적인 행동을 반복하는 데 도움이 됩니다. 좋은 습관은 타인에 의해 만들어지는 것이 아니라, 자신이 무엇을 노력해야 하는지 스스로 알아차리는 것에서 시작합니다. 무언가를 알아차린다는 것은 반복해서 자신의 것으로 만드는 바탕이 되지요. 하나의 습관으로 자리 잡기까지 엄청난 노력이 필요하며, 거기에 즐거움도 있어야 더 빠르게 습관이 형성될 수 있답니다.

　아이들은 칭찬과 격려의 말을 들으면 그 행동을 기억하고 다시 해 보려고 합니다. 다른 사람의 칭찬과 격려는 마음을 더 즐겁게 하므로 다음에 그 행동을 더 수월하게 할 수 있습니다. 오늘은 격려의 말 중에 "해냈구나!"를 사용해 봅시다. 아이는 "해냈구나!"라는 말에 자신의 용기와 노력이 얼마나 대단한지 느끼게 되어 해냄의 벅차오름을 만끽할 수 있을 것입니다.

 부모의 말 습관

> 오늘은 용기 내어 친구들에게 인사를 해서 엄마(아빠)는 참 기뻐! 드디어 해냈구나!

> '왼쪽, 오른쪽 살피기' 미션을 오늘도 해냈구나!

> 이 옷은 작은 단추가 많아 끼우기 힘들었을 텐데, 포기하지 않고 끝까지 단추를 끼웠네! 이 힘든 일을 해냈구나!

| Week 28 • Day 2   슬기로운 생활습관과 안전

 ## 소변 실수를 자주 하는 아이

　아이가 놀이 중이나 일상생활 중에서 소변 실수를 하는 경우가 있습니다. 또는 잠자리에서 실수하기도 하고요. 이 시기는 비뇨기계나 신체 발달이 미숙하여 조절이 어려울 수 있고, 스트레스나 불안, 흥분 등 감정적인 변화로 소변 실수를 할 수 있습니다. 또 화장실 이용에 관한 적절한 교육이나 습관 형성이 이루어지지 않을 때도 발생할 수 있답니다. 부모와 아이 모두 스트레스받지 않으려면, 아이의 소변 실수 행동이 자연스럽게 변할 수 있도록 기다리는 시간이 필요합니다. 아이가 노력이 조금이라도 보이면 구체적으로 격려해 주세요.

 이렇게 해 보세요

- **비난보다는 격려** 부모의 화나 비난 또는 창피 주기는 아이의 불안을 키워 실수를 더 반복하게 만들 수 있습니다. "괜찮아, 엄마도 예전에 실수 많이 했어"와 같이 차분히 공감하며 격려해 주세요.
- **환경 점검** 아이가 스스로 갈 수 있게 화장실 가는 길부터 화장실까지 환하고 편안하게 만들어 줍니다. 밤에는 작은 무드 등을 켜주면 편안하게 다녀올 수 있을 겁니다.
- **옷차림 점검** 화장실에서 쉽게 벗고 입을 수 있는 고무줄 바지를 입히고, 멜빵이나 단추가 많은 옷은 피합니다. 화장실에서 아이 스스로 관리할 수 있는 옷이 좋습니다.
- **화장실 시간** 아이와 함께 화장실 가는 시간을 정해봅니다. 먼저 화장실 가는 시간과 횟수를 체크한 다음, 화장실 가는 시간을 정한다면 생활패턴이 정교해져서 아이가 소변 실수하는 횟수가 줄어듭니다.

| Week 28 • Day 3   마음을 이해하는 감정 공부

기쁘다

　무언가를 충족하거나 바라던 것이 이루어질 때 '기쁘다'라고 말합니다. 또 흐뭇하거나 만족스러운 일이 있을 때도 기쁨을 표현하지요. 하루를 살아가면서 기뻤던 순간이 있다면 하루의 마무리는 더 행복해집니다.

　'하루'라는 시간 동안 다양한 희로애락이 펼쳐지지요. 이때 우리의 마음은 긍정의 감정보다 부정의 감정에 더 집중할 때가 있습니다. 행복한 하루를 위해 긍정의 감정을 더 기억하고 자주 표현하는 것이 필요합니다. 아이가 기쁨의 감정을 느끼며 표현할 수 있게 일상에서 기뻤던 순간을 함께 나눠보세요. 함께 나누면 기쁨은 배가 될 것입니다.

감정을 표현하는 말

- 엄마(아빠)는 오늘 맛있는 음식을 먹어서 참 **기뻤어**. ○○는 언제 **기뻤니?**
- ○○가 오늘은 울지 않고 즐겁게 유치원(어린이집)에 가서 무척 **기뻤어.**
- 신발을 가지런히 정리해 놓았구나. 신발을 잘 정리해서 무척 **기쁘구나.**
- 거울을 보고 **기쁜** 표정을 지어볼까? **기쁜** 표정을 지어보니 어떠니?

　아이들은 다양한 감정을 표정이나 몸짓으로 표현하지만, 말로 표현하는 데는 어려움이 있습니다. 일상에서 다양한 감정 카드를 이용하여 자신의 감정을 말로 표현하는 것이 필요합니다. 또 소소한 것에도 기쁨을 느낄 수 있게 무엇 때문에 기쁜지 구체적으로 이야기 나눠보세요. 아이는 기쁨의 의미를 자연스레 느끼게 됩니다.

| Week 28 • Day 4   몸 튼튼, 마음 튼튼 즐거운 놀이

지시대로 문어 놀이

   균형과 중심 잡기는 일상에서 다양한 활동을 하는 데 도움이 됩니다. 이 놀이는 지시대로 움직여 균형을 잃게 함으로써 다시 중심 잡기를 배울 수 있는 놀이입니다. 몸을 움직이며 다양하게 중심을 잡아봄으로써 균형감각을 발달시킵니다.

1. 바닥에 엉덩이를 대고 무릎을 세우고 앉습니다.
2. 양손을 엉덩이 옆에 내려놓아 두 손과 두 발이 모두 바닥을 짚습니다.
3. '오른손 들어'라고 지시하면 바닥에서 오른손을 떼는 등 지시에 따라 행동합니다.
4. 도전 과제를 추가하여 한 다리와 한 손을 동시에 들게 하거나 양손과 한 다리를 들게 지시합니다.(예: '오른손 들고 왼발 들어', '왼손 들지 말고 오른손 들어' 등)
5. 지시대로 움직이는 놀이가 익숙해지면 엉덩이를 바닥에서 떼고 두 손과 두 발로 균형을 잡게 합니다.
6. 아이가 균형을 잡기 어려워하면 흔들리지 않게 잡아줍니다.
7. 두 손과 두 발만 바닥에 짚은 상태에서 지시대로 움직이기 놀이를 합니다.(이때는 한 손 또는 한 발을 들도록 지시합니다)
8. 네 발로 엎드린 자세에서 지시대로 움직이는 놀이를 해 봅니다.

| Week 28 • Day 5   마음과 생각을 키우는 그림책

가만히 들어주었어

　소중한 장난감이 부서져 슬픔에 빠진 테일러에게 닭, 곰, 코끼리, 여우가 다가와 위로해 주지만, 모두 마음에 닿지 않았습니다. 그때 조용히 다가온 토끼는 아무 말과 행동도 조언하지 않고 그저 곁에 앉아 끝까지 가만히 들어주었지요. 테일러는 다시 웃을 수 있는 위로를 받게 됩니다.

코리 도어펠드 글그림, 신혜은 옮김, 북뱅크

　이 책은 아이가 속상할 때 "얼른 잊어버려"라며 재촉하거나, "다시 시작하면 돼"라며 답을 먼저 주는 것이 아니라, 그저 기다려주고 들어주는 법을 알려줍니다. 부모에게는 '곁에 있는 것만으로 충분하다'는 위로를, 아이에게는 '누군가 들어주는 존재가 있다'는 안전감을 전해줍니다.

　하루 5분 동안 가족이 돌아가며 자신의 기분을 말하고, 다른 사람은 중간에 말하지 않고 조용히 들어주는 시간을 가져보세요. 또는 오늘의 감정을 그림이나 색으로 표현한 후, 서로 이야기를 나누며 조용히 들어주는 연습을 해 보세요.

 마음과 생각을 키우는 그림책 대화 질문

★ 테일러는 왜 토끼와 있을 때 가장 편했을까?
★ 너는 속상할 때, 엄마 아빠가 어떻게 해 주면 제일 좋아?
★ 우리 가족은 토끼처럼 서로 들어주는 시간이 언제 필요할까?

| Week 28 • Day 6   일상에서의 작은 여행과 탐험

 # 동네 공원

  탁 트인 공간, 사철나무의 초록빛을 두 눈에 담고 시원한 공기를 마시는 순간, 아이와 어른 모두 푸르른 자연의 마음을 품게 됩니다.

  우리 동네에는 어떤 공원이 있을까요? 산이나 바다 같은 자연 지형을 공원으로 지정하는 자연공원이 있지만, 대부분은 아동공원, 근린공원, 호수공원, 체육공원, 대공원 등 다양한 명칭으로 불리는 도시공원이 있습니다.

  오늘은 새로운 시선으로 우리 동네 공원에 가 볼까요? 먼저 아이와 함께 공원에 있는 다양한 시설물 찾기를 해 봅니다. 공원 지도가 있다면 사진을 찍어 찾아보는 것도 좋습니다. 공원에 있는 운동기구, 벤치, 아름답게 꾸며진 산책길을 찾아보고, 이용해 보세요. 또 공원에서 만나는 사람들에게 먼저 "안녕하세요?"라고 인사말을 건네는 경험을 통해 사회성이 길러질 것입니다.

 공원 가는 날

* **인사하자!** 공원에서 만나는 어른들께 '안녕하세요?' 인사하기
* **솔방울 놀이** 솔방울 촉감 느끼기, 솔방울로 구성하기, 솔방울 골프(나뭇가지가 달린 솔방울로 작은 열매나 다른 솔방울을 치기)
* **공터에서 놀자!** 무궁화꽃이 피었습니다, 비석 치기, 딱지치기, 제기차기, 한 발 뛰기, 달리기 등

여덟 번째 달

| Week 29 • Day 1   마음이 자라는 오늘의 말

 ## 선택해 볼까?

　선택은 두 가지 이상 중에서 하나를 고르는 것을 의미합니다. 어떠한 선택을 하는지를 보면, 그 사람의 성향과 특성, 기호 등을 알 수 있습니다. 성향이나 기질에 따라 선택하는 것이 쉬운 사람이 있는가 하면, 선택하는 일이 참 고민되고 어려워 주저하는 사람도 있지요. 이처럼 어른들에게도 선택은 참 쉽기도 하고 어렵기도 한 일입니다. 그럼, 아이들은 어떨까요?

　아이마다 다를 수 있지만, 무언가를 선택하는 것은 책임감도 따르기에 연령이 올라갈수록 선택하는 데 많은 시간이 요구됩니다. 자신의 선택을 통해 내가 무엇을 좋아하고 싫어하는지, 어떻게 해야 하는지 알아차릴 시간이 필요하기 때문입니다. 특히 이 시기는 자율성이 발달하는 시기라 스스로 선택하는 경험을 통해 자신의 욕구를 조절하는 방법을 배우게 되지요. 아주 작은 것이라도 선택해 보는 경험으로 자율성을 기를 수 있도록 도와주세요. 자율성은 홀로서기의 토대가 되며, 새로운 것을 도전해 보는 출발점이 됩니다.

📝 부모의 말 습관

○○야, 바로 놀이터에 갈래? 물을 한 잔 마신 다음에 놀이터에 갈래? 어떻게 할 것인지 선택해 볼까?

여기에 여러 색종이가 있네. 몇 장을 사용할 것인지 선택해 볼까?

○○야, 이 놀이는 시간이 정해져 있어서 더 놀고 싶다면 한 번만 더 놀지, 아니면 두 번을 더 놀지 결정을 해야 해. 어떻게 할지 선택해 볼까?

대변을 어떻게 닦아야 하나요?

　아이가 초등학교 입학을 앞두었을 때 많은 부모님은 아이의 대변 뒤처리를 걱정합니다. 옆에 있을 때는 도와줄 수 있지만, 그렇지 못한 상황에서는 과연 아이가 스스로 깔끔하게 잘 닦을 수 있을지 걱정이 됩니다. 이 시기 아이들은 아직 협응 능력이 부족하고, 청결에 대한 개념이 형성되어가는 중이므로 아이의 특성을 고려하여 적절한 배변 지도를 합니다.

 이렇게 해 보세요(그림책 『슈퍼 히어로의 똥 닦는 법』을 참고)

* **휴지 준비하기** 휴지를 6칸 정도 뽑아 접어서 손바닥 크기로 만듭니다. 너무 많이 뽑지 않도록 놀이처럼 "한 칸, 두 칸, 세 칸"하고 함께 세어봅니다.
* **엉덩이 들기** 엉덩이를 위로 살짝 치켜들고 휴지를 든 손을 엉덩이 밑으로 가져가 항문에 댑니다. 넘어질 것 같으면 반대편 손으로 바닥을 짚습니다.
* **앞에서 뒤로 닦기** 휴지를 항문에 댄 채 다섯 손가락을 오므리고 세균이 번지지 않도록 앞에서 뒤로 한 방향으로만 닦습니다. 여자아이는 요로감염 예방을 위해 꼭 앞→뒤 방향을 지켜야 합니다.(풍선 두 개를 불어 나란히 붙인 후에 화장지로 닦는 방법을 보여줍니다. 아이가 풍선으로 몇 번 연습을 한 다음, 대변 후에 직접 해 보게 합니다. 풍선 대신 인형을 이용해도 좋습니다)
* **확인하고 마무리하기** 닦은 휴지를 살짝 확인한 뒤, 대변이 묻어 있으면 '휴지가 하얘질 때까지' 새 휴지로 다시 닦은 후 옷을 입습니다. 사용한 휴지는 변기에 넣고 물을 내립니다. 휴지를 한꺼번에 너무 많이 넣으면 변기가 막힐 수 있으니 조심하도록 알려줍니다. 마지막에는 비누 거품으로 뽀드득 깨끗하게 손을 씻습니다.

| Week 29 • Day 3   마음을 이해하는 감정 공부

안타깝다

뜻대로 되지 않아서 가슴이 답답한 기분을 '안타깝다'라고 표현합니다. 대부분 안타까운 감정은 결과에 대해 아쉽거나 계획대로 되지 않았을 때 느껴지는 부정적인 감정에 속합니다. 성적이 안 좋게 나왔을 때, 키우던 동물과 이별하게 되었을 때, 안타까운 감정이 강하게 들겠지요. 이러한 안타까운 감정을 통해 아이들은 조금씩 성숙해지는 기회가 되기도 합니다. 오히려 성장을 돕는 긍정적인 기회로 만들어 보는 건 어떨까요?

감정을 표현하는 말

* 이번에는 크게 만들도록 도와주고 싶은데, 재료가 모자라서 **안타깝다**.
* 마지막으로 한 개만 더 쌓으면 되는데, 완성을 못 해서 **안타깝구나**.
* 한 번만 더 하면 잘할 수 있을 텐데 기회가 지나가서 **안타깝구나**.
* 이 그림책의 주인공이 원하는 대로 되지 않아 **안타까운** 마음이야.
* **안타깝게도** 이번 게임은 우리 팀이 아슬아슬하게 졌네. 다시 도전해 보자.
* 이제 더 이상 ○○를 못 보게 되어 **안타까운** 마음이야.

어른에게는 대수롭지 않은 일이라도 아이는 강하게 느끼는 감정일 수 있습니다. 아이의 마음을 읽어주고 깊이 공감해 준다면 좋은 관계를 형성할 수 있을 것입니다.

| Week 29 • Day 4   몸 튼튼, 마음 튼튼 즐거운 놀이

몸 깨우기

　우리 몸은 움직이지 않고 가만히 있을 때보다 다양하게 움직일수록 건강해지고, 활력도 생깁니다. 몸의 각 부분을 하나씩 잠에서 깨우듯 움직여 봅니다. 이 놀이는 몸에 집중해 보고, 몸의 각 부분을 내가 원하는 대로 움직여 보는 놀이입니다. 자기를 인식하고, 신체의 협응 능력도 발달시키는 데 도움이 됩니다. 아울러 아이가 신체 각 부분의 이름을 알아보고 움직임의 범위를 느끼면서 자신의 몸을 조절해 보는 경험을 하게 됩니다.

1. 아이와 마주 보고 얼굴에 있는 눈, 코, 입, 귀, 이마, 볼 등을 손으로 짚어보는 놀이를 합니다.(예: "눈은 어디 있나?", "입은 어디 있을까?")
2. 팔꿈치, 종아리, 발바닥, 허벅지 등 신체 부위를 찾아보고 움직이거나 흔들어 보도록 합니다.
3. 아이와 마주 보고 '머리, 어깨, 무릎, 발' 노래에 맞춰 신체 부위를 짚어봅니다.
4. 노래가 끝나면 "머리끼리 만나보자", "무릎끼리 만나보자"라는 식으로 말하며 자석처럼 서로 몸을 붙여봅니다.
5. 이번에는 아이가 원하는 신체 부위를 말해 보게 하여 아이가 표현하는 대로 신체 부위끼리 서로 자석처럼 붙입니다.(이때 소중한 부위는 서로 조심하도록 사전에 이야기해 봅니다)
6. 놀이가 익숙해지면 각자 자신의 신체끼리 자석처럼 붙이는 놀이를 합니다.(팔꿈치–무릎, 손가락–발가락 등)

| Week 29 • Day 5   마음과 생각을 키우는 그림책

슈퍼 히어로의 똥 닦는 법

슈퍼 히어로 '짱짱맨'이 전투 중에 똥이 묻은 팬티 얼룩이 들통나 뉴스에 보도되는 등 크게 망신을 당합니다. 숨어지내던 짱짱맨은 우연히 본 신문에서 알게 된 똥도사를 찾아가 '육칸·쪼그려·앞뒤·뽀드득 권법'으로 올바른 똥 닦는 법을 배웁니다. 연마 끝에 다시 돌아온 짱짱맨은 깨끗한 뒤처리와 자신의 참모습을 보여주면서 진짜 영웅으로 회복하게 되지요.

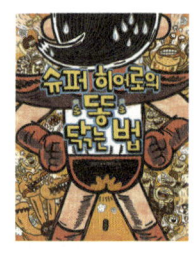

안영은 글, 최미란 그림,
책읽는곰

이 책은 아이가 똥 닦는 법에 대해 재미있고 구체적으로 배울 수 있도록 안내합니다. 또한, 짱짱맨처럼 망신이나 실패를 딛고 이겨내는 힘을 알려줍니다.

짱짱맨이 망신당했을 때의 기분과 나라면 어떻게 했을지 이야기 나누어 봅니다. 휴지(여섯 칸 접기), 앞→뒤 동작, 손 씻기까지의 순서를 인형을 이용해 연습해 봅니다. 또 '육칸 - 쪼그려 - 앞뒤 - 뽀드득' 4단계 권법을 그려서 우리 집 화장실에 붙이고 실천해 보세요.

 마음과 생각을 키우는 그림책 대화 질문

★ 짱짱맨이 망신당했을 때 어떤 기분이었을까? 나라면 어떻게 했을까?
★ '육칸 권법'이 왜 필요할까?
★ 만약 휴지가 여섯 칸보다 적거나 많으면 어떻게 될 것 같니?

| Week 29 • Day 6   일상에서의 작은 여행과 탐험

 # 놀이터

　아이들이 예전보다 실내에서 생활하는 시간이 많다 보니 교육부에서는 유아교육 기관에 특별한 상황이 아니면 매일 실외 놀이를 하도록 권장하고 있습니다. 그만큼 아이들이 신체 운동을 할 기회나 범위가 많이 줄어들고 있기 때문입니다.

　동네마다 놀이터가 있습니다. 아이의 연령에 따라 이용할 수 있는 놀이기구가 제한되어 있으므로 아이의 신체 운동능력을 파악한 뒤 이용할 수 있는 놀이기구를 안내해야 합니다. 아이는 놀이기구를 이용하면서 자신의 신체 운동능력을 인식할 수 있고, 더 높은 운동능력을 위해 도전하기도 합니다. 또래 친구를 만나 같이 놀이하는 경험을 통해 놀이기구를 안전하게 타는 방법과 차례를 지키는 것 등 사회성의 기초를 형성하기도 합니다. 그럼, 아이들의 웃음소리가 가득한 놀이터로 가볼까요?

 우리 동네 놀이동산, 놀이터

- ★ **즐거운 기구 놀이** 올라갈 때 "후!", 내려갈 때 "하하!" 감정 리듬 놀이하며 시소 타기, 가위바위보 해서 이긴 사람이 정글짐 한 칸 올라가기
- ★ **재밌는 모래놀이** 깃발 쓰러트리기, 물길 만들기, 두꺼비 집 짓기, 모래성 쌓기, 모래 위에 나뭇가지로 가족 이름 쓰기
- ★ **신나는 소통 놀이** 가족과 함께 공놀이, 가족이 벤치에 앉아 말놀이하기(예 : 끝말잇기 놀이, 초성 글자 놀이, 두 글자 말하기 놀이 등)

| Week 30 • Day 1   마음이 자라는 오늘의 말

 ## 덕분에

우리말에는 참 따뜻한 말이 많습니다. 여러분은 상대가 따뜻한 말을 건네면 기분이 어떤가요? 따뜻한 말은 나와 다른 사람의 마음과 마음을 이어주고, 말의 향기가 오래 남아 더 온화해진답니다. 오늘은 따뜻한 말 중에서 '덕분에'라는 말을 해 보세요. '덕분에'는 다른 사람이 도움을 주거나 고마울 때 많이 사용하는 말입니다. 이 말은 하는 사람과 듣는 사람 모두를 기분 좋게 하므로, 서로에게 소소한 행복을 선사합니다.

어떤 말을 사용하느냐에 따라 그 말의 힘이 달라질 수 있습니다. '덕분에'와 비슷한 말로 '때문에'가 있습니다. 얼핏 보기에는 별 차이가 없는 듯해 보이지만, 느낌은 사뭇 다릅니다. '덕분에'는 다른 사람을 위하는 마음이 들고, '때문에'는 다른 사람을 탓하는 마음처럼 들릴 수 있습니다. 이처럼 말 한마디가 다른 사람의 마음을 기쁘게 하거나 상처가 될 수 있지요. 아이의 마음이 늘 기쁘고 행복할 수 있게 '덕분에' 말을 사용해 보세요.

 부모의 말 습관

> ○○가 동생을 도와주고 있구나! ○○ 덕분에 엄마(아빠)가 다른 일을 할 수 있었어. 고마워!

> 와! 꽃을 이런 방법으로 접을 수 있구나! ○○ 덕분에 엄마(아빠)도 새로운 방법을 알게 되었단다.

> ○○가 엄마(아빠)에게 '사랑해'라고 말해준 덕분에 엄마(아빠)의 마음이 더 행복하단다.

| Week 30 • Day 2   슬기로운 생활습관과 안전

재미있는 주방 도구

주방 도구로 놀이하는 것은 감각 발달을 촉진하고 안전한 생활 습관을 기를 수 있는 좋은 방법입니다. 주방 도구는 생활에서 자주 사용하는 물건이지만, 날카롭거나 뜨거운 물건도 있으므로 올바른 사용법과 주의할 점을 알려 주어야 합니다. 주방 도구의 이름과 쓰임새를 자연스럽게 익히고 '이 도구는 어른과 함께 써야 해요'와 같은 규칙을 만들면서 즐겁고 안전하게 놀이 해 보세요.

 이렇게 해 보세요

- **난타 놀이** 아이와 함께 냄비, 국자, 젓가락, 도마 등 다양한 주방 도구를 살펴보며 안전하게 사용하는 방법에 관해 이야기를 나눠보세요. 그런 다음 다양한 주방 도구를 두드려보며 음악에 맞춰 난타 놀이를 해 봅니다. 소리의 차이를 느끼며 즐겁게 놀다 보면 자연스럽게 도구의 재질과 쓰임새도 익힐 수 있습니다.
- **주방 도구 소꿉놀이** 냄비, 프라이팬, 국자, 뒤집개 등을 가지고 가상 요리 놀이를 해 보세요. "보글보글~ 냄비에 국이 끓고 있어요. 뜨거우니 조심하세요. 진짜로 끓일 때는 어른이 국자를 사용해서 국을 떠야 하는 거 알죠?", "지글지글~ 프라이팬에 계란이 익어가요. 뒤집개로 살짝 뒤집어볼까요?" 이렇게 실제 요리하는 것처럼 해 보고 다양한 소리를 내며 안전한 사용법과 주방 예절을 익힐 수 있습니다.
- **정리 놀이** 놀이가 끝나면 "요리가 끝나면 주방 도구를 깨끗이 닦고, 제자리에 넣어볼까요? 도마는 어디 있었지?"라고 말하며 사용한 도구를 정리하는 놀이를 합니다.

| Week 30 • Day 3   마음을 이해하는 감정 공부

지루하다

'지루하다'는 느낌은 시간이 오래 걸리거나 같은 상태가 오래 계속되어 답답하고 싫증이 날 때 느끼는 감정입니다. 진행되는 속도가 너무 느리거나 변화가 없을 때, 원하는 것을 오래 기다려야 할 때도 지루함을 느끼게 됩니다. 역동적이고 다채로운 경험이 없거나 흐름에 변화가 없어 지루함을 느낄 수도 있습니다. 아이의 성향에 따라 지루함을 느끼는 시간이 다를 수 있습니다. 때로는 지루함을 느낄 때 여유롭게 주변을 살필 수 있고 평소 관심을 주지 않았던 사물을 찾아내는 기회가 되기도 한답니다.

감정을 표현하는 말

- ★ 공연이 시작하기를 기다리기가 너무 **지루하다**.
- ★ ○○이는 똑같은 놀이만 자꾸 반복해서 그 애랑 노는 것이 **지루하구나**.
- ★ 오늘은 하루 종일 아무것도 안 하고 집에만 있어서 **지루했겠다**.
- ★ 전화 통화가 끝나기를 기다리다가 **지루해서** 잠이 들었어.
- ★ 오늘 읽어준 그림책은 너무 길어서 **지루하게** 느껴졌구나.

변하지 않는 것에 안정감을 느끼는 아이도 편안함이 너무 지속되면 지루해하기도 한답니다. 그렇다고 아이의 지루해하는 느낌을 없애기 위해 모든 일상이 흥미 위주로만 흐르도록 애쓸 필요는 없습니다.

| Week 30 • Day 4   몸 튼튼, 마음 튼튼 즐거운 놀이

거울 되기

　우리는 종종 거울에 비친 내 모습을 보게 됩니다. 하루에도 여러 번 거울에 비친 모습을 살피다 보면 마치 거울이 내 모습과 동작을 따라 하는 것처럼 느껴지기도 하지요. 오늘은 거울처럼 몸의 움직임과 표정을 따라 하는 놀이를 해 봅시다. 우리 몸은 움직일 때마다 방향과 동작의 크기가 달라서 얼굴과 몸의 움직임을 자세히 살펴야 잘 표현할 수 있습니다.

준비물: 거울

1. 아이와 함께 거울에 얼굴을 비추고 눈, 코, 입 귀, 볼, 턱을 손으로 가리키며 다양한 표정을 지어봅니다.
2. 몸이 비치도록 거울 앞에 서서 머리, 팔, 다리 등을 움직여 봅니다.
3. 거울에 비친 모습을 살피며 여러 가지 움직임을 시도합니다.(재미있는 표정 짓기, 팔 벌리기, 다리 올리기 등)
4. "이번에는 우리가 거울이 되어보자"라고 하며 서로 마주 보고 섭니다.
5. 아이가 따라 하기 쉬운 동작(한쪽 팔 들기, 손바닥 펼치기)을 보여주고 거울에 비친 사람처럼 따라 하게 합니다.
6. 아이가 원하는 동작을 하고, 부모는 거울 역할을 하며 아이를 따라 합니다.
7. 번갈아 가며 거울이 되어보고, 익숙해지면 조금씩 어려운 동작을 표현하고 따라 해 봅니다.

✓ 처음에는 시간 차이를 두어 따라 해 보고, 차츰 거울처럼 동시에 따라 해 봅니다.

| Week 30 • Day 5   마음과 생각을 키우는 그림책

아이스크림 걸음

박종진 글, 송선옥 그림, 소원나무

　선동이는 동생을 데리러 어린이집에 갑니다. 집에 빨리 돌아가 만화를 봐야 하는데 달팽이 걸음으로 주변을 구경하며 느릿느릿 걸어가는 동생 율동이 때문에 속상합니다. 보다 못한 선동이는 율동이를 빨리 집에 데려가기 위해 아이스크림 걸음 놀이를 제안합니다. 그리고 선동이와 율동이의 신나는 걸음 놀이가 펼쳐집니다.

　이 책은 아름다운 순우리말로 이루어진 12가지 걸음 놀이를 몸짓으로 따라 할 수 있는 참여형 그림책입니다. 색연필 톤의 일러스트가 편안함을 주고, 개구쟁이 아이들의 걸음 놀이를 일상으로 담아서 걸음 놀이의 재미를 한층 더해 줍니다.

　아이와 함께 그림책 속 걸음걸이 놀이를 해 볼까요? 먼저 찾아야 할 물건 하나를 부모님이 제시합니다. 그리고 책에 나오는 걸음을 외치면 아이는 그 걸음으로 움직이면서 물건을 찾아옵니다. 이때 걷는 중간에 걸음 속도를 달리한다면 아이는 더욱더 집중하면서 즐겁게 참여하게 됩니다.

 마음과 생각을 키우는 그림책 대화 질문

* 왜 제목을 '아이스크림 걸음'이라고 했을까?
* 선동이는 왜 율동이에게 아이스크림 걸음 놀이를 하자고 했을까?
* 네가 해 보고 싶은 걸음은 무엇이니?

| Week 30 • Day 6   일상에서의 작은 여행과 탐험

보도블록

사람이 걸어가는 길에 보도블록이 깔려있습니다. 노란색, 초록색, 빨간색 등 색깔이 다르기도 하고, 동그라미나 마름모무늬가 반복되는 등 스타일도 다양합니다. 오늘은 목적지까지 걸어가는 길이 지루하지 않게 아이와 함께 보도블록을 의식하며 걸어봅시다.

먼저, 가위바위보를 해서 각자 정한 색깔의 보도블록만 밟고 걸어가 봅니다. 걷다가 맨홀 뚜껑이 있을 때, 골목길로 인해 보도블록이 끊길 때는 어떻게 할지 규칙도 새롭게 정해볼 수 있습니다.

걷다 보면 자전거길이 있는 경우도 있습니다. 자전거길의 표시와 색깔도 살펴보다 보면 자연스럽게 자전거길에서의 안전약속도 알게 됩니다.

울퉁불퉁한 보도블록, 파손된 보도블록 등을 발견할 수도 있습니다. 그것을 고치기 위해서는 어떻게 해야 하는지 아이가 궁금해한다면 관련된 기관을 조사해 보는 것도 좋습니다.

 이런 보도블록 놀이 어떤가요?

- **우리 동네 보도블록을 찾아라** 아파트 단지나 동네, 공원 산책길, 도로, 휴식 공간 등에 어떤 보도블록이 있는지 찾아보기
- **보도블록의 비밀을 찾아라** 보도블록에 숨어 있는 패턴 찾아보기(예 : 무늬, 색깔, 모양 등), 보도블록 틈에 자란 식물 탐색해 보기, 장애인을 위한 노란색 선형 블록, 점자 블록 찾아보기

| Week 31 • Day 1   마음이 자라는 오늘의 말

 ## 해줄래?

"빨리 정리해!", "지금 해!", "자리에 앉아!", "그만해!"

이 말을 아이가 들으면 어떤 느낌이 들까요? 목소리 톤에 따라 다르겠지만, 명령형으로 끝나는 말은 지적받는 느낌이나 혼나는 느낌이 들 수 있습니다. 아이 스스로 하려고 했는데 다른 사람이 시키면 마음먹은 일도 하기 싫어질 때가 있답니다. 또 다른 것을 하느라고 미처 생각하지 못했는데, 부모의 명령형 말투에 마음이 움츠러들거나 상할 수 있지요. 이러한 말투는 아이에게 고압적으로 느껴져 자발적으로 실천하기 어렵게 합니다.

아이 스스로 무엇을 해야 하는지 알아차릴 수 있도록 방향을 제시해 주는 것이 필요합니다. 부모가 바라는 것을 명령하기보다 요청한다면, 아이는 좀 더 편안한 마음으로 받아들일 것입니다. 요청은 아이에게 스스로 선택할 기회를 주는 일이지요. 명령은 꼭 해야만 하는 '당위성'이 강하다면, 요청은 상대방의 결정에 따라 달라질 수 있는 유연함이 있습니다. 아이가 유연한 마음으로 받아들일 수 있게, 부드러운 말투로 "해줄래?"라고 요청해 주세요.

 부모의 말 습관

지금은 책 읽는 시간이야. 자리에 **앉아줄래?**

○○가 작게 말해도 엄마(아빠)는 다 들린단다. 동생이 자고 있으니까 작은 목소리로 이야기해 **줄래?**

엄마(아빠)가 이쪽으로 지나가야 하는데, 미안하지만 **비켜줄래?**

| Week 31 • Day 2   슬기로운 생활습관과 안전

 ## 숟가락 사용법

  숟가락을 바르게 잡고 사용하는 일은 정교한 기술이 요구됩니다. 그래서 어린아이들에게는 참 어렵게 느껴질 수 있습니다. 숟가락, 젓가락 사용과 같이 특정한 기술이 필요한 것은 단계별 지도와 반복적 경험이 필요합니다. 아이가 즐겁게 숟가락을 사용하고 바르게 잡을 수 있도록 구체적으로 안내하고 격려합니다.

 이렇게 해 보세요

- **숟가락 인형극** 아이가 숟가락에 관심을 갖고 친숙하게 사용할 수 있게 숟가락으로 간단한 인형극을 준비하여 맛있게 먹는 모습을 보여줍니다. "안녕? 나는 숟가락이야. 너를 만나게 되어 참 기뻐! 나를 잘 사용해줘. 나는 이렇게 잡고 먹는 거야. 한 번 먹어 볼까? 냠냠! 냠냠! 숟가락으로 먹으니까 더 맛있다!"
- **숟가락 고르기 & 연습이 필요해** 어린이용 숟가락을 구매할 때는 재질이 안전한지 확인한 뒤 아이가 잡기 쉬운 숟가락인지 살펴봅니다. 숟가락의 안정성을 고려하여 몇 개를 보여준 뒤, 그중에서 아이가 선택하게 합니다. 아이가 선택한 숟가락으로 반복하여 바르게 잡는 법을 경험합니다.
- **실수해도 괜찮아** 숟가락 잡는 법이 서툴러 음식을 흘리거나 실수할 때가 있습니다. 아이가 위축되지 않게 "실수해도 괜찮아. 엄마(아빠)도 어렸을 때 그랬어. 다시 하면 되지 뭐"라고 말하며 격려해 줍니다.

| Week 31 • Day 3   마음을 이해하는 감정 공부

걱정되다

하루하루를 살아가다 보면 즐겁고 기쁠 때도 있지만, 슬프고 걱정될 때도 있습니다. 아이도 어른처럼 다양한 감정을 느끼므로 마냥 즐겁기만 한 것은 아니지요. 기질과 성향에 따라, 또는 안 좋았던 경험 때문에 걱정되는 마음이 생길 수 있답니다. 걱정은 무언가를 염려하는 것이므로 어떠한 일을 할 때 미리 예방할 수 있는 긍정적인 면도 있지만, 불안과 두려움이 겹겹이 쌓여 회피하고 싶어지는 부정적인 면도 있습니다. 걱정하는 아이의 마음을 무겁게 바라보기보다 그 마음을 함께 느껴보세요. 걱정스러운 마음을 충분히 읽어주면 아이는 안심하게 되어 앞으로 나아갈 힘을 얻습니다.

감정을 표현하는 말

* ○○야! 친구들 앞에서 발표하는 것이 **걱정되었구나!**
* 이럴 때 **걱정이 되는구나!** 엄마(아빠)도 **걱정스러운** 감정을 느낀 적이 있어.
* 아! 이것이 **걱정되었구나!** 그럴 수 있지! 그럼, 어떻게 하면 좋을까?

걱정이 가득하면 길을 잃은 느낌이 들어 더 막막하고 두려운 마음을 갖게 됩니다. 아이가 안쓰러워 부모가 대신 해결해 주거나 '걱정하지 마!'라며 감정을 차단하기보다, '그럴 수 있지!'라며 충분히 공감해 줍니다. 또 걱정은 방법을 잘 몰라서 생길 수 있으므로, 아이와 함께 구체적으로 방법을 알아보는 것도 걱정을 해결하는 데 도움이 됩니다.

| Week 31 • Day 4   몸 튼튼, 마음 튼튼 즐거운 놀이

청개구리 거울

 다른 사람의 동작을 탐색하면서 움직임에 대한 반대의 동작을 해 보는 놀이입니다. 반대로 행동하는 '청개구리 거울 놀이'는 빠르게 판단하고 행동하기 위해 집중력이 필요하며, 민첩하게 움직이는 동작에 성공하면서 몸에 대한 자신감이 길러집니다.

1 서로 반대되는 단어(위로-아래로, 앞으로-뒤로, 넓게-좁게, 작게-크게, 오른쪽-왼쪽 등)에 관해 이야기하고 여러 가지 동작을 익힙니다.
2 먼저 '거울 되기' 놀이를 합니다. 마주 보고 서서 아이는 눈을 감고 성인은 두 팔을 위로 올립니다. (211쪽 참고)
3 "거울!"이라고 외치면 아이가 눈을 뜨고 거울 속의 사람이 되어 똑같이 두 팔을 위로 올립니다.
4 이번에는 '청개구리 거울'이 되어 지시하는 말을 듣고 반대로 동작을 합니다.
5 아이가 눈을 감은 사이에 두 팔을 위로 올린 후 "청개구리 거울!"이라고 외치면 아이는 눈을 뜨고 부모님의 자세를 확인한 후, 반대로 두 팔을 아래로 내립니다.
6 놀이가 익숙해지면 동시에 움직이는 '청개구리 거울 놀이'를 합니다.(예: 부모가 "위로"라고 외치며 양손을 위로 올리면, 아이는 "아래로"라고 외치며 양손을 아래로 내립니다)

| Week 31 • Day 5   마음과 생각을 키우는 그림책

걱정 상자

걱정이 많은 도마뱀 '주주'와 호랑이 '호'는 친구입니다. 걱정을 하고 웃음을 점점 잃어가는 주주에게 호는 걱정을 상자에 담으라고 말합니다. 그리고 여러 가지 방법으로 걱정을 사라지게 하지요. 주주는 호와 함께 자신의 걱정을 하나씩 해결하며 다시 웃음을 찾게 됩니다.

조미자 글그림, 봄개울

이 그림책에서는 '걱정'이라는 추상적 개념이 '상자'라는 구체물을 통해 아이에게 좀 더 가깝게 다가갑니다. 그리고 걱정을 바라보는 내 마음에 따라 걱정이 사라지기도 하고, 작아지기도 하고, 즐거움으로 바뀔 수도 있다는 점을 아이가 쉽게 깨달을 수 있게 도와주지요.

우리 가족은 어떤 걱정이 있을까요? 엄마, 아빠, 아이 각자 종이에 나만의 걱정을 그림이나 글로 표현해 봅니다. 그리고 비행기로 접어 다 함께 나란히 선 다음, "걱정아, 사라져라!"라고 외치며 비행기를 날려보세요. 각자의 마음속에 있는 걱정이 비행기와 함께 날아가면서 걱정 대신 편안한 마음이 생길 것입니다.

 마음과 생각을 키우는 그림책 대화 질문

- ★ 주인공은 걱정이 사라지게 하기 위해서 어떻게 했니?
- ★ 너의 걱정을 걱정 상자에 넣는다면 어떤 기분이 들까?
- ★ 걱정이 사라지게 하는 너만의 방법에는 무엇이 있을까?

| Week 31 • Day 6   일상에서의 작은 여행과 탐험

횡단보도

　보행자가 안전하게 길을 건널 수 있게 도로에 그려져 있는 하얀색 횡단보도! 어린이보호구역에서는 노란색 횡단보도를 발견하기도 합니다. 부모님 품에 안기거나 손을 잡고 횡단보도를 건넜던 아이가 이제는 횡단보도를 직접 건너봅니다. 우리 집 근처에는 어떤 횡단보도가 있을까요?

　한 발짝 뒤에 서서 횡단보도를 가만히 살펴봅니다. 바닥에 그려져 있는 화살표, LED 바닥 신호등, 신호등의 특징과 의미 등 아이가 발견한 것에 관해 이야기를 나눠봅니다.

　또 신호등이 없는 횡단보도도 있습니다. 이럴 때는 어떻게 건너야 하는지 아이와 함께 이야기 나눈 다음 '횡단보도 건너기 5원칙'을 알아봅니다. 그러고 나서 원칙에 따라 직접 횡단보도를 건너본다면, 아이는 자연스럽게 횡단보도 안전규칙을 이해할 수 있을 것입니다.

 나는 횡단보도 안전 지킴이

* **횡단보도 5원칙대로 건너기** ①선다, ②양쪽을 본다, ③손을 든다, ④확인한다, ⑤건너간다
* **횡단보도 미술놀이** 검은 도화지에 흰색 크레파스나 휴지 등을 이용해 횡단보도 그리기, 우리 가족 '횡단보도 건너기 안전약속 판' 만들기
* **나는 횡단보도 기자!** 횡단보도에 대해 새롭게 알게 된 점을 사진, 글, 녹음 등의 방법으로 기록해 보기

| Week 32 • Day 1   마음이 자라는 오늘의 말

 ## 힘들었겠다 (힘들 수 있어)

누군가 건네는 위로의 한마디는 어떤 말보다 힘이 셉니다. 내 마음을 알아줘서 위안이 되고, 내 편이 있음에 큰 위로를 받습니다. 나는 혼자가 아니라는 생각에 다시 힘을 내기도 하지요. 아이도 마찬가지입니다. 어른의 눈에는 사소하고 아주 작은 일로 여겨질 수 있으나, 아이에겐 모든 것이 처음이기에 하나하나 무언가를 해내는 것이 힘이 들 수 있습니다.

성공보다 실패할 확률이 높기에 자신감보다 좌절감을 느낄 때가 더 많을 것입니다. 아이들은 성장하는 과정이므로 무엇보다 어른들의 위로와 지지가 필요합니다. 아이가 실패라고 느끼지 않고, 무언가를 해내는 과정에서 겪는 시행착오라고 여길 수 있게, "힘들었겠다! 힘들 수 있어!"라는 위로의 한마디를 건네 봅시다.

 부모의 말 습관

이 옷은 단추가 작고 많아서 잠그기가 어렵구나. 힘들었겠다.

종이 접는 것이 어려웠구나! 힘들었겠다.

바닥에 쓰레기가 많아 정리하는 것이 힘들었겠다. 그래도 깨끗하게 정리해 주어서 고마워.

오늘 엄마(아빠)하고 산에 올라갔는데 기분이 어떠니? 맞아, 힘들 수 있어. 그래도 포기하지 않고 끝까지 올라가 주어 고마워.

| Week 32 • Day 2   슬기로운 생활습관과 안전

 # 젓가락 사용법

　식사를 할 때 젓가락 사용이 서툰 아이를 보면 대신 음식을 집어주고 싶은 마음이 들기도 하지요. 놀이로 연습하면 아이가 스트레스받지 않고 즐겁게 배울 수 있습니다. 젓가락 사용에 대한 흥미와 자신감도 키울 수 있을 뿐만 아니라 손과 손가락의 미세한 운동 능력까지 향상시킬 수 있습니다.

 이렇게 해 보세요

- ★ **집게로 블록 쌓기** 젓가락은 정교한 기술을 요구하므로 처음에는 놀이용 집게를 사용하여 물건을 잡아봅니다. 엄마(아빠)와 아이가 팀을 나누어 블록 7개를 각각 나누어 가진 다음, 집게로 블록을 집어서 블록 쌓기를 해 봅니다. 시간제한을 두어 쌓은 다음, 몇 개를 쌓았는지 세어봅니다.
- ★ **과자를 잡아라!** 아이가 젓가락으로 손쉽게 과자를 잡을 수 있도록 처음에는 크기가 큰 과자를 접시에 놓은 다음, 다른 접시에 옮기는 놀이를 해 봅니다. 또 1분 모래시계를 사용하여 과자 잡기 놀이를 해 본 뒤, 1분 동안 몇 개의 과자를 잡았는지 세어봅니다. 아이가 젓가락 사용이 익숙해지면 점차 과자 모양이나 크기를 다르게 하여 잡아볼 수 있도록 합니다.
- ★ **안전한 젓가락 사용** 아이가 젓가락을 배우는 과정에서 올바른 사용법을 익히는 것뿐 아니라 안전사고 예방도 중요합니다. 젓가락을 콘센트에 넣으면 감전 위험이 있고, 젓가락을 입에 깊숙이 넣게 되면 질식, 상해 위험이 있습니다. 또한, 젓가락을 친구에게 휘두르면 다칠 수 있으므로 주의해야 함을 알려주어야 합니다.

| Week 32 • Day 3   마음을 이해하는 감정 공부

당황스럽다(당황하다)

　미처 생각하지 못한 일로 다급한 상황이 되었거나 놀라서 어쩔 줄 모를 때 당황스러움을 느낍니다. 이때 감추기 위해 애쓰면 오히려 더 큰 실수를 하기도 하고, 그로 인해 스스로 자책하게 되기도 한답니다. 당황했을 때 감정을 감추려 하지 말고 솔직하게 표현하는 것이 위기를 넘기는 자연스러운 방법일 수 있습니다. 또한, 위급한 상황에서는 누구나 당황스러운 감정을 느끼는 것이 당연합니다. 이때 당황스러움을 다른 사람에게 표현할 수 있게 하여 도움을 받는 방법을 익히도록 하는 것이 좋습니다.

감정을 표현하는 말

- ★ 준비하지 않았는데, 갑자기 노래를 부르라고 해서 **당황했구나**.
- ★ 화장실에서 용변을 보고 닦으려는데, 휴지가 없어서 **당황스러웠겠네**.
- ★ 갑자기 생각이 나지 않으면 누구나 **당황할 수 있단다**.
- ★ ○○이가 그림을 그리려고 하는데 친구가 색연필을 모두 가져가서 **당황스러웠지?**
- ★ 엘리베이터를 타고 있는데 비상벨이 울려서 **당황스러웠어**.

　아이가 당황했다는 느낌을 받았을 때 공감하고 인정해 주는 것이 필요합니다. 그리고 다급한 일로 당황스러운 감정이 생긴다면 차분하게 생각하는 시간을 갖고 행동하도록 도와주세요.

| Week 32 • Day 4   몸 튼튼, 마음 튼튼 즐거운 놀이

흔들흔들 관절 놀이

춤추기는 아이들 생활의 일부입니다. 단순한 동작과 감각을 경험함으로써 몸에 있는 관절이 움직일 수 있는 범위를 알게 되고, 덩실덩실 몸을 흔들고 움직이며 자신의 느낌을 표현하기도 합니다. 동작은 몸을 움직일 때마다 위치와 방향, 모양이 다르기 때문에 신체 표현을 위해 많은 연습이 필요합니다.

준비물: 빠른 박자의 신나는 음악

1. 아이를 바닥에 눕히고 몸을 마음껏 흔들게 합니다.
2. 자세를 바꿔 옆으로 누워서 반복하다가 엎드려서 몸을 흔듭니다.
3. 일어서서 음악을 들으며 리듬에 맞춰 머리를 움직입니다.
4. 음악에 맞춰 어깨를 들썩입니다.(한쪽 어깨씩 번갈아 움직이거나 양쪽 어깨를 동시에 들썩입니다)
5. 손을 허리에 얹고 리듬에 맞춰 엉덩이를 흔듭니다.
6. 팔을 좌우로 흔들거나 박자에 맞춰 손을 아래위로 움직입니다.
7. 발과 무릎을 움직여 박자를 맞춰봅니다.
8. 발과 고개를 동시에 흔들기, 어깨와 허리를 같이 움직이기 등 여러 동작을 시도해 봅니다.
9. 몸의 각 방향을 다른 곳으로 움직여 몸의 자세가 틀어지고 이상한 모습이 나오도록 흔들어 봅니다
10. 박자에 맞춰 온몸을 마음껏 흔들고 춤을 춥니다.

| Week 32 • Day 5   마음과 생각을 키우는 그림책

다 고쳐요! 달퐁 병원

열심히 일만 하는 개미 부부에게 아들 갬갬이는 축구장에 가고 싶다고 말합니다. 축구장에서 신나게 놀고 있는데 어디선가 나타난 두 아이가 개미 가족을 발로 밟습니다. 갬갬이는 달공이의 도움을 받아 달퐁 병원으로 가고 그곳에서 의사 선생님의 치료를 받습니다.

송은미 글, 안선선 그림, 달리

이 책은 달퐁 선생님이 들려주는 이야기 형식으로 구성되어 있습니다. 다양한 캐릭터들이 따뜻한 색감과 어우러져 사랑스럽게 표현되어 있고, 곤충들의 일상과 감정을 섬세하고 그리고 있습니다. 아이들은 자연스럽게 이야기에 몰입하며, 생명을 소중히 대하는 마음을 키우게 됩니다.

아이가 그림책 속 상황을 통해 공감 능력을 기를 수 있도록 병원 역할극을 해 봅니다. 환자, 의사, 간호사 역할을 정한 다음, 등장인물 상황에 따라 진료와 치료 과정을 놀이해 보세요. 만약 가족이 다 함께 참여하기가 힘들다면 인형이나 장난감 동물을 사용해 아픈 친구 돌보기 놀이를 해도 좋습니다.

 마음과 생각을 키우는 그림책 대화 질문

★ 너는 언제 병원에 가보았니?
★ 부모님이 다친 모습을 본 갬갬이의 마음은 어땠을까?
★ 만약 개미를 만난다면 개미에게 무엇을 해 주고 싶니?

| Week 32 • Day 6   일상에서의 작은 여행과 탐험

 # 육교

  도로나 철도를 건널 때 교통상황에 따라 지하도나 횡단보도 대신 육교를 만날 수 있습니다. 세월이 흐르면서 육교가 점점 사라지고 있지만, 길을 걷다 만나면 반갑기도 합니다. 아이가 느끼는 육교의 첫인상은 어떨까요? 빨리 건너고 싶은데 횡단보도 대신 육교가 있을 때는 괜스레 짜증을 내기도 하지만, 육교 위에서 내려다보는 교차로의 멋진 풍경에 감탄사를 내뱉기도 합니다.

  아이와 함께 육교를 탐색하면서 건너보세요. 육교는 일자, X자, Y자, 원형 등 형태가 다양합니다. 그리고 계단, 엘리베이터, 경사로(자전거나 휠체어, 유모차를 위한 것) 등으로 구성되어 있습니다. 육교 위에 도착해서 풍경을 바라볼 때는 육교 난간에 매달리지 않도록 안전약속을 정하는 것도 중요합니다. 육교는 아이에게 소소하지만, 즐거운 경험으로 남을 겁니다.

 육교 즐기기

- **위에서 보자!** 육교 위에서 내가 바라보는 풍경 사진 찍기, 지나가는 자동차와 사람들의 움직임 관찰하기
- **어디에 있나?** 그림책, 애니메이션, 영화, 드라마 등에서 육교 찾아보기
- **우리 가족 토론방** 육교를 건너본 다음, 육교의 좋은 점과 불편한 점에 관해 이야기 나누기

아홉 번째 달

| Week 33 • Day 1   마음이 자라는 오늘의 말

 ## 어떤 약속이 필요할까?

"엄마(아빠)가 오늘은 너무 바빠서 내일 놀아줄게"라고 말한 뒤, 그 약속을 지키지 않으면 아이는 무척 속상해합니다. 이러한 일이 반복되면 엄마(아빠)에 대한 믿음이 흔들리기 시작하면서 다음에 어떤 약속을 하더라도 잘 지키지 않을 거라는 불신이 생깁니다. 또 아이 스스로 약속의 중요성을 느끼지 못해 약속을 안 지키는 상황이 발생할 수 있지요. 아이와 약속을 하면 작은 것이라도 잊지 말고 지키는 것이 중요하며, 약속을 지키지 못했을 때는 그 이유를 설명한 뒤, 다음에는 어떻게 할지 이야기하는 것이 필요합니다.

이 시기는 도덕성이 발달하는 시기라, 부모가 일방적으로 약속을 정하기보다 아이와 의논하여 정하는 것이 좋습니다. 약속을 잘 지켰을 경우 구체적으로 격려해 주어 스스로 약속의 중요성을 알 수 있도록 합니다. 상황에 따라 약속은 변경될 수 있음을 알려주어 사전에 이 약속을 지킬 수 있는 것인지, 잘 지키기 위해서는 어떻게 해야 할지 등 약속에는 책임감과 신뢰감이 따른다는 것을 경험할 수 있도록 합니다. 약속은 가족, 유치원(어린이집), 공공장소에서의 규칙을 이해하는 토대가 됩니다.

 부모의 말 습관

> 오늘은 엄마(아빠)와 함께 마트에 갈 거야. 어떤 약속이 필요할까?

> 여기서 재미있게 놀려면 어떤 약속이 필요할까? 우리가 정한 약속이 꼭 필요한지 다시 한번 살펴보자.

| Week 33 • Day 2   슬기로운 생활습관과 안전

 ## 손톱을 물어뜯는 아이

손톱을 자주 물어뜯으면 손톱이 잘 자라지 않거나 손톱 끝이 날카로워져 잇몸이 상할 수 있고, 치아나 턱에 부담을 주어 턱관절에 이상이 생길 수도 있습니다. 또 손톱의 세균이 몸속으로 들어가 질병을 일으킬 수도 있답니다. 아이들은 새로운 환경에 대한 스트레스, 심심함이나 지루함, 가까운 사람이 물어뜯는 걸 보고 따라 하는 등 여러 원인으로 손톱을 물어뜯는 경우가 많지요. 손톱을 물어뜯는 것은 아이의 심리 상태와도 깊은 관련이 있으므로, 즐거운 방법으로 습관을 바꿔 나가는 것이 좋습니다.

 이렇게 해 보세요

- ∗ **손과 입의 대화** 손과 입에 각각 이름을 지어주고 대화하며 감정을 표현해 봅니다. "안녕? 난 사랑손이야. 친구가 나를 자꾸 입에 넣고 깨물어서 너무 아프고 불편해. 나를 편하게 해 줄 수 있을까?", "나는 건강 입이야. 사랑손이 자꾸 가까이 다가오니까 나도 모르게 이로 물어뜯고 있어. 내가 아플까 봐 걱정돼. 어떻게 하면 좋지?"
- ∗ **손톱 예쁘게 가꾸기** 아이의 손톱을 깨끗하고 예쁘게 정리해 주거나 스티커, 반짝이 매니큐어(어린이 전용 제품)를 활용해 꾸며줍니다. 예쁘게 꾸민 손톱을 보며 망치고 싶지 않다는 마음이 생겨 손톱 깨물기를 줄이는 데 도움이 됩니다. 매니큐어를 바르면 손톱을 물어뜯을 때 입안에서 이물감이나 불쾌한 맛을 느낄 수 있습니다. 이러한 경험이 반복되면 자연스럽게 손톱을 입에 대는 행동을 줄이는 효과가 생깁니다.
- ∗ **손끝 촉감놀이** 울퉁불퉁 공 만지기, 모래 및 찰흙 놀이, 가위로 종이 오리기 놀이 등 손으로 할 수 있는 놀이를 다양하게 하면 손톱을 물어뜯는 것을 줄일 수 있습니다.

| Week 33 • Day 3   마음을 이해하는 감정 공부

안쓰럽다

　다른 사람의 어려운 상황과 힘들어하는 모습을 볼 때 '안쓰럽다'는 감정이 듭니다. 도움을 주고 싶지만 마음대로 할 수 없을 때, 지켜볼 수밖에 없어서 미안할 때 안쓰럽다는 마음이 생기지요. 아이들도 자신보다 약한 존재가 힘겨워할 때 딱한 마음과 함께 보호해 주고 싶은 마음을 갖게 되지만, 도와주지 못하는 상황에서는 안쓰럽다는 감정을 느낄 것입니다. 이러한 감정을 표정과 말로 표현함으로써 자신의 감정을 구체적으로 느낄 수 있답니다.

감정을 표현하는 말

* 우유를 쏟았구나! 안쓰럽지만 네가 흘린 우유는 스스로 닦아보도록 하자.
* 내가 팔을 다치는 바람에 나 대신 무거운 가방을 들고 집까지 걸어가는 ○○이의 모습을 보니 안쓰럽다.
* 우리가 버린 쓰레기 때문에 바닷속 물고기들이 살 수 없게 되었다는 얘기를 듣고 안쓰러운 마음이 들었어.
* 신데렐라가 언니들에게 구박을 받는 장면을 보니 안쓰러운 마음이 들어.
* 어미 새가 새끼를 지키려고 힘겹게 싸우는 모습이 너무 안쓰럽다.

　안쓰러운 감정을 느낄 때 오히려 이 불편한 감정을 회피하기 위해 대신해 주려고 한다거나, 아이에게 왜 이렇게밖에 못하느냐고 채근하고 지적하지 않도록 주의합니다.

| Week 33 • Day 4   몸 튼튼, 마음 튼튼 즐거운 놀이

사랑해 사랑해 발등 걷기

  부모와 아이가 함께 몸을 움직이고 이동하는 경험으로 서로에게 사랑이 전해질 수 있답니다. 부모는 아이에 대한 사랑과 배려를 전달하고, 아이는 부모의 몸에 의지하여 움직임을 직접 느껴보면서 깊은 유대감과 신뢰감을 표현할 기회가 됩니다. 가장 기본적인 움직임이라 할 수 있는 걷기를 함께 하며 부모와 아이 사이에 깊은 유대감을 느낄 수 있습니다.

<발 위에 서서 걷기>

1. 부모와 아이가 서로 마주 보고 서서 양손을 잡고, 아이가 부모의 발등 위에 양쪽 발을 하나씩 올립니다.
2. 함께 손을 잡은 상태로 한 걸음 한 걸음 걸음마를 시작합니다.
3. 처음에는 천천히 걷고, 익숙해지면 보폭을 넓게 하기도 하고, 발의 높이를 높게 들며 걸어봅니다.
4. 리듬에 맞추어 춤을 추듯 걷거나 동물 흉내를 내면서 걷기도 해 봅니다.

<다리에 매달려 걷기>

1. 아이가 부모의 허리를 감아 안고, 부모의 한쪽 다리에 아이의 다리를 꼬아 매달립니다.
2. 아이가 떨어지지 않도록 주의하며 천천히 걷습니다.
3. 부모의 발 위에 양쪽 발을 올리고 걷습니다.

상자 세상

택배 기사가 택배 상자를 가득 싣고 배송을 시작합니다. 어느 아파트 누군가의 집 현관문 앞에 택배 상자가 배달되었습니다. 물건을 받은 남자는 택배 상자를 열어 물건을 확인한 다음 상자를 밖으로 휙 던져 버립니다. 각층, 각호에서 버려진 택배 상자들은 쌓이고 쌓여 어느새 아파트보다 더 높아집니다. 그런데 갑자기 상자들이 "배고파"라고 외치더니 세상의 모든 것을 먹어 치우기 시작합니다.

윤여림 글, 이명하 그림,
천개의바람

이 책은 '상자'를 의인화하여 표현함으로써 독자에게 친근하게 다가오며, 환경 문제를 쉽게 이해할 수 있도록 도와줍니다. 또 칸이 나뉘는 구성, 말풍선, 손글씨 등 만화 같은 구성도 눈길을 끌지요.

아이와 함께 우리 집에는 택배가 얼마만큼 자주 오는지 세어볼까요? 그리고 '상자를 쌓아 작은 요새 만들기', '상자 이어서 미로 만들기', '상자 속에 물건 숨기고 찾기' 등 다양한 놀이를 아이와 함께 해 보세요.

 마음과 생각을 키우는 그림책 대화 질문

★ 사람들은 왜 상자를 창문 밖으로 던졌을까?
★ 버려진 상자들은 무슨 생각을 할까?
★ 왜 상자들은 세상의 모든 것을 먹기 시작했을까?

| Week 33 • Day 6   일상에서의 작은 여행과 탐험

 # 계단

아파트, 공원, 건물, 산, 역 등 우리 주변 곳곳에 계단이 있습니다. 오늘은 계단 오르내리기를 두려워하는 아이에게 용기를 심어주고, 아이의 대근육 발달과 균형감각 성장을 돕기 위해 계단 오르내리기를 해 볼까요?

먼저 환경적으로 난간이 안전한지 살펴봅니다. 그다음 한 계단씩 천천히 걸어봅니다. 줄이 있다면 한 줄로 서기, 뛰지 않기, 손잡이 잡기 등 안전약속도 정해 봅니다.

계단을 오르내리는 아이의 모습을 자세히 관찰해 보면 아이의 신체 균형감, 계단에 대한 두려움, 주의력 등도 알 수 있답니다.

또 우리나라 계단은 우측통행입니다. 아직 우측(오른쪽)이라는 방향을 잘 모르겠지만, 계단을 오르내리며 우측통행을 경험해 보면서 공간과 위치를 인식하게 됩니다.

 올라갈까? 내려갈까?

* **계단에서 놀자!** 가위바위보를 해서 이긴 사람이 계단 한 칸씩 올라가기(내려가기), 계단 개수 세며 올라가기(내려가기)
* **누가 누가 올라가나(내려가나)?** 끝말잇기, 초성 퀴즈, 두 글자 단어 말하기 등 말놀이 하며 계단 올라가기(내려가기)
* **특별한 계단을 찾아라!** 그림이 있는 계단, 칼로리가 표시된 계단, 좋은 글귀가 있는 계단, 가게 이름이 적힌 계단 등 찾아보기

| Week 34 • Day 1　　　마음이 자라는 오늘의 말

 **기다려보자**

　아이들에게 기다림이란 엄청난 인내를 요구합니다. 특히 아이가 가장 좋아하는 것이 바로 눈앞에 있을 때 즉각적으로 하고 싶은 욕구가 생깁니다. 이러한 유혹을 물리친다는 것은 정말 어려운 일이지요. 이 시기는 자율성이 발달하면서 만족지연 능력도 함께 발달한다고 합니다. 바로 만족하고 싶은 것을 조금 더 늦추는 경험을 통해 아이들은 기다리는 법을 배우게 되고, 잘 참고 기다리면 원하는 것을 가질 수 있다는 것을 알게 됩니다.

　만족지연 능력이 잘 발달하려면, 아이의 특성을 고려하여 처음에는 기다리는 시간을 짧게 정하다가 점차 시간을 늘려 기다려보기, 순서를 정해 자기 순서가 오면 하기, 다음에는 무엇을 할지 알아보고 이에 맞게 기다려보기 등 기다림의 상황을 직접 경험해 보는 것이 필요합니다.

　기다려야 할 때를 알고 기다려보는 경험으로 아이들은 자기 조절을 배우게 됩니다. 자기 조절 능력은 아이의 삶에 긍정적인 영향을 미치게 되지요.

 부모의 말 습관

> 이 빵을 빨리 먹고 싶구나! 지금 오븐에 굽고 있으니까 기다려보자.

> 이 게임은 순서대로 하는 놀이야. ○○는 두 번째 순서니까 순서가 될 때까지 기다려보자.

> ○○가 좋아하는 젤리를 준비했어. 이 젤리를 먹으려면 모래시계가 내려올 때까지 기다려야 해! 그럴 수 있지? 그럼, 함께 기다려보자.

| Week 34 • Day 2   슬기로운 생활습관과 안전

코를 자주 후벼요

　아이가 코를 후비는 것은 성장 과정에서 종종 나타나는 행동이지만, 반복되면 콧속 혈관이 약해져 코피가 날 수 있으며, 위생적으로도 좋지 않습니다. 무작정 혼내기보다는 코를 후비는 원인을 알고 이해하며, 아이가 건강한 습관을 가질 수 있도록 지도하는 것이 중요합니다.

 이렇게 해 보세요

- ★ **대화하며 이유 찾기** "코가 간질거려요!"라고 말하는 경우, 실내 건조, 비염, 아토피, 감기 초기 증상 등일 수 있습니다. 특히, 아토피가 심한 아이는 코점막이 건조하거나 민감할 수 있습니다. 아이의 코안 상태를 살펴보고 필요시 의료 상담을 받습니다.
- ★ **습도 유지** 가습기, 젖은 수건, 물그릇 놓기 등을 통하여 아이가 생활하기 좋은 실내습도 40~60% 정도를 유지하도록 합니다.
- ★ **코에 좋은 습관 만들기** 미지근한 생리식염수로 코안을 가볍게 세척하거나 자주 물을 마셔서 건조함이 줄어들도록 도와줍니다.
- ★ **휴지 친구** 코가 간질거릴 때 사용하는 '휴지 친구'를 만들어 봅니다. 깨끗한 티슈를 돌돌 말아 '휴지 친구'라고 이름을 붙여줍니다. "간지러우면 휴지 친구가 도와줄 거야!"하며 코를 살살 닦아보게 합니다. 휴지 친구에게 "코를 긁지 않고 간질간질 닦아줘서 고마워!"라고 인사하면서 자연스럽게 손 대신 휴지를 사용하도록 도와줍니다.
- ★ **코 간질 탈출 체조** 코가 간질거릴 때 손을 올리는 대신 간단한 체조를 해 봅니다. 양손을 머리 위로 번쩍 들기, 귀를 살살 잡기 등으로 몸을 움직이면 코에 손이 가는 것을 줄일 수 있습니다.

| Week 34 • Day 3   마음을 이해하는 감정 공부

귀찮다

　귀찮다는 것은 어떤 일을 하기 싫거나 게으름을 부리는 상태를 말합니다. 피곤하거나 의욕이 없을 때는 아무것도 하고 싶지 않고 귀찮아하는 감정이 들게 됩니다. 하기 싫은 일을 억지로 해야 하는 상황이라면 더욱 귀찮게 느껴지기도 하지요. 이때는 그 일을 하는 이유와 얼마나 가치 있는지를 생각해 보는 것이 도움이 됩니다. 불쑥불쑥 귀찮은 감정이 올라올 때 조금씩 단계적인 성공 경험을 통해 이를 극복한다면 점차로 자기 효능감이 높아지고 긍정적인 방향으로 전환될 것입니다.

감정을 표현하는 말

* ○○가 방 청소를 하는 것을 **귀찮아하는구나**.
* 밖에 나가고 싶긴 한데, 옷을 갈아입기가 **귀찮은 거지?**
* 오늘 오후에는 비가 온다고 하네. **귀찮아도** 우산을 미리 챙겨가는 것이 좋을 것 같아.
* 분리수거를 하는 것은 **귀찮은** 일이지만, 환경 보호를 위해서 필요하단다.

　귀찮아하는 마음을 극복하려면 그 이유를 파악하는 것이 중요합니다. 신체적, 정신적으로 에너지가 부족하기 때문일 수도 있고, 하고 싶지 않은 일을 회피하기 위해 귀찮다고 표현할 수도 있습니다. 아이에게 극복할 수 있는 능력이 있다고 믿으며 스스로 이겨내도록 응원해 주세요.

| Week 34 • Day 4   몸 튼튼, 마음 튼튼 즐거운 놀이

말타기

　아이는 부모와 함께 몸으로 놀이하는 것을 무척 즐거워 합니다. 특히, 말타기 놀이의 경험은 오랫동안 좋은 추억으로 기억할 것입니다. 부모님의 등에 올라가 움직이거나 정지한 상태에서 균형을 유지하려면 평형감각의 발달이 필요합니다. 평형감각은 좋은 자세를 유지하게 하고 안정된 동작으로 신체 놀이에 참여할 수 있게 해 줍니다. 부모가 말이 되어 아이를 등에 태우는 놀이는 적절한 움직임에 대한 감각과 평형성을 기르는 데 도움이 됩니다.

1 부모님이 말이 되어 바닥에 엎드리고, 아이를 등에 태웁니다.
2 말 울음소리를 내면서 상체를 조금 올려보기도 하고, 자세를 다양하게 바꾸면서 아이가 중심을 잡기 위해 노력하도록 합니다.
3 부모가 함께할 수 있다면, 말을 탄 아이가 옆의 다른 말로 옮겨 타봅니다.(이때, 균형을 잃지 않고 다른 어른의 등으로 혼자서 갈아타는 것을 시도합니다)
4 말의 높이를 적절하게 변화시켜 안전하게 말을 갈아탈 수 있도록 돕습니다.

| Week 34 • Day 5   마음과 생각을 키우는 그림책

우리는 언제나 다시 만나

아이에게 엄마는 언제나 가장 따뜻한 품이자 든든한 버팀목입니다. 하지만 아이가 점점 자라면서 엄마와 떨어져 지내야 하는 순간이 늘어나지요. 아이가 자라며 유치원에 가고, 새로운 환경을 경험하며, 엄마와 떨어져 있어야 하는 순간이 찾아옵니다. 언제 어디에 있든 결국 "우리는 다시 만날 수 있다"는 약속 같은 믿음이 아이와 엄마를 이어 줍니다.

윤여림 글, 안녕달 그림,
위즈덤하우스

이 책은 분리불안을 겪는 아이에게 안정과 확신을 주고, 부모에게는 기다림과 사랑의 힘을 다시 일깨워 줍니다. 아이에게는 세상을 탐험할 용기를, 부모에게는 멀리 있어도 변치 않는 연결의 따뜻함을 전해 줍니다.

아침에 헤어질 때 손도장을 찍고, 저녁에 만나 다시 찍으며 "우리는 언제나 다시 만나!"라고 말해보세요. 오늘 하루 중 엄마·아빠와 가장 즐겁게 만난 순간을 그림으로 표현하고 서로 이야기 나눠보세요. 떨어져 있다가 다시 만날 때 꼭 안아주며 "기다려줘서 고마워"라고 말해 주세요.

 마음과 생각을 키우는 그림책 대화 질문

- ★ 네가 엄마와 잠시 떨어져 있으면 어떤 기분이 드니?
- ★ 네가 엄마와 떨어졌다가 다시 만났을 때 어떤 기분이 들어?
- ★ 네가 힘들 때, 엄마에게 어떤 말을 듣고 싶니?

| Week 34 • Day 6   일상에서의 작은 여행과 탐험

엘리베이터

　가끔 뉴스를 통해 엘리베이터 사고 소식을 들으면 아찔한 마음에 불안합니다. 하지만 생활 속에 깊숙이 자리 잡고 있기에 아이와 함께 엘리베이터 안전규칙에 대해 알아보는 것은 필수입니다.

　부모 품에 안겨 엘리베이터를 타던 아이가 어느새 성장해 스스로 엘리베이터 버튼을 누르려고 하네요. 엘리베이터에 있는 버튼을 보며 숫자를 이해하게 되고, 비상 버튼을 보며 위급한 상황에서의 대처 방법도 알게 됩니다. 또 만원일 때 울리는 소리, 도착할 때 울리는 소리, 버튼 누를 때 층수를 알려주는 소리 등이 각각 다르다는 것을 알게 되고 주의력도 깊어지게 되지요.

　무엇보다 엘리베이터 문이 열릴 때 확인하고 타고 내리기, 문에 기대지 않기, 문이 닫힐 때 무리하게 타거나 내리지 않기 등은 아이 안전을 위해 꼭 알려주어야 합니다.

 엘리베이터는 안전하게

- ★ **지키자!** 엘리베이터에서 지켜야 할 안전약속 정하기(예: 뛰지 않기, 버튼 여러 번 누르지 않기, 문에 기대지 않기 등)
- ★ **예측 놀이** 층마다 몇 명이 내릴지(탈지) 예측하기, 어느 층에서 가장 많이(적게) 내릴지 예측하기
- ★ **버튼의 비밀** 점자 표시, 비상호출 버튼, 비상정지 버튼의 의미 알아보기
- ★ **말하자! 누르자!** 목적지의 층수를 말해 본 다음, 맞추면 해당 숫자 버튼 누르기 게임

| Week 35 • Day 1   마음이 자라는 오늘의 말

 ## 그런 적이 있단다

여러분은 어렸을 때 어떤 놀이를 가장 좋아했나요? 또 어떤 것을 가장 하기 싫었나요? 아이를 키우다가 화가 나거나 답답한 일이 있을 때 나의 어린 시절을 떠올려 보세요. '나는 어렸을 때 그러지 않았어'라고 생각할 때도 있지만, 우리 무의식에 잠자고 있는 경험을 꺼내 보면 좌충우돌했던 어린 시절의 나를 발견할 수 있지요.

아이의 눈으로 보면 어른은 힘이 세고 뭐든지 잘하는 완벽한 사람으로 보일 수 있답니다. 아이의 성향과 기질에 따라 차이가 있겠지만, 어른 앞에서 잘 못 하거나 실수를 하면, 대체로 긴장을 하게 됩니다. 아이가 좀 더 유연하게 대체할 수 있게 부드러운 눈빛과 다정한 말투로 건네 봅시다.

"엄마(아빠)도 그런 적이 있단다."

 부모의 말 습관

> 엄마(아빠)도 어렸을 때 달리기를 하다가 넘어진 적이 있단다. 누구나 실수할 수 있어. 괜찮아. 다시 달려보자.

> ○○가 소변 실수를 했구나. 블록 쌓는 것이 재미있어서 소변보는 것을 깜박했나 보다. 엄마(아빠)도 어렸을 때 블록 놀이가 재미있어서 소변을 참다가 실수한 적이 있단다. 괜찮아. 앞으로 참지 말고 소변을 보면 돼.

> 친구들 앞에서 큰 소리로 이야기하는 것이 부끄러웠구나. 그럴 수 있어. 엄마(아빠)도 처음에 친구들 앞에서 말할 때 너무 부끄러워서 작은 목소리로 이야기한 적이 있단다. 다시 용기를 내보자.

| Week 35 • Day 2   슬기로운 생활습관과 안전

 ## 안전하게 자전거 타기

 아이들이 즐겨 타는 자전거는 재미있는 놀이 도구이지만, 작은 부주의가 큰 사고로 이어질 수 있습니다. 실제로 12세 이하 어린이 자전거 사고 발생률과 중상 비율이 높게 나타나고 있습니다. 안전한 자전거 이용 습관은 어릴 때부터 부모님과 함께 길러야 합니다.

 이렇게 해 보세요

- **왜 생길까?** 도로로 갑자기 튀어 나가 차량과 충돌하거나 보도에서 보행자와 부딪히기도 합니다. 어두운 옷차림으로 잘 보이지 않거나 안전수칙을 지키지 않고 장난스럽게 주행하다가 사고가 나기도 합니다.
- **헬멧과 보호장구** 자신이 좋아하는 스티커로 나만의 헬멧과 보호장구를 만들어서 착용하도록 합니다. 넘어져도 머리와 몸을 보호할 수 있도록 헬멧과 보호장구를 꼭 착용하는 것을 습관화하도록 합니다.
- **출발 전 안전 점검** 먼저 바퀴를 손으로 눌러봤을 때 단단한지, 바퀴 사이에 돌이나 나뭇가지가 끼어 있는지 확인합니다. 그리고 핸들의 레버를 꽉 쥐고 당겼을 때 바퀴가 잘 멈추는지 확인합니다. 마지막으로 페달을 천천히 밟아서 체인이 부드럽게 돌아가는지 살펴봅니다.
- **안전한 장소에서 부모와 함께** 공원이나 자전거 도로 등과 같은 안전한 장소에서 보호자인 부모가 함께하며 아이가 자전거를 탈 수 있도록 지도합니다.
- **사고가 났다면** 아이가 괜찮아 보여도 반드시 119·112 신고 및 병원 진료를 받도록 합니다. 사고 현장은 그대로 두고 목격자의 연락처를 받아둡니다.

| Week 35 • Day 3   마음을 이해하는 감정 공부

창피하다

길을 걸어가다가 여러 사람 앞에서 벌러덩 넘어지면 아픈 것보다 창피해서 빨리 이 상황을 벗어나고픈 마음이 듭니다. 이처럼 일상에서 민망하거나 부끄러운 상황이 발생할 때 '창피하다'라고 표현합니다. 아이도 사람들 앞에서 실수하거나 부끄러운 일이 생겨 창피함을 느낄 때, 다른 곳으로 시선을 돌리거나 움츠러들기도 하지요. 이럴 때 "네가 이렇게 하면 정말 창피해!"처럼 비난하는 감정으로 표현하면, 아이는 더 움츠러들어 '창피함'을 부정적인 감정으로만 인식하게 됩니다. 창피함은 누구나 느낄 수 있는 감정이므로, 자연스레 표현할 수 있게 좀 더 따뜻하고 허용적인 분위기를 조성해 주세요.

👍 감정을 표현하는 말 💬

* 노래를 부르는데 동생이 웃어서 **창피했구나!** 동생에게 물어보니 언니가 노래하는 모습이 즐거워 보여서 웃음이 나왔대.
* 화가 나 문을 세게 닫았는데, 사람들이 쳐다봐서 엄마(아빠)는 **창피했어.**
* 밥을 먹다가 반찬을 다 쏟아서 **창피했구나!** 괜찮아! 정리하고 다시 받자.

아이와 함께 창피했던 상황을 이야기해 봅니다. 부모도 어떤 때 창피했는지 이야기해 주면, 아이는 '나만 느끼는 감정이 아니구나!'라고 생각하여 좀 더 자신의 감정을 편안하게 말할 수 있습니다. 또 창피한 상황이 생겼을 때 다른 사람의 말이나 행동에 신경 쓰지 않고 당당하게 표현할 수 있도록 도와줍니다.

| Week 35 • Day 4   몸 튼튼, 마음 튼튼 즐거운 놀이

우주선 타기

　가족이 함께 몸을 움직이며 땀을 흘리는 놀이를 규칙적으로 한다면, 아이들의 건강한 생활을 유지하고, 부모의 건강도 지킬 수 있는 즐거운 가족 놀이가 될 것입니다. 도구 없이 부모와 아이가 피부를 맞대고 놀이하는 것은 부모와 자녀의 유대감을 깊게 해 주며 외부로부터 받게 되는 긴장과 스트레스를 해소해 줍니다.

<옆으로 들어올리기>

1. 아이를 등에 업고 두 팔로 잡은 상태에서 떨어지지 않도록 주의하며 옆으로 돌려 가로로 업히도록 합니다.
2. 가로로 업힌 아이를 두 팔로 꼭 잡은 상태에서 좌우로 움직여 봅니다.

<팔에 매달리기>

1. 부모님이 팔에 힘을 주면, 아이는 부모님의 팔에 두 손으로 매달리고, 천천히 발을 들어 봅니다.
2. 제자리 걷기나 한 바퀴를 돌아보고, 익숙해지면 빙글빙글 돌아봅니다.

달토끼

달을 사랑하는 토끼와 토끼를 사랑하는 달이 있습니다. 서로 애틋한 눈길을 주고받는 순간, 어디에선가 별똥별이 날아와 달에게 상처를 냅니다. 그리고 그 상처로 달의 일부가 조각나 그 조각이 아래로 떨어집니다. 달은 다시 조각을 찾고 싶지만, 땅에 닿을 수 없어 눈물만 흘리는데, 달을 사랑하는 토끼가 조각을 되찾아줍니다.

최영아 글그림, 북극곰

이 책은 전통가옥, 전통의상, 전통놀이 등 한국 전통문화를 그림책에 그대로 녹여내었습니다. 글 없는 그림책이지만 아이들은 아름다운 그림체와 색감을 통해 한국의 자연, 집, 옷과 놀이, 동작을 탐색할 수 있고, 토끼가 어떻게 달에서 살게 되었는지 상상할 수 있습니다.

한국의 전통을 접하는 기회가 적은 요즘, 아이와 함께 보름달을 바라보며 소원을 빌어보고, 그림책에 나오는 전통놀이 이름이 무엇인지 수수께끼 놀이를 해 보세요. 또 가족이 함께 전통놀이를 하면서 우리 가족이 제일 좋아하는 놀이를 찾아보는 것도 좋습니다.

 마음과 생각을 키우는 그림책 대화 질문

★ 조각을 잃은 달의 기분은 어땠을까?
★ 왜 토끼는 달에 살게 되었을까?
★ 내가 토끼라면 어떤 방법으로 조각을 찾아주고 싶니?

| Week 35 • Day 6   일상에서의 작은 여행과 탐험

에스컬레이터

　지하철이나 쇼핑센터, 백화점, 대형마트에서 볼 수 있는 에스컬레이터는 편리하기도 하지만, 자칫하면 사고로 이어질 수 있습니다. 아이가 어릴 때는 부모님이 안고 타서 크게 염려가 되지 않았지만, 아이가 성장하면서 혼자 타려고 하면 걱정이 앞섭니다. 이 기회를 통해 에스컬레이터를 안전하게 이용하는 방법을 자연스럽게 알게 합니다.

　먼저, 뉴스나 인터넷에 있는 안전규칙 이미지를 가지고 안전약속을 알아봅니다. 또 에스컬레이터를 직접 보고 에스컬레이터가 어떻게 움직이는지, 오르고 내리는 방향이 어떻게 다른지를 인식하게 합니다. 그리고 탑승하는 다른 사람들의 모습을 통해 자신만의 안전규칙을 정해봅니다. 나아가 에스컬레이터 주변에 있는 안전 문구를 같이 살펴보면서 안전한 태도를 기를 수 있도록 합니다. 자, 이제 준비되었다면 에스컬레이터를 직접 타봅니다.

 에스컬레이터는 조심조심

- **지켜요! 안전규칙!** 손잡이를 반드시 잡기, 걷거나 뛰지 않기, 노란 안전선 안에 탑승하기
- **몇 초일까?** 에스컬레이터 타는 시간을 예측한 다음 타이머로 재보기
- **내가 만드는 안전 문구** 에스컬레이터를 직접 타본 다음, 지켜야 할 안전약속을 글이나 그림으로 표현하기

| Week 36 • Day 1   마음이 자라는 오늘의 말

기다릴게

　성향과 기질에 따라 행동의 속도가 다를 수 있고, 어떤 일은 너무 어려워서 시간이 걸릴 수 있습니다. 또 새로운 것을 할 때 잘하지 못할까 봐 걱정되어 시작하기까지 많은 시간이 걸릴 수 있지요. 그런 아이를 보면서 '우리 아이는 왜 이렇게 느릴까? 혹 문제가 있는 건 아닐까?', '빨리할 수 있는데도 왜 이렇게 느리게 하지?'처럼 여러 생각을 하게 되지요. 이런 생각이 들면 아이가 또래보다 뒤처질까 봐 마음이 조급해져 많은 것을 요구하게 됩니다. 부모의 조급함이 아이를 더 긴장하게 하여 무언가를 할 때 부모의 눈치를 보거나, 혹시라도 틀릴까 봐 아예 시작을 안 하는 경우도 있답니다.

　아이들은 경험을 통해 다양한 지식 체계를 구성하며, 방법을 알아갑니다. 성장하는 아이들에겐 경험을 통해 알아가는 시간이 필요합니다. '기다릴게'라는 말은 많은 것을 내포합니다. '느리게 해도 괜찮아', '틀려도 괜찮아', '천천히 해도 돼'와 같이 부모의 응원과 격려가 담겨있지요. 아이는 '기다릴게'라는 말만 들어도 그 말에 힘입어 더 편안하게 할 수 있습니다.

 부모의 말 습관

> ○○야, 기다릴게. 천천히 해도 돼.

> 이 만들기는 시간이 많이 필요할 거야. 엄마(아빠)가 **기다릴게**.

> ○○야, 차례가 올 때까지 기다려보자. 엄마(아빠)도 함께 기다릴게.

또박또박 말해요

아이가 또래보다 발음이 부정확하면 부모는 '혹시 친구들에게 놀림을 받지는 않을까? 언어 발달이 늦은 건 아닐까?' 하는 불안한 마음이 들 수 있습니다. 하지만 발음은 아이의 발달 속도에 따라 다양하게 나타나므로, 그 원인을 먼저 알아봅니다. 아이의 발음이 정확하지 않더라도 아이의 의사표현을 긍정적으로 인정해 주세요. 정확한 발음을 자연스럽게 반복해 들려주면 발음이 향상될 수 있으므로, 지속적으로 놀이를 통해 발음이 수정될 수 있도록 도와줍니다.

 이렇게 해 보세요

* **마음을 듣는 대화** 아이가 발음을 서툴게 할 때 지적하거나 바로 정확한 발음으로 따라 하도록 재촉하면, 아이는 더 자신감을 잃어 위축될 수 있습니다. 먼저 아이의 말을 끝까지 경청한 뒤, 자연스럽게 올바른 발음으로 다시 들려줍니다. 아이가 "나두 깅차 타꼬 시뽀!"라고 말하면 "그래, 기차 타고 싶구나! 기차는 어디로 달릴까?"라고 말하며 아이가 자신감을 잃지 않고 자연스럽게 해 볼 수 있도록 합니다.
* **소리 듣고 말하기 놀이** 동물 소리 흉내 내기(멍멍, 삐악삐악, 꿀꿀 등)나 짧은 리듬으로 된 문장 따라 말하기("토끼가 깡충! 깡충!") 등 발음에 부담을 느끼지 않고 즐겁게 소리를 듣고 말할 수 있게 합니다.
* **입 모양 신체놀이** 동그랗게 입을 오므리는 그림이나 사진('우', '오' 소리), 입을 벌리고 웃는 그림이나 사진('아' 소리) 등을 보며 손으로 무릎, 배, 어깨를 두드리면서 "오오오오오, 아아아아아"라고 말하며 즐겁게 발성할 수 있도록 합니다.

| Week 36 • Day 3   마음을 이해하는 감정 공부

짜증 나다

　아이가 작은 일에도 짜증을 내면 그 상황이 잘 이해되지 않아 화를 내거나 야단을 칠 때가 있습니다. 또 무턱대고 짜증을 내면 어떻게 도와줘야 할지 몰라 난감하기도 하고요. 이처럼 무언가 마음에 들지 않거나 불만이 쌓일 때 아이는 짜증 나는 감정을 표현합니다. 불쾌한 마음을 짜증으로 표현하는 것은 자기 마음을 알아달라는 신호이므로, 무시하거나 화나 분노로 반응하면 아이는 더 거세게 짜증을 표현할 수 있습니다.

　아이의 짜증에 감정적으로 반응하지 않고 침착하게 말하는 태도가 필요합니다. 평소에 아이가 무엇 때문에 짜증을 내는지 살피어 그럴 때는 어떻게 해야 할지 이야기를 나눠봅니다. 이를 통해 아이는 자신의 감정을 조절하며, 차분하게 말로 표현하는 방법을 배우게 됩니다.

감정을 표현하는 말

* ○○야! 무엇 때문에 **짜증이 났는지** 궁금하구나! 엄마(아빠)에게 알려줄래?
* 네가 **짜증을 내면** 엄마(아빠)도 기분이 좋지 않단다. 차분히 말로 해 보자.
* **짜증 나는** 모습을 표현해 볼까? 이 모습을 보니 어떤 느낌이 드니?

아이가 자신의 다양한 감정을 알아차릴 수 있게 거울을 보며 여러 감정을 함께 표현해 봅니다. 아이가 웃는 모습을 표현하면 "○○가 이렇게 웃는 모습을 보니 참 행복하구나!"라며 응원해 주어, 자신의 감정을 좀 더 긍정적으로 표현할 수 있게 도와주세요.

| Week 36 • Day 4   몸 튼튼, 마음 튼튼 즐거운 놀이

손잡고 폴짝

아이가 부모의 손을 잡고 서로의 신호에 맞춰 뛰는 동작을 함으로써 유대 관계가 깊어지고, 협동심도 기르게 됩니다. 처음에는 천천히 움직이다가 점차로 속도를 높이며 빠르게 진행하다 보면, 어느새 리듬에 맞춰 움직이는 부모님과 아이의 모습을 발견할 수 있을 것입니다. 가족이 함께 호흡을 맞춰 즐기는 놀이로 아이와 부모 모두가 심신의 건강을 유지할 수 있습니다.

1 부모는 앉아서 다리를 모으고 쭉 폅니다.
2 아이는 다리를 벌려 부모의 다리 밖으로 서서 마주 보고 두 손을 잡습니다.
3 부모가 '안으로 폴짝'이라고 말하면서 잡고 있던 손을 살짝 올리는 신호를 하면 아이는 두 발로 폴짝 뛰어 다리 사이로 들어가기로 약속을 합니다.
4 약속한 신호에 따라 부모가 다리를 벌리면 아이는 폴짝 뛰어 다리 사이로 들어갑니다.
5 다시 '밖으로 폴짝'이라는 신호에 따라 부모가 다리를 모으면 아이는 폴짝 뛰어 다리 밖으로 나옵니다.

✓ 아이가 부모의 다리에 걸려 넘어지지 않도록 속도를 잘 조절합니다.

달님 송편

안영은 글, 서영 그림, 키즈엠

　가장 밝고 커다란 보름달이 뜨는 추석 전날 밤, 야옹이들만의 축제가 열립니다. 이날을 위해 꾹꾹이(반죽) 실력을 갈고닦은 야옹이들은 커다란 달님 반죽으로 송편을 만듭니다. 일 년 만에 만난 야옹이들은 서로 안부를 묻고, 달님 주변을 돌며 강강술래를 하다가 달님을 뚝 떼어 옵니다. 그리고 한마음 한뜻으로 달님 송편을 만듭니다.

　이 책은 고양이의 본능적인 행동인 '꾹꾹이'를 상상력으로 풀어냈습니다. 그래서 의성어, 의태어가 많아 리듬감 있게 읽을 수 있는 부분이 많습니다. 또 송편에 필요한 재료와 송편을 만드는 과정이 잘 나타나 있어 아이와 함께 송편 만들기를 하기 전에 감상하면 더욱 좋습니다.

　요리 활동이 어렵다면 색종이를 반달 모양으로 오려 송편 모양을 만들고, 속 재료로 아이들이 좋아하는 스티커를 붙여 봅니다. 완성된 송편으로 '송편 보물찾기' 놀이를 해 보는 건 어떨까요? 집 안 곳곳에 숨겨진 송편을 아이가 찾으면 송편을 세어보는 수 세기 놀이도 할 수 있답니다.

 마음과 생각을 키우는 그림책 대화 질문

- ★ (표지를 보며) 고양이는 지금 무슨 생각을 하고 있을까?
- ★ 왜 달님을 뚝 떼어 온 다음, 그 자리에 구름 이불을 덮었을까?
- ★ 이야기에서 가장 기억에 남는 말은 무엇이니?

| Week 36 • Day 6   일상에서의 작은 여행과 탐험

 # 킥보드

아이는 걷기 시작하면서 세발자전거, 장난감 자동차 등 다양한 탈것을 하나씩 경험합니다. 그중 킥보드는 넓고 긴 판에 한 발을 올려놓고 다른 발로 땅을 굴러서 갑니다. 바람을 가르며 달리는 순간은 아이들이 킥보드의 매력에 빠져들게 하지요. 처음에는 균형을 잡거나 발을 구르며 앞으로 나가기 어려워하지만, 이내 곧 능숙하게 탑니다.

연령마다 탈 수 있는 킥보드는 다양합니다. 아이에게 맞는 킥보드를 스스로 운전해 볼 기회를 줍니다. 또 보호 장구의 필요성을 이야기 나누어 보호 장구 착용이 습관이 될 수 있도록 합니다.

자, 이제 준비가 되었다면 밖으로 나갑니다. 킥보드를 탈 수 있는 장소에 가서 보호장구를 착용한 다음, 킥보드를 타는 아이의 모습을 영상으로 촬영합니다. 자연을 느끼면서 안전하게 타는 자신의 모습을 영상으로 보면 아이는 자신을 능숙한 존재로 인식하게 됩니다.

나는 킥보드 안전 지킴이

- **보호 장구 알아보기** 헬멧, 무릎보호대, 팔꿈치보호대 등
- **탈 수 있는 공간 찾아보기** 운동장, 공원 등
- **나는 안전 지킴이** 보호 장구를 착용한 모습 사진 찍기, 킥보드 타기 전에 킥보드 브레이크 사용법 알아보기
- **내 킥보드를 소개합니다** 내 킥보드의 좋은 점, 불편한 점 찾아보기

열 번째 달

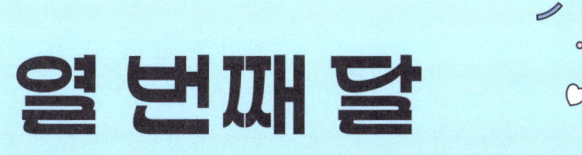

| Week 37 • Day 1   마음이 자라는 오늘의 말

배우면 된단다

어른도 매일 변하는 세상이 때로는 새롭고 낯설게 느껴집니다. 정보의 홍수에서 살아가는 우리는 수많은 정보량에 놀랄 때도 있고, 너무 많아 어떻게 해야 할지 몰라 난감할 때도 있지요. 어른이 되어도 세상을 살아가면서 끊임없이 배워야 하고 노력해야 합니다. 하물며 아이들은 어떨까요?

병아리가 알에서 갓 나와 세상을 보려고 날갯짓하듯 아이들도 이 세상을 만나고 알기 위해 이것저것 탐색하며 노력합니다. 그러면서 다양한 시행착오를 경험하는데, 그 과정은 참 소중한 경험이 됩니다. 이 경험을 통해 무엇이 잘못되었고 잘한 일인지 알게 되고, 소중한 가치를 발견하게 됩니다. 이러한 과정이 또 다른 배움으로 연결되지요. 배움은 '스스로 하고 싶다'는 마음에서 출발할 때 큰 효과를 발휘합니다. 배움의 즐거움이 매일 일어날 수 있게 다정한 말로 건네 보세요. "배우면 된단다."

 부모의 말 습관

> ○○야, 자전거 페달을 밟는 것이 어려웠구나. 처음 배우기 때문에 누구나 어려울 수 있단다. 지금부터 하나씩 **배우면 된단다**.

> 이 옷은 단추가 작고 많아서 잠그기가 어렵구나. 엄마(아빠)가 도와줄게. **배우면 된단다**. 이 부분을 벌려서 이렇게 넣어보자.

> 가위로 종이를 자르는 것이 어렵구나. 먼저 가위를 어떻게 잡는지 살펴볼까? 그래, 이렇게 하나씩 **배우면 된단다**.

| Week 37 • Day 2   슬기로운 생활습관과 안전

귀 기울여 들어요

이 시기 아이들은 말하고자 하는 욕구가 더 강하여 다른 사람의 말을 주의 깊게 듣기보다 자신이 하고 싶은 말에 더 집중합니다. 또 미디어 사용으로 인해 일방향 소통에 익숙하여 대화하는 방법을 잘 모를 수 있습니다. 주의 깊게 잘 듣는 것은 집중력을 높일 뿐 아니라 내용을 이해하는 데도 도움이 됩니다. 듣기 능력은 학습 능력과도 밀접한 관련이 있으므로 어려서부터 주의 깊게 듣는 경험이 필요합니다.

 이렇게 해 보세요

- **관심 이끌기** 아이의 관심을 이끌 수 있는 장난감, 책, 이미지 등을 사용하여 주제에 대해 흥미롭게 이야기해 주세요.
- **말 전달하기** 아이가 집중하여 잘 들을 수 있게 말 전달하기 놀이를 합니다. 처음에는 단어 중심으로 하다가 익숙해지면 문장으로 전달하기 놀이를 해 봅니다.
- **소리 산책** 아이와 함께 '소리 산책' 놀이를 해 봅니다. 소리 산책 시간에는 눈을 감고 어떤 소리가 들리는지 주의 깊게 들어 봅니다. 소리 산책이 끝나면 자신이 들은 소리를 이야기해 봅니다.
- **똑같이 가라사대** 누가 먼저 말을 할지 순서를 정해 봅니다. 서로 마주 본 다음 앞에 있는 사람이 말을 하면, 마주 보고 있는 사람이 "똑같이 가라사대"를 외친 후, 상대방이 한 말을 그대로 해 봅니다.

| Week 37 • Day 3   마음을 이해하는 감정 공부

정겹다

정이 넘치고 다정한 느낌을 '정겹다'라고 표현합니다. 생각만 해도 은근하게 퍼지는 따뜻함이 느껴지는 감정입니다. 다정한 모습을 보거나 서로의 마음이 전달되는 것이 느껴질 때 정겨움은 더욱 마음에 스며들지요. 스쳐 지나가는 일상의 순간에서도 정겨운 감정을 느끼고 찾을 수 있답니다. 다정하고 정이 넘치는 정겨운 감정을 아이가 느끼고 표현할 수 있도록 함께 찾아 주세요. 아이는 선물과도 같은 정겨운 감정을 느끼게 될 때마다 주변을 사랑하고 공감하는 능력이 커지게 될 것입니다.

감정을 표현하는 말

* 한 개밖에 없는 과자를 친구랑 나눠 먹은 모습이 **정겨워 보이네**.
* ○○야, 엄마(아빠)에게 다가와 위로해 주는 네가 **정겹단다**.
* 아기 때 갖고 놀던 인형을 다시 보니 **정겹구나**.
* 동생 손을 잡고 나란히 걸어가는 모습이 참 **정겨워 보인단다**.
* 외할머니의 **정겨운** 목소리가 들리는 것 같았어.

'정겹다'는 다정함과 따뜻한 마음이 함께 느껴지는 감정입니다. 의외로 정겨운 마음을 표현하고 전달하는 방법을 배우는 기회가 많지 않지요. 부모가 먼저 주변 사람들에게 다정하고 따뜻한 마음을 전하는 모습을 보인다면 아이도 정겨운 감정을 느낄 기회가 많아질 것입니다.

| Week 37 • Day 4   몸 튼튼, 마음 튼튼 즐거운 놀이

종이로 만드는 기찻길

　이 놀이는 종이를 찢어 길을 만들어 보면서 자신의 감정을 순화시키거나 부정적인 감정을 해소할 수 있는 놀이입니다. 최대한 길게 길을 만들어 보면서 자신감과 성취감을 느낄 수 있으며, 선을 밟지 않고 길 사이를 걸어 다니는 놀이는 신체를 조절하고 집중하는 능력과 균형감각을 발달시킵니다.

　준비물: 종이(전단지 또는 낡은 잡지)

1. 종이를 한 장씩 나눠 갖습니다.
2. 두 손으로 종이의 위쪽을 잡고 결을 따라 세로로 길게 찢습니다.(한 장의 종이를 여러 번 반복하여 찢어서 조각의 수를 늘립니다)
3. 찢은 종이를 바닥에 길게 이어 늘어뜨려 길을 만들고, 누구의 종이가 더 긴지 비교해 봅니다.
4. 길을 더 길게 만들기 위해서 더 얇게 찢어서 계속 길이를 늘여갑니다.
5. 이번에는 여러 장의 종이를 찢어서 함께 도와가며 두 줄로 기찻길을 만듭니다.
6. 종이 기찻길 사이를 벗어나지 않게 주의하며 걸어갑니다.
7. 아이와 함께 '칙칙폭폭' 기차 흉내를 내며 종이를 정리합니다.

| Week 37 • Day 5   마음과 생각을 키우는 그림책

모두에게 배웠어

원래부터 생각하고 배우는 걸 좋아하는 아이인 주인공은 걷는 건 고양이에게 배우고 있습니다. 또 나무 타기, 달리기, 기분 좋게 산책하기, 낮잠 자기, 꽃향기 맡기 등 많은 것을 세상 모두에게 배우고 있지요. 모든 것을 관찰하고 따라 하면서 세상을 통해 하나씩 배웁니다.

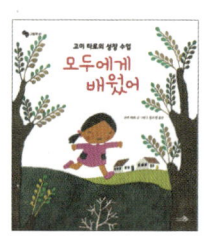

고미 타로 글그림,
김소연 옮김, 천개의바람

우리는 흔히 '배움'이라고 하면 책을 통한 공부라고 생각합니다. 하지만 본능적인 지적 욕구를 지닌 아이에게는 온 세상이 배움터이고, 모두가 선생님입니다. 작가는 이 책에서 '배움'을 단순하고 간결하게 이야기하고, 직관적인 그림을 통해 쉽게 이해할 수 있게 합니다. 책을 통해 아이는 '배움'을 공부가 아닌 '즐거운 앎'으로 느끼게 되지요.

우리 아이는 누구에게 무엇을 배우고 싶을까요? 릴레이로 '배우고 싶은 것 말하기' 놀이를 해 보세요. 그런 다음 누구에게 어떤 방법으로 배우고 싶은지 정하고, 실천해 본다면 아이는 더 흥미를 갖고 도전해 볼 것입니다.

 마음과 생각을 키우는 그림책 대화 질문

* 주인공의 표정을 보면, 지금 어떤 기분일 것 같니?
* 마지막에 주인공이 말한 '훌륭한 아이'는 어떤 아이일까?
* 네가 배우고 싶은 것은 무엇이니?

| Week 37 • Day 6　　　일상에서의 작은 여행과 탐험

자전거

　자전거 페달을 밟고 두 발을 구르면 시원한 바람이 기분을 상쾌하게 해줍니다. 아이는 자전거를 운전하면서 내가 가고 싶은 곳을 향해 여행을 떠나는 기분이 들고, 자동차를 운전하는 어른이 된 듯한 기분도 듭니다. 오늘은 자전거 타기에 도전하는 날입니다.

　먼저 아이의 몸에 맞는 자전거를 선택하는 게 중요합니다. 두발자전거, 세발자전거, 네발자전거 등 아이의 연령과 발달에 따라 적절한 자전거를 선택합니다. 무엇보다 안전을 위해 안전모, 팔꿈치와 무릎보호대 착용법을 익히는 것도 좋지요.

　부모의 격려와 지지를 받은 아이는 자전거 타기에 도전하는 용기를 키우게 됩니다. 또 자전거를 타면서 집중력이 향상되고, 운동이 되므로 건강도 지킬 수 있습니다. 즐거워하는 아이의 웃음소리가 들리지 않나요? 아이의 웃음소리로 행복의 싹을 틔우는 부모님도 아이와 함께 자전거를 타보는 것은 어떨까요?

 자전거 탐험대

* **안전 지킴이**　우리 동네 자전거 관련 안전 표지판 찾아보기, 자전거 보호장구를 착용한 모습 사진 찍기, '자전거 교통안전 체험 학습장' 방문하기
* **어디로 다닐까?**　자전거 도로, 자전거 횡단보도 찾아보기
* **재미있는 놀이**　자전거 부분 명칭 수수께끼 놀이(예 : 바퀴, 핸들, 브레이크, 페달 등)

| Week 38 • Day 1   마음이 자라는 오늘의 말

다행이야

아이를 키우다 보면 다양한 상황을 경험하게 됩니다. 아이가 호기심으로 한 행동이 너무 위험하여 큰일 날 뻔한 일도 있고, 다치거나 아파서 마음이 미어질 때도 있습니다. 이렇듯 맑은 날도 있고, 흐리고 소나기가 내리는 날도 있지요. 어떤 날이든 아이와 함께 있어서 참 다행이라는 생각을 합니다.

'다행'이 주는 의미는 참 큽니다. 다행이라고 생각한 순간 안도와 함께 감사한 마음이 커져, 더 긍정적으로 내일을 기대할 수 있으니까요. 어떤 말을 선택하느냐에 따라 생각과 마음가짐이 달라지지요. '아직도 이것밖에 못 해!'라고 생각하면 불안하고 초조해집니다. 그러나 '이만큼 해서 다행이야!'라고 생각하면 마음이 편안해지면서 아이의 시선에서 생각해 보려고 노력하게 됩니다.

아이는 지금 성장 중이라 많은 시행착오를 거칩니다. 아이의 시선에서 바라보며, 있는 그대로의 모습을 응원해 줍니다. 오늘도 아이와 함께할 수 있는 것에 감사하면서 "다행이야!" 말을 건네 봅니다.

 부모의 말 습관

○○가 엄마(아빠) 딸(아들)로 태어나서 **참 다행이야!**

○○가 동생과 싸우지 않고 사이좋게 지내서 **다행이야!**

○○가 감기에 걸려서 마음이 아팠는데 빨리 나아서 참 **다행이야!**

| Week 38 • Day 2   슬기로운 생활습관과 안전

바르고 고운 말을 사용해요

 영유아기는 언어 발달 과정에 있으므로 여러 어휘를 적절하게 선별하여 사용하기 어렵습니다. 또 재미있고 자극적인 말에 더 집중하게 되므로, 말의 뜻을 이해하지 못한 채 그대로 사용하기도 합니다. 특히, 언어 습관이나 언어지도는 부모의 영향을 많이 받으므로 올바른 모델링이 되어 아이 스스로 바르고 고운 말을 사용할 수 있도록 돕습니다.

 이렇게 해 보세요

* **고운 말은 바구니에 쏙!** 고운 말과 미운 말을 쪽지에 각각 몇 개씩 적어봅니다. 쪽지를 살펴보며 어떤 말이 있는지 알아봅니다. 고운 말과 미운 말 쪽지를 뒤집은 다음, 쪽지 한 장을 들어서 고운 말이 나오면 바구니에 놓고, 미운 말이 나오면 다시 뒤집어 놓습니다. 엄마(아빠)와 아이가 순서를 정해 게임으로 진행하면서 재미있게 고운 말을 경험해 봅니다.
* **상황에 맞게 고운 말 쓰기** 무언가를 부탁할 때 "야, 색연필 줘!"처럼 명령조의 말보다 "색연필 좀 빌려 줄래?", "색연필을 빌려줄 수 있겠니?"와 같이 정중하게 부탁하는 말을 사용할 수 있도록 도와줍니다. 이 외에도 상황에 따라 적절한 말을 사용할 수 있게 그림 카드를 보며 어떻게 말을 해야 하는지 알아봅니다.
* **감정 표현 도와주기** 이 책의 '마음을 이해하는 감정 공부'에서 여러 감정 내용을 살펴보고 적절한 감정을 표현해 본 뒤, 오늘의 기분을 말로 표현해 보도록 도와줍니다.

| Week 38 • Day 3   마음을 이해하는 감정 공부

다정하다

    누군가가 건네는 말 한마디와 표정에 우리 마음이 따뜻해지거나 거칠어집니다. '말이 아 다르고 어 다르다' 라는 속담이 있듯이 같은 내용이라도 어떻게 표현하느냐에 따라 말의 파동은 완전히 달라지지요. 따라서 아이를 대할 때 좀 더 다정하게 말하는 태도가 필요합니다. '다정하다' 는 '정이 많고 마음이 따뜻하다' 라는 의미를 지닌 순우리말입니다. 이 감정 언어는 따뜻한 마음을 친절하게 표현하는 정서적 태도를 나타냅니다. 아이와 이야기할 때 따뜻한 눈빛과 목소리로 다정하게 건네 보세요.

감정을 표현하는 말

* 친구와 **다정하게** 앉아서 그림책을 읽고 있구나! 그 모습이 사랑스러워!
* ○○야, 동생은 아직 어려서 장난감을 조립하는 것이 어려울 수 있단다. 화내지 말고, **다정하게** 말해보자.
* ○○가 **다정한** 눈빛으로 엄마(아빠)를 바라봐서 참 행복했어.
* 이 그림책에 나오는 동물들은 참 **다정하게** 이야기하네.

    일상에서 아이와 대화할 때 다정한 눈빛과 목소리로 이야기해 주세요. 그러면 아이는 부모의 모습에서 다정한 감정을 자연스레 느끼게 됩니다. 일상에서 '다정하다'는 말을 자주 사용하여 그 감정의 의미를 이해할 수 있게 도와주세요.

| Week 38 • Day 4   몸 튼튼, 마음 튼튼 즐거운 놀이

신문지 펀치

　마치 송판을 격파하듯 주먹으로 신문지를 뚫을 때 쾌감과 성취감을 맛볼 수 있으며, 자신감과 즐거움을 경험할 수 있습니다. 아이들 자신도 모르게 쌓인 부정적인 감정이나 공격적 욕구를 해소할 수 있으며, 잠재된 공격성을 건전하게 표출할 수 있습니다.

준비물: 신문지 또는 전단지 등

1. 신문지 한 장을 양손으로 펼쳐 들고, 아이에게 신문지의 가운데를 주먹으로 쳐 보도록 합니다. 이때 신문지를 팽팽하게 잡아주어서 아이가 신문지를 뚫는 데 성공할 수 있게 돕습니다.
2. 신문지가 뚫리면 박수로 격려하고, 한 장을 더 해 봅니다. 다음에는 신문지 두 장을 포개어 다시 해 봅니다.
3. 신문지의 장수를 늘려가며 난이도를 높이고, 아이가 신문지를 뚫을 수 있는 정도까지만 신문지 장수를 늘립니다.
4. 이번에는 역할을 바꾸어 아이가 신문지를 펼쳐 들고, 부모가 신문지 펀치를 해 봅니다.
5. 신문지 펀치를 끝낸 후, 남은 신문지 조각을 다시 잘게 찢어봅니다.
6. 찢어진 신문지 조각을 뭉쳐 공처럼 만들고 '종이공으로 슛 골인' 또는 '두 팔 농구'를 해 볼 수 있습니다.(67쪽, 159쪽 참고)

✓ 상대의 얼굴이나 몸을 때리지 않도록 주의합니다.

| Week 38 • Day 5   마음과 생각을 키우는 그림책

모모모모모

'모모모모모, 내기내기내기, 벼피벼피벼피…' 와 같은 언어유희로 벼의 한 살이를 재치 있게 표현한 그림책입니다. 모가 심어지고, 벼가 자라고, 피를 뽑고, 황금빛으로 익어 쌀이 되어 밥상에 오르기까지의 과정을 유쾌하게 보여주지요.

밤코 글그림, 향

짧은 낱말의 반복과 리듬으로 자연스럽게 농사의 과정을 익히며, 농부의 노고와 우리가 먹는 밥 한 끼의 소중함을 깨닫게 해 줍니다. 단순한 글자 놀이 같지만, 자연과 생명의 이치를 유머와 예술로 담아낸 특별한 그림책입니다.

책을 읽고 벼가 자라면서 겪는 어려움은 무엇이 있었는지 이야기 나눠봅니다. 책 속 표현(모모모모, 내기내기 등)을 아이와 함께 노래처럼 말하며, 손뼉치기나 발 구르기를 해 보세요. 또 농부가 벼를 베고 벼가 쓰러지는 장면을 몸 놀이로 해 보세요. 투명 컵에 흙과 벼 씨앗을 심어 자라나는 모습을 관찰하며, 책 속 벼 한살이와 연결 지어 대화해 볼 수 있습니다.

 마음과 생각을 키우는 그림책 대화 질문

★ '모모모모모'가 뭘까?

★ 왜 농부들이 '피'를 꼭 뽑아 주어야 할까?

★ 우리가 매일 먹는 밥이 되기까지 어떤 과정이 있을까?

| Week 38 • Day 6   일상에서의 작은 여행과 탐험

버스

　버스는 많은 사람이 쉽게 이용하는 대중교통 수단입니다. 하지만 대부분 가정에 자가용이 있어서 버스를 타본 경험이 없는 아이도 많습니다. 그래도 버스를 탈 일이 생기면 신나는 여행이 될 수 있습니다. 버스는 종류가 다양합니다. 사용하는 연료도 다르고, 지역에 따라 부여되는 번호도 다르며, 어떻게 운행하느냐에 따라 노선 이름이 다르고, 장애인을 위한 버스도 있지요.

　하차하기 전에 버스 벨을 눌러보고, 승·하차 시 아이가 버스카드를 직접 찍어보는 체험은 아이에게 성취감을 줍니다. 추울 때 따뜻함을 선사하는 의자, 버스가 언제 오는지 알려주는 전광판, 에어컨이나 충전기 등도 있는 버스 정류장은 호기심 천국이지요. 버스 여행을 하면서 버스 안에서 지켜야 할 예절과 안전규칙, 이용법 등을 이야기 나누면 짧은 시간 이용한 버스 이동도 즐겁고 유익한 여행이 됩니다.

 신나는 버스 여행

- **＊ 몇 정거장?** 노선도(스마트 앱, 버스 안에 부착된 노선도)를 보며 목적지까지 몇 정거장 가야 하는지 살펴보기
- **＊ 창문 밖 풍경 담기** 보이는 나무 세기, 간판의 글자 읽어보기, 기억에 남는 풍경을 눈으로 사진 찍기
- **＊ 귀로 버스 소리 담기** 버스 벨 소리, 카드 태그 소리, 다음 정거장 안내 소리

| Week 39 • Day 1   마음이 자라는 오늘의 말

 ## 처음으로

처음으로 하는 일은 낯선 경험을 마주하는 것이라 큰 용기가 필요합니다. 특히 어른에 비해 세상을 살아가는 경험이 적은 아이들은 더욱더 그러하지요. 그래서 무언가를 시도해 보는 첫 경험은 오랫동안 기억에 남습니다.

기질적 특성에 따라 어떤 아이는 처음으로 하는 것 자체가 호기심이라 바로 시작할 수 있고, 또 어떤 아이에게는 처음이라는 그 자체가 두려움이 가득하여 시작부터 어려움이 생길 수 있습니다. 이렇듯 아이마다 반응은 다를지라도 처음 해 보는 일은 누구에게나 도전이 됩니다. 아이들의 첫 도전을 응원하여 끝까지 마무리할 수 있도록 도와줍니다.

어른들이 보기엔 아주 쉽고 대수롭지 않은 일지라도 아이들에겐 생소한 경험이므로 어른들의 격려와 응원이 무엇보다 필요하지요. 아이가 첫 시작의 설렘과 뿌듯함을 느낄 수 있게 '처음으로' 라는 말을 건네 보세요.

 부모의 말 습관

○○가 양말 신는 것에 **처음으로** 도전해 보는구나! 대단하다!

처음으로 지퍼 올리는 것을 해 보았구나! 혼자서 하기 어려웠을 텐데, 도전한 ○○가 참 자랑스러워!

○○가 **처음으로** 젓가락을 사용하였네! 젓가락으로 음식을 집는 것이 쉬운 일이 아닌데 도전하는 모습이 참 멋졌어!

| Week 39 • Day 2   슬기로운 생활습관과 안전

 ## 재미있게 책 읽기

 어린아이들은 집중력이 부족하므로, 긴 시간 동안 책을 읽으며 주의를 집중하는 것이 어려울 수 있습니다. 이 시기 아이들은 언어 발달의 초기 단계에 있으므로, 책에 나오는 말이나 그림이 이해하기 어려우면 지루해할 수 있지요. 아이의 성향, 선호도, 발달 특성 등을 고려하여 그림책을 선정하고 아이의 눈높이에 맞춰 그림책을 읽어줍니다.

 이렇게 해 보세요

- **적절한 그림책 선택** 아이가 관심 있는 주제나 좋아하는 책을 선택해 주세요. 부모님이 먼저 그림책을 읽어보고, 어떤 방법으로 읽어주면 좋을지 생각해 봅니다. 또 아이가 흥미를 느낄 수 있는지, 이해하기 쉬운 그림책인지 살펴보고 적절한 책을 선택합니다.
- **생동감 있게 읽어주기** 아이가 그림책에 관심을 갖고 몰입하여 들을 수 있도록 생동감 있게 책을 읽어줍니다. 각 캐릭터의 목소리를 다르게 해서 듣기 쉽게 읽어준 뒤, 책 내용에 관해 아이와 대화를 나누거나 기억에 남는 장면을 몸으로 표현해 봅니다.
- **동작과 소리로 그림책 만나기** 소리나 동작을 표현할 수 있는 의성어나 의태어 등이 나오면 아이가 그 내용을 쉽게 이해할 수 있게 동작으로 표현하거나 소리를 내어 봅니다. 예를 들면 '동글동글 사과', '사각사각 소리가 들려요'라는 문장을 읽을 때는 사과 모양을 만들어보거나 사각사각 소리를 흉내 내어 봅니다.

| Week 39 • Day 3   마음을 이해하는 감정 공부

싱그럽다

풀 향기, 꽃향기를 맡으면 저절로 숨을 깊게 마시게 되고, 가늘게 뜬 눈으로 향긋함에 취한 표정을 짓게 되겠죠? 그리고 '참 싱그럽다'라는 말로 그때의 감정을 표현하기도 합니다. 흠뻑 받아들여지는 향기처럼 우리의 감정도 싱그러움으로 표현하고 싶은 순간이 있습니다. 신선하고 맑으며 기분이 상쾌한 경험은 아이들이 자연을 접할 때 주로 느끼게 되는 감정입니다.

감정을 표현하는 말

- ★ 봄이 되어 나온 초록색 잔디가 **싱그럽다**. 우리 같이 걸어볼까?
- ★ 비가 그치고 나니 공기도 깨끗하고 상쾌해서 **싱그러운** 기분이 든단다.
- ★ 아침에 창문을 열었더니 신선한 공기가 들어와서 **싱그럽구나**.
- ★ 그림책에 있는 푸른 바다가 **싱그럽게** 느껴진다.
- ★ 풀잎에 맺힌 이슬이 맑게 보이는 **싱그러운** 아침이야.

싱그러움은 신선하고 깨끗한 자연을 접하거나 상쾌한 기분을 느낄 때 생기는 감정입니다. 이런 감정을 충분히 경험하면 정서적으로 안정되고, 자연을 사랑하는 마음도 길러진답니다. 아이들이 감각(눈, 코, 귀, 피부)을 활용해서 자연의 싱그러움을 경험할 기회를 많이 주세요.(예: 꽃향기를 맡아볼까?, 비가 온 뒤 하늘을 보니까 어때?, 시원한 공기를 마셔보니 어떤 느낌이 들어? 등)

| Week 39 • Day 4   몸 튼튼, 마음 튼튼 즐거운 놀이

한 발 서기

　아이가 첫걸음마를 시작했던 날을 떠올려 볼까요? 다리에 힘을 주고, 두 발로 서서 중심을 잡는 모습에 감동했던 추억도 생각날 것입니다. 오늘은 한 발로 서서 균형을 유지해 보는 놀이를 해 봅시다. 한 발로 정지한 상태에서 균형을 잡고 자세를 유지하는 놀이는 몸의 평형감각과 근력을 길러줍니다. 평형감각의 발달은 위험을 예방하는 데 중요한 역할을 하며 좋은 자세를 갖추는 데도 많은 도움이 됩니다.

<한 발 서기>

1. 차렷 자세로 바르게 섭니다.
2. 두 팔을 벌려 중심을 잡고, 한쪽 발을 앞으로 들어 무릎을 90도로 굽힙니다.
3. 다른 한쪽 다리는 무릎을 펴고 바로 서서 몸을 지탱합니다.
4. 10초 이상 한 발 서기를 해 보고, 양쪽 다리를 번갈아 실시합니다.
5. 눈을 감고 몇 초까지 평형을 유지하는지 측정해 봅니다.

<둘이 손잡고 한 발 서기>

1. 두 사람이 같은 방향으로 나란히 서서 팔을 벌려 한쪽 손을 잡습니다.
2. 손을 잡지 않은 팔은 벌려서 중심을 잡고 동시에 한 발 서기를 합니다.
3. 손을 잡은 팔을 펼 수 있도록 두 사람의 간격을 어깨너비로 벌립니다.
4. 균형을 잃을 경우 함께 넘어지지 않도록 재빨리 손을 놓아서 중심을 잡게 합니다.

| Week 39 • Day 5   마음과 생각을 키우는 그림책

모자섬에서 생긴 일

개구쟁이 주인공 몽이와 피그가 모음과 자음을 가지고 장난치며 신나는 한글 놀이를 펼칩니다. 장난과 웃음 속에서 모음과 자음이 만나고 변형되면서 한글의 소리와 재미를 자연스럽게 익힙니다.

홍미령 글, 최서경 그림,
고래책빵

이 책은 한글을 처음 접하는 아이가 한 음절을 가지고 '학습'이 아닌 '놀이'로 재미있게 글자를 경험하도록 도와줍니다. 글자의 소리를 다양한 표정과 억양으로 표현하며, 한글의 특별한 감성과 재미를 온몸으로 느낄 수 있습니다.

몽이와 피그가 한글로 장난칠 때 어떤 모습이 가장 재미있는지 이야기 나눠보세요. "오? 오! 오~"처럼 같은 글자를 다양한 표정과 목소리로 읽었을 때의 상황과 의미(오?: 궁금 또는 놀람, 오!: 감탄, 오~: 훌륭해)에 대해 아이와 이야기 나눠보세요. 집에 있는 물건의 이름 중 한 글자(모음·자음)를 골라 소리 내어 읽고, 비슷한 글자를 찾아 연결하면 아이가 한글과 친해질 수 있습니다.

 마음과 생각을 키우는 그림책 대화 질문

★ 그림책에서 어떤 부분이 가장 재미있었니?
★ "오?"라고 말할 때와 "오~"라고 말할 때가 어떻게 다르니?
★ 한가지 소리로 어떤 말을 해 볼까?

일상에서의 작은 여행과 탐험

전철(지하철)

　세계에서 가장 훌륭하다는 우리나라 전철! 외국인이 우리나라에 여행을 와서 편리하고 안전한 시스템과 청결한 전철을 체험하고 난 뒤, 극찬을 하는 뉴스를 볼 수 있습니다. 그 뉴스를 보고 있으면 우리나라가 자랑스럽고, 입가에 미소가 지어지지요.

　전철역은 아이들에게 새로움을 선사합니다. 만 6세까지는 무료지만 동행한 부모의 교통카드나 전철표를 같이 찍고 개찰구를 통과해 본다면 짜릿한 기분을 느낄 수 있습니다. 또 전철역에 있는 스크린도어를 보며 안전에 관해서도 이야기 나눈 뒤, 전광판을 보며 전철 도착 예정 시간을 기다린다면 전철역은 지루할 틈이 없는 즐거움의 장소가 됩니다.

　노선도를 보며 목적지까지의 정거장 수를 세어보기, 노선도를 손가락으로 따라서 그려보기도 해 봅니다. 또 특색 있는 역(박물관이 있는 역, 전시회를 하는 역, 역사적 의미가 있는 역 등)에 방문하는 것도 재미를 선사합니다.

 비밀을 찾아라!

- ★ **숫자를 찾아라** 전철역에 있는 숫자 찾아보기(예 : 출구 번호, 승강장 번호, 도착 시각, 금액, 호선, 역 번호, 출입문 표시 번호 등)
- ★ **호기심 천국 전철역** 스크린도어의 좋은 점과 신기한 점 조사하기, 그림으로 알려주는 전철 안전표시 찾기, 방독면이나 응급 도구 찾아보기
- ★ **재미있는 전철역** 전철역 안에 있는 가게 구경하기, 환승역에는 몇 개의 전철 호선이 지나가는지 조사하기

| Week 40 • Day 1   마음이 자라는 오늘의 말

 ## 그럴 수 있지!

"모르고 그랬단 말이에요", "너무 어려워서 못 하겠어요", "틀릴까 봐 못 하겠어요." 아이가 이런 말을 하면 어떻게 해야 할까요?

먼저 이 말을 하게 된 아이의 속마음을 살펴봅니다. 아이의 말 이면에 숨은 메시지를 알아야 그 마음을 위로해 줄 수 있겠지요. 이 시기는 언어 표현력이 발달하는 시기라 자기 생각이나 느낌을 적절한 언어로 표현하는 데 어려움이 있으므로, 아이가 보내는 신호를 놓치지 말고 살펴야 합니다. 평소에 아이의 눈빛, 표정, 제스처를 살피며 다양한 신호를 읽으려고 노력하다 보면, 아이의 마음이 보이게 됩니다.

또 아이의 말에 "그럴 수 있지"라고 공감해 주면, 아이는 부모의 위로에 마음이 편안해집니다. 위축되거나 두려웠던 마음, 화난 마음이 점차 사라지면서 문제를 해결해 나가려는 마음이 생깁니다. 아이의 눈을 바라보며 마음을 공감해 주는 "그럴 수 있지!"를 따뜻하게 건네 보세요.

 부모의 말 습관

> 점심 식사 준비를 하다가 숟가락을 떨어트렸구나. 그럴 수 있지.

> 블록 조립이 어려워 보여서 하기 싫었구나. 그럴 수 있지. 엄마(아빠)와 함께 블록 조립 방법을 알아볼까?

> 지금은 속상해서 말하고 싶지 않구나. 그럴 수 있지. 기다릴게. 말을 하고 싶을 때 너의 마음을 이야기하렴.

| Week 40 • Day 2　　슬기로운 생활습관과 안전

 # 글씨 쓰기

　아이가 글자를 쓰려면 다양한 능력이 요구됩니다. 글자 쓰기를 가르치기 전에 아이가 글을 쓸 준비(소근육 운동 능력, 눈과 손의 협응력, 시각적 변별력, 공간 개념)가 되어 있는지, 어떤 것을 더 길러줘야 하는지 살펴보는 것이 더 중요합니다. 아이가 글자에 관심을 가질 수 있게 처음에는 좋아하는 놀잇감으로 글자를 만들어 봅니다. 글자 쓰기에 흥미를 잃지 않도록 글자와 관련된 다양한 놀이를 지원하여 즐겁게 참여할 수 있게 도와줍니다.

 이렇게 해 보세요

* **우리 집에 글자가 살아요!** 아이의 방에 무엇이 있는지 살펴본 후, 제시된 글자를 보고 이 글자와 닮은 물건을 찾아봅니다. 물건을 찾은 뒤 "우리 집에 ㄱ이 살고 있네!"라고 말해봅니다. 이처럼 제시된 글자와 닮은 물건을 찾아보면서 시각적 변별력을 기를 수 있도록 도와줍니다.
* **재미있는 방법으로 글자 만나기** 아이가 좋아하는 블록이나 일상용품으로 낱글자, 내 이름 만들기 놀이를 해 봅니다. 아이가 글자 놀이에 흥미를 가지면 점진적으로 조각종이, 글자 스티커를 제공해 주어 좀 더 정교하게 글자를 만들어 봅니다.
* **글자 비빔면** 자음, 모음 모형을 자유롭게 잘 섞은 뒤, 눈을 감고 하나를 뽑아 어떤 글자인지 말해보고 몸으로 표현해 봅니다. 또 내가 뽑은 글자의 생김새를 살펴보고 글자를 손가락으로 써본 뒤, 자신이 좋아하는 도구로 글자를 써봅니다.

| Week 40 • Day 3   마음을 이해하는 감정 공부

서럽다

아이가 울거나 토라져 있는 등 부정적인 감정을 보일 때 "왜 또 그러니?" "도대체 몇 번째야?"라고 한 적은 없으신가요? 아이도 외롭고 서러운 감정을 느낄 때가 있습니다. 다른 사람이 내 마음을 몰라주거나 간절히 바라는 것을 얻지 못했을 때, 특히 친구들에게 따돌림을 당하는 상황이라면 서러운 감정이 더 강하게 들 것입니다. 어른 입장에서는 '그게 뭐 대수냐'라고 생각할 수 있겠지만, 아이 입장에서는 강하게 느껴지는 감정이라는 것을 기억해야 합니다.

감정을 표현하는 말

* 엄마(아빠)가 동생만 안아주고 돌봐줘서 **서럽다고** 느끼는구나.
* ○○이랑 말다툼을 했을 때 다른 친구가 내 편을 안 들어주고 ○○이 말이 맞다고 해서 **서러웠겠네.**
* 친구가 ○○이의 마음을 몰라주는 것 같아서 **서럽다고** 느꼈구나.
* ○○의 생일 파티에 초대받지 못했을 때 **서러운** 마음이 들었구나.
* 친구들이 모두 비눗방울 놀이를 하는데, 너에게만 놀잇감을 주지 않아서 **서러웠구나.**

아이가 서러움을 행동이나 말로 표현할 때 객관적인 사실만을 갖고 판단하기보다는 주관적인 해석을 존중하며 아이를 이해해 주세요.

| Week 40 • Day 4   몸 튼튼, 마음 튼튼 즐거운 놀이

에어캡 폭죽

　볼록볼록 에어캡은 공기주머니의 탄력을 느낄 수 있고. 터트리면 마치 폭죽이 톡톡 터지듯 경쾌한 소리도 들을 수 있지요. 이렇게 에어캡을 터트리는 놀이만으로도 감정이 정화되는 것을 느낄 수 있습니다. 그리고 아이와 신체를 접촉하면서 이 놀이를 할 때, 친밀감이 높아지고 긴장감이 해소되는 효과가 있습니다.

준비물: 에어캡(뽁뽁이 또는 비닐 포장 완충재)

1. 에어캡을 적당한 크기(120X60cm)로 잘라 한 장씩 나눠 갖습니다.
2. 손으로 가만히 감촉을 느껴보고 느낌을 이야기해 봅니다.
3. 다리를 뻗고 앉아서 다리에 에어캡을 올려놓고 살살 두드리며 터트립니다.
4. 팔, 어깨, 목 등 다양한 신체 부위에 에어캡을 올려 안마를 하며 터트립니다.
5. 서로 번갈아 가며 상대방의 등에 에어캡을 올리고, 등을 안마하여 에어캡을 터트립니다.
6. 안마가 모두 끝나면 아직 안 터진 공기주머니가 얼마나 있는지 촉감을 느껴봅니다.
7. 에어캡을 넓게 펼쳐서 공기주머니를 손바닥으로 눌러 터트려 보기도 하고 일어나서 발로 밟아보기도 합니다.
8. 에어캡을 반으로 접고, 다시 반으로 접어가며 발로 밟아 공기주머니를 터트립니다.
9. 에어캡을 다시 펼친 후, 아직 안 터진 공기주머니를 찾아 손으로 터트립니다.

| Week 40 • Day 5   마음과 생각을 키우는 그림책

고구마구마

덩굴 속에서 자라난 고구마들이 저마다 "둥글구마, 길쭉하구마, 크구마, 작구마!" 하며 신나게 자기 모습을 뽐냅니다. 허리가 굽은 고구마, 털이 난 고구마 모양이 제각각 생김새가 달라도 모두 당당하게 "나도 고구마구마!"라고 외치며 함께 어울립니다. 고구마를 쪄 먹고, 구워 먹고, 튀겨 먹는 고소한 향기 속에서 아이들은 먹는 즐거움과 함께 '다름의 아름다움'을 배웁니다.

사이다 글그림, 반달

이 책은 고구마 방귀 장면에서는 웃음이 절로 터지고, 익살스러운 표현들이 책장을 덮을 때까지 즐겁게 이어집니다. 재치와 웃음 속에 서로의 다름을 인정하고, 세상을 따뜻하게 바라보는 마음을 길러줍니다.

아이와 함께 읽을 때는 경상도 사투리로 읽어주면 더 구수하고 정겨운 맛이 납니다. 그림책처럼 아이와 함께 고구마를 직접 사 와서 찌고, 굽고, 튀기는 요리를 해 보세요. 요리하면서 "이 고구마는 구불하구마", "맛있구마" 등의 말이 오가며 재미있는 시간을 보낼 수 있습니다.

 마음과 생각을 키우는 그림책 대화 질문

★ 네가 가장 좋아하는 고구마는 어떤 모습이니? 왜 그렇게 생각했어?
★ 만약 고구마가 된다면, 어떤 고구마가 될까?
★ 지금부터 말끝에 "~구마"를 넣어서 말해볼까?

| Week 40 • Day 6   일상에서의 작은 여행과 탐험

비

'후두둑, 톡톡, 주룩주룩, 샤~' 창밖의 비를 바라보면 다양한 빗소리가 들립니다. 오늘은 아이와 함께 밖으로 나가 직접 비를 느껴봅니다. 우선 '비가 무엇일까?'라는 질문을 해 봅니다. 아이는 그 궁금증 하나로 비를 만나 볼 준비가 됩니다.

마음의 준비가 되었다면 비를 만나러 나갈 채비를 해 볼까요? 준비하다 보면 우산, 우비, 장화 등 비 오는 날 착용하는 용품을 자연스럽게 알게 되지요. 또 우산을 쓰고 걷다 만나는 물웅덩이, 비에 젖은 땅, 빗물 맺힌 식물, 흐린 하늘 등 어제와 다른 풍경은 아이들의 호기심을 더욱 자극합니다.

오늘만큼은 '안돼'라는 말보다 비에 옷이 젖어도 아이가 마음껏 비를 만끽할 수 있게 기회를 주면 어떨까요?

 비를 만나요

* **지렁이 만나기** 비 오는 날 밖으로 나온 지렁이의 움직임, 생김새, 색깔 등 특징 말하기
* **비 이름 알기** 소나기, 가랑비, 이슬비, 안개비 등
* **우산 만나기** 비 내리는 방향으로 우산 기울여보기, 우산에 맺힌 빗방울 날리기
* **빗소리 느끼기** 빗소리 감상한 다음 빗소리를 말로 표현하기
* **비 느끼기** 우비 입고 비 맞아보기, 비 맞아본 느낌 이야기 나누기, 손으로 우비에 있는 빗방울 만져보기 등

열한 번째 달

| Week 41 • Day 1   마음이 자라는 오늘의 말

 ## 무엇 때문에

아이들은 자신의 욕구나 감정에 즉각적으로 반응하다 보니 문제 상황이 발생할 수 있습니다. 또한, 아이들의 발달 특성 중 하나인 자기중심적 사고는 자신의 관점에서 세상을 바라보기 때문에 타인의 입장을 이해하기가 어려워 형제나 친구들과 갈등이 생길 수 있습니다. 이러한 상황이 발생했을 때는 아이의 행동을 지도하기 전에 먼저 아이의 마음을 살핀 다음, 무엇 때문에 그런 행동을 했는지 상황을 살펴보아야 합니다.

부정적인 감정이 차오를 때 '왜?'라는 질문은 원인을 생각해야 하는 질문이므로, 더 긴장감을 갖게 되고, 지적받거나 혼나는 느낌을 받게 됩니다. 그러면 아이들은 경직되어 제대로 이야기를 하지 못할 수 있으므로, '무엇 때문에?'와 같이 상황 중심의 질문을 하는 것이 좋습니다. 자신의 상황을 돌아보며 무엇 때문에 화가 났는지 아이 스스로 알아차릴 수 있기 때문입니다.

 부모의 말 습관

○○야, 표정을 보니 많이 화나 보이는구나! 무엇 때문에 그러는지 말해 줄 수 있을까?

무엇 때문에 속상한지 엄마(아빠)한테 말해보렴!

○○야, 네가 울고 있으니 엄마(아빠)도 마음이 아파! 무엇 때문에 눈물이 나는지 말해보렴!

○○가 무엇 때문에 소리를 지르고 발을 동동 구르는지 궁금하구나!

| Week 41 • Day 2   슬기로운 생활습관과 안전

왼손으로 글자를 써요

아이가 왼손으로 글자를 쓰면 학교에 가서 불편해질 것 같아 걱정됩니다. 이런 마음에 오른손으로 글자를 쓰도록 지도하는 경우가 있습니다. 그러나 아이마다 편하게 사용하는 손이 다릅니다. 따라서 꼭 오른손으로 쓰도록 고치기보다는, 먼저 아이의 특성과 기질을 이해하는 것이 중요합니다. 특히 왼손잡이는 일반적으로 우뇌가 더 발달하여 예술 감각 및 공간 지각력, 창의력이 뛰어난 경우가 많으므로, 부정적으로 보기보다 아이가 지닌 강점을 응원해 주며 양손을 자연스럽게 사용할 수 있도록 도와줍니다.

 이렇게 해 보세요

- ★ **인정과 존중** 억지로 오른손으로 글자를 쓰게 하면 정서적 불안, 집중력 저하, 좌우 혼란이 올 수 있으므로 "○○는 왼손을 사용하는 것이 더 편하구나"라고 말하며 왼손 사용을 먼저 존중해 줍니다.
- ★ **자세 교정** 왼손잡이 아이들은 글씨를 쓸 때 손이 글씨를 가리거나 손목이 꺾이는 불편을 겪을 수 있습니다. 안정된 글쓰기를 위해서는 종이를 왼쪽으로 약간 기울여 놓고, 허리를 곧게 펴 바른 자세로 앉게 도와주세요. 또한, 손목을 구부리지 않고 자연스럽게 글씨를 쓸 수 있게 지도하면 아이가 편안하게 글쓰기를 할 수 있습니다.
- ★ **왼손잡이용 도구** 왼손잡이 아이에게는 왼손잡이용 전용 가위, 연필, 연필깎이, 노트 등을 준비하여 아이가 편안하고 자연스럽게 사용할 수 있도록 지원합니다.
- ★ **양손으로 그리기** 색연필이나 크레파스 등 부드러운 쓰기 도구를 사용하여 양손으로 마음대로 그리기, 선 그리기, 동그라미 그리기 등 다양한 방법으로 놀이해 봅니다.

| Week 41 • Day 3   마음을 이해하는 감정 공부

부드럽다

부드러운 머릿결, 부드러운 음식, 부드러운 성격, 부드러운 말 등 '부드럽다'는 일상에서 다양한 의미로 사용됩니다. 이처럼 '부드럽다'는 무엇을 만져본 촉감이나 음식의 질감을 표현할 때, 다정하고 따뜻한 사람의 마음을 표현할 때처럼 맥락에 따라 다르게 표현되지요. 아이들에게 감정의 의미로 '부드럽다'를 사용할 때는 그 감정이 잘 전달될 수 있게 부드러운 표정과 목소리로 표현합니다. 또 부드러운 촉감과 연결하여 그 감정의 의미를 전하면, '부드러운' 감정의 상태를 더 쉽게 이해할 수 있답니다.

감정을 표현하는 말

* 이 옷을 만져보자. 어떤 느낌이 드니? 그래, **부드러운** 느낌이 드는구나. 우리도 이 느낌처럼 **부드럽게** 말해볼까?
* ○○가 엄마(아빠)를 다정하게 안아줘서 엄마(아빠) 마음도 **부드러워졌단다.**
* ○○가 따뜻하게 말해줘서 엄마(아빠)의 마음도 **부드러워졌네.**
* 엄마(아빠)가 오늘 속상한 일이 있었는데, 네가 토닥토닥해 줘서 속상했던 마음이 사르르 풀어져 **부드러워졌단다.** 고마워!

아이가 '부드럽다'를 잘 이해하도록 '부드럽다'의 반대말인 '거칠다'의 의미도 알아보고, 각 단어의 의미를 몸으로 표현해 봅니다. 또 "부드러운 목소리로 말하네"처럼 일상에서 부드러운 감정의 상태를 다양하게 표현합니다.

| Week 41 • Day 4   몸 튼튼, 마음 튼튼 즐거운 놀이

난다 난다 비행기

　어린 시절, 마치 하늘을 나는 듯이 부모님과 함께 비행기 놀이를 해 본 추억이 있을 것입니다. 비행기를 타듯 공중으로 올라가는 놀이는 신체의 균형 감각을 키울 수 있습니다. 다리와 몸을 이용해 떨어지지 않으려고 중심을 잡는 과정에서 서로에 대한 관심과 친밀감을 느낄 수 있습니다.

준비물: 부드러운 담요와 베개

1. 부모는 담요 위에서 베개를 베고 등을 바닥에 댄 채 바로 눕습니다.
2. 아이의 양손을 잡고 엄마의 정강이에 배를 기대고 엎드리게 합니다.
3. 아이가 기대면 천천히 다리를 올려 아이를 위로 띄웠다가 바닥에 내려놓습니다.
4. 아이가 높이 올라간 상태에서 "비행기가 난다"라고 외치며 아이의 팔과 다리를 쭉 뻗게 합니다.
5. 아이가 안정되게 놀이를 즐기면 차츰 높고 빠르게 올려주고, 좌우로 흔들어주기도 합니다.
6. 익숙해지면 아이의 두 손을 꼭 잡아 약간 들어 올린 후 배에 발을 대고 다리를 쭉 뻗어 더 높이 올려줍니다.(아이의 배에 발을 대고 비행기 타기를 할 때는 부드러운 양말을 착용합니다)

✓ 처음부터 너무 과격하게 하지 않게 조심하고, 아이를 떨어뜨리지 않도록 주의합니다.

| Week 41 • Day 5　　　마음과 생각을 키우는 그림책

이상한 집

　길쭉한 집이 있습니다. 누가 살까요? 키 높이 목발을 신은 피에로가 길쭉한 문을 열고 성큼성큼 걸어 나옵니다. 커다란 집에서는 코끼리가 나오고, 쪼끄만 집에서는 개미와 좁쌀만 한 아이가 나옵니다. 이렇게 이상한 집과 그 집에 사는 이들을 차례차례 만나다가 마지막에는 화면 가득 '재미난 마을'의 풍경이 펼쳐집니다.

이지현 저, 이야기꽃

　이 책은 글이 간결하여 아이들이 쉽게 이해할 수 있습니다. 반면 세밀하고 풍부하게 그려진 그림은 아이가 상상력을 발휘할 수 있도록 하지요. 따라서 독창적이고 세밀한 그림을 살펴보는 것만으로도 재미있고, 읽을 때마다 새로운 것을 발견할 수 있어 흥미롭습니다.

　지금부터 아이와 함께 숨은그림찾기 놀이를 해 볼까요? 그림책 속 장면에서 아이에게 특정한 사물을 찾게 합니다. "이 집에는 어떤 특별한 물건이 숨어있을까?" 하고 퀴즈를 내면 아이는 주의 깊게 그림을 살펴보게 되고, 관찰력도 높아지게 된답니다.

 마음과 생각을 키우는 그림책 대화 질문

* 그림책에서 가장 기억에 남는 집은 어떤 집이야?
* 우리 집과 책 속의 집은 어떤 점이 다를까?
* 만약 이상한 집에 산다면 어떤 기분일 것 같니?

| Week 41 • Day 6   일상에서의 작은 여행과 탐험

 # 구름

우리는 하루에 몇 번이나 고개를 들어 하늘을 볼까요? 아이와 함께 구름을 본 적이 있나요? 책을 통해 구름을 알 수도 있지만, 아이가 부모와 같은 시간과 장소에서 함께 구름을 바라보며 소통하는 것은 책에서 느낄 수 없는 또 다른 경험입니다.

뭉게구름, 양떼구름, 새털구름 등 구름에는 다양한 이름이 있습니다. 아이가 만난 구름은 어떤 구름일까요? 구름의 특징을 발견해 별명을 지어본다면 구름은 조금 더 친근한 존재가 됩니다.

구름을 한 번만 만나지 마세요. 구름 한 점 보기 어려운 맑은 날, 태양 빛을 막으려는 듯 구름이 온 하늘을 뒤덮은 흐린 날 등 날씨에 따른 구름의 변화를 관찰하는 것도 좋습니다. 다음에는 어떤 모습의 구름을 만날지 예측하면서 아이는 자연스럽게 상상을 하게 되고, 과학적 사고력을 키우게 됩니다.

 재미있는 구름 놀이

* **나뭇잎 액자** 바닥에 떨어져 있는 나뭇잎을 주워 구멍을 뚫은 다음, 나뭇잎 구멍으로 구름 관찰하기
* **구름 따라 걷자!** 넓은 장소에서 가족과 손잡고 구름 따라 걷기
* **내가 찾은 구름** 가장 기억에 남는 구름을 사진 찍은 다음 별명 짓기
* **구름으로 놀자** 『구름 놀이』 그림책을 감상한 다음, 주인공처럼 놀이하기

| Week 42 • Day 1   마음이 자라는 오늘의 말

 ## 지금은 멈출 시간이야

아이들은 화가 차오르거나 뜻대로 되지 않으면 때리거나 던지는 등 위험한 행동으로 표현할 때가 있습니다. 또 원하는 것이 있으면 주변 상황을 고려하지 않고 무조건 해 보려고 합니다. 어른이 볼 때는 무척 위험해 제재하려고 해도 아이들은 자기 뜻대로 하려고 합니다.

이때 무조건 못 하게 누르기보다 아이가 하고 싶은 마음을 충분히 공감해 준 뒤, 단호한 목소리로 왜 멈춰야 하는지 이야기해 줍니다. 위험한 것과 위험하지 않은 것을 알아보는 것도 아이 스스로 조절하는 데 도움이 됩니다. 어떤 것이 위험한 행동인지 이야기 나눠보면서 내가 하고 싶은 행동도 위험하다고 느껴지면 멈춰야 하고, 다른 행동으로 대체할 수 있음을 알려줍니다.

아이가 위험한 행동을 할 때, 멈출 수 있도록 빨간색 카드를 보여주며 '멈춰' 라고 하거나, '지금은 멈출 시간이야' 라고 알려준다는 것을 사전에 안내합니다. 아이가 위험한 행동을 했을 때 부모의 '멈춰!' 라는 말이 사전에 약속한 말임을 기억하고 스스로 조절해 보려고 노력하게 됩니다.

 부모의 말 습관

의자 위에서 뛰어내리다 다칠까 봐 걱정이 되는구나! 그래서 지금은 멈출 시간이야! 의자 위에서 뛰어내리는 것 말고 다른 방법을 찾아보자.

동생 앞으로 물건을 던지는 것은 너무 위험해! 지금은 멈출 시간이야!

사람들이 지나가는 길에 누워있으면 위험하단다! 지금은 멈출 시간이야!

| Week 42 • Day 2   슬기로운 생활습관과 안전

공중화장실 사용이 두려워요

외출했을 때 갑자기 아이가 대소변 신호를 보내면 공중화장실을 이용하게 됩니다. 그런데 아이가 집이 아닌 곳의 화장실 이용을 어려워한다면 난감하기만 합니다. 아이가 공중화장실 이용에 어려움을 겪는 이유는 다양합니다. 옷을 내리고 올리는 것이 어려워서, 변기 사용이 어색해서, 화장실이 무서워서, 혹은 다른 이유 때문에 불안감을 느낄 수 있습니다. 아이가 공중화장실에 친숙해지고 두려워하지 않도록 다양한 방법으로 알려줍니다.

 이렇게 해 보세요

- **이야기 나누기** 집의 화장실과 공중화장실 사진을 보며 같은 점과 다른 점을 알아봅니다. 공중화장실이 없으면 어떤 점이 불편한지 알아본 뒤, 공중화장실의 필요성과 이용 방법을 구체적으로 알려줍니다. 도움이 필요할 때는 부모님께 꼭 요청해야 한다는 것을 안내합니다.
- **화장실 퀴즈** 공중화장실 이용에 불안감을 갖지 않도록 화장실 사용 방법을 다음 예시와 같이 OX 퀴즈를 통해 알아봅니다.
  - 공중화장실은 혼자 쓰는 게 무서우면 친구랑 같이 들어가도 돼요. (X) → 화장실 안은 혼자 사용해야 해요. / 문을 닫은 뒤에는 잠금장치를 꼭 확인해야 해요. (O)
- **화장실 에티켓** 아이가 이해할 수 있는 쉬운 말이나 그림으로 이야기를 나눕니다.
  - 바르게 앉아서 사용해요. / 용변 후 물 내려요.(다음 사람이 깨끗하게 쓸 수 있어요) / 다른 사람을 배려하여 줄을 서서 기다리고, 장난치거나 떠들지 않아요.

| Week 42 • Day 3   마음을 이해하는 감정 공부

조마조마하다

'조마조마하다'는 것은 앞으로 벌어질 일에 대해 염려가 되어 불안한 마음을 표현하는 감정입니다. 일상생활 중에 조마조마한 느낌이 생기는 것은 스트레스가 되기도 하지요. 불안한 마음이 커지면 심리적인 압박감이 생겨 이러한 감정에서 도망치고 싶어지기도 합니다. 그러나 조마조마한 마음을 적절하게 활용한다면 집중력을 높이는 기회로 삼을 수 있고, 주어진 일을 빠르게 완성할 수도 있답니다. 아이와 함께 조마조마한 감정이 생겼던 경험을 이야기해 보고, 놀이에서도 조마조마한 순간을 함께 만들어 보세요.

감정을 표현하는 말

* 실수로 깨뜨린 유리컵을 치우다가 ○○이의 손이 베일까 봐 **조마조마했어**.
* 네가 침대에서 떨어질까 봐 마음이 **조마조마했단다**.
* 밧줄 위로 걸어갈 때는 혹시 떨어지면 어쩌나 항상 **조마조마해**.
* 시간 안에 블록쌓기를 완성 못 하면 어쩌나 마음이 **조마조마했어**.
* 숨바꼭질을 하는 중 술래에게 들킬까 봐 마음이 **조마조마했구나**.

놀이를 통해 다양한 감정을 알아가고, 그때그때 자신의 감정을 들여다보는 일은 쉽지 않습니다. 조마조마한 마음속 감정을 들여다보고, 바르게 표현하는 방법과 바람직한 해소 방법을 안내해 준다면 긍정적인 경험이 될 수 있을 것입니다.

| Week 42 • Day 4   몸 튼튼, 마음 튼튼 즐거운 놀이

가위바위보 꼬리 달기

  스카프를 이용하여 몸에 꼬리를 만들어 가위바위보 게임으로 하나씩 빼내는 놀이입니다. 아이는 동물들에게만 있는 꼬리가 마치 자신에게 실제로 생긴 듯 상상하며 즐거워합니다. 옷 속에서 스카프를 빼내는 놀이를 통해 부드러운 감촉을 느끼면서 긴장감이 완화될 수 있으며, 게임으로 확장하면 친밀감도 더욱 높아지게 됩니다.

준비물: 스카프(또는 손수건) 여러 개, 음악(밝고 신나는 음악)

1. 스카프를 옷 속에 숨겼다가 마술사처럼 '아브라카다브라' 등 주문을 외우며 스카프를 당겨 꺼냅니다.
2. 아이의 옷(소매, 바지 등)에 스카프 한 개를 넣고 '꼬리'를 조그맣게 남겨놓습니다.
3. 이번에는 주문을 외우며 아이가 스카프 '꼬리'를 잡아당기게 합니다.
4. 준비한 여러 개의 스카프를 같은 개수로 나누어 갖은 다음, 각자의 바지 뒤쪽과 소매, 허리띠 등에 끼워 넣고 스카프 꼬리를 길게 늘어뜨립니다.
5. 음악에 맞춰 꼬리가 잘 흔들리도록 동작을 크게 하며 자유롭게 춤을 추다가, 음악이 멈추면 가위바위보를 합니다.
6. 진 사람은 자기 꼬리를 하나 빼서 상대에게 건네주고, 이긴 사람은 꼬리를 받아 자기 꼬리로 만듭니다.
7. 다시 음악에 맞춰 춤을 추고, 게임을 반복하여 꼬리를 많이 가져간 사람이 이기게 됩니다.

| Week 42 • Day 5   마음과 생각을 키우는 그림책

맨날맨날 착하기 싫어

"착하구나." 엄마의 칭찬에 찬이 등에서 날개가 돋아납니다. 엄마의 칭찬에 날개는 점점 커지지만, 커다란 날개는 자꾸만 찬이 입을 막습니다. 하지만 자신의 생일날 초도 끄고 선물도 푸는 동생 때문에 찬이는 속상한 마음을 큰 목소리로 외치고 웁니다. 날개는 부서졌지만, 찬이의 마음은 깃털처럼 가벼워졌습니다.

장아영 글그림,
위즈덤하우스

부모의 칭찬은 좋은 점도 있지만 과한 칭찬은 아이에게 부담감을 주며, 아이는 칭찬받기 위해 자기 행동을 억압한다는 것을 알려주는 그림책입니다. 마지막에는 소중한 내 아이를 성장하게 하는 '건강한 칭찬 가이드'도 있습니다. 아이는 자신이 원해서 하는 행동과 칭찬받기 위해 하는 행동을 구분할 수 있게 됩니다.

오늘은 다 함께 둘러앉아 '칭찬 릴레이'를 해 봐요. 사소한 것도 좋습니다. "음식을 골고루 먹는 네가 멋져", "나를 꼭 안아주는 엄마가 최고예요", "나랑 놀아주는 아빠가 좋아요"라는 말로도 충분합니다.

 마음과 생각을 키우는 그림책 대화 질문

* 표지를 살펴볼까? 주인공은 왜 이런 표정을 지었을까?
* 너는 어떤 칭찬을 받을 때 기분이 좋았니?
* 만약 칭찬이 사라진다면 어떨 것 같니?

| Week 42 • Day 6   일상에서의 작은 여행과 탐험

가을 곤충

　메뚜기, 여치, 방아깨비 등 가을 소식을 전해주는 곤충이 많지만, 주변 환경에 따라서는 쉽게 만나기 어렵기도 합니다. 가을날 우연히 눈앞에 날아가는 잠자리만 봐도 발걸음을 멈추고 바라보게 됩니다. 아이는 잠자리가 신기한지 잠자리에 시선을 고정한 채로 쫓아가기도 하지요.

　자연에서 실물로 만나는 곤충이 아이에게 더욱 큰 신비로움과 호기심을 선사하지만, 실물 곤충을 만나기 어렵다면 곤충생태학습관, 곤충박물관, 자연생태박물관, 곤충테마파크 등을 방문하는 것도 좋습니다.

　곤충을 잡아 관찰한 다음 다시 자연으로 돌려주는 과정은 중요합니다. 이 경험을 통해 아이는 자연생태의 소중함을 인식하고, 생물에 대한 배려의 마음을 키우게 됩니다.

 곤충과 친해지기

* **루페로 관찰하기** 루페를 이용해 곤충 관찰하기(루페가 없으면 스마트폰에 있는 돋보기나 확대기 기능을 활성화하여 관찰하기)
* **곤충아, 어디에 있니?** 우리 동네에 곤충이 사는 곳 찾아보기(공원, 들판, 산, 숲, 생태공원 등)
* **같은 색깔 찾기** 곤충의 색깔을 말한 다음, 주변에서 같은 색깔의 사물이나 생물 찾기

| Week 43 • Day 1   마음이 자라는 오늘의 말

 ## 말로 표현해 보자

　아이들은 자신의 마음을 언어로 표현하기 어려울 때는 표정이나 제스처, 때로는 온몸으로 표현할 때가 있지요. 기분이 좋을 때는 활짝 웃거나 소리를 지르기도 하고, 폴짝폴짝 뛰기도 합니다. 반대로 자신의 요구가 수용되지 않거나 친구, 동생과 갈등이 발생하면, 꼬집거나 깨물기, 물건을 던지거나 때리는 것으로 표현할 때가 있습니다. 아이와 함께 부정적인 행동 대신에 말로 표현하면 어떤 점이 좋은지 이야기 나누어, 자신의 화난 마음을 긍정적으로 표현할 수 있도록 지속적으로 알려줍니다.

　아이 스스로 알아차리고 긍정적으로 표현하기 위해서는 먼저 반대말 놀이(예: 뛰어가기/걸어가기, 소리치기/조용히 하기, 물건을 던지거나 때리기/말로 하기 등)를 통해 생각의 전환을 경험하는 것이 필요합니다. 아이가 부정적인 행동 대신 말로 표현하고자 노력할 때 그 순간을 포착하여 구체적으로 격려해 줍니다.

 부모의 말 습관

○○야, 무엇 때문에 화가 났는지 말로 표현해 보자.

동생을 꼬집으면 어떻게 될까? 그래, 속상하더라도 말로 표현해 보자.

물건을 던지는 행동은 너무 위험해! 사람이 다치고 물건이 망가질 수 있어. 그리고 네가 원하는 것을 더 하기 어렵단다. 화가 나면 마음속으로 '화야 나가라! 하나, 둘, 셋!'하고 외친 다음, 말로 표현해 보자.

| Week 43 • Day 2   슬기로운 생활습관과 안전

마트에서 떼를 써요

  온 가족이 함께 즐거운 마음으로 마트에 갔는데 갑자기 아이가 떼를 쓰며 소리를 지르거나 바닥에 드러누울 때는 어떻게 해야 할지 난감합니다. 아이는 왜 갑자기 떼를 쓸까요? 아이에게 마트는 새로운 장난감을 만나는 곳이며, 좋아하는 음식과 갖고 싶은 물건을 살 수 있는 곳이므로 마음대로 하고 싶은 욕구가 더 생겨납니다. 또 떼를 써 자신의 요구대로 된 경험이 있으면, 더 떼를 쓰며 자신의 요구를 주장할 수 있습니다. 아이가 마트에서 떼를 쓰면 다른 사람에게 불편함을 주고, 자신이 원하는 것을 가질 수 없음을 알려줍니다. 아이 스스로 어떻게 할지 선택하는 기회를 자주 주어 자신의 감정을 조절하며 올바른 행동을 선택할 수 있도록 도와줍니다.

 이렇게 해 보세요

- **장보기 계획서** 마트에 가기 전에 아이와 함께 어떤 물건을 살지 장보기 계획서를 작성해 봅니다. 또 마트에 다녀온 뒤, 계획대로 물건을 샀는지 살펴보고 꼭 필요한 물건을 샀는지 이야기 나눠봅니다.
- **사전 약속 떠올리기** 계획을 세웠더라도 막상 아이들은 마트에 가면 사고 싶은 물건이 많아 흥분할 수 있습니다. 마트에 들어가기 전에 장보기 약속을 다시 한번 떠올려 보며 자기 감정을 스스로 조절할 수 있게 도와줍니다.
- **일관성 지키기** 되는 것과 안 되는 것을 분명하게 구분해 줍니다. 안 되는 것을 이야기할 때는 왜 안 되는지 아이에게 질문하면서 아이 스스로 안 되는 것을 구분할 수 있게 도와줍니다.

| Week 43 • Day 3   마음을 이해하는 감정 공부

억울하다

억울한 상황이 생기면 이 억울함을 풀기 위해 상대방에게 자신의 감정을 말로 쏟아 내거나, 가슴을 치며 답답함을 표현하기도 합니다. 이렇듯 우리는 공정하지 못하거나 불합리하다는 생각이 들면 억울함을 느낍니다. 아이들도 잘못이 없는데 혼나거나, 자신의 마음을 알아주지 못하면 소리를 지르거나 울음으로 자신의 억울함을 표현하지요. 억울한 감정에는 화나 분노, 답답함, 슬픔의 감정이 섞여 있습니다. 이 감정들이 뒤엉켜 '억울하다'는 감정으로 표현되므로 억울한 상황이 발생하지 않게 아이의 말을 귀담아듣는 것이 필요하며, 훈육할 때는 구체적으로 알려줍니다. 그 상황에서 오해를 했을 경우 솔직하게 인정하고 아이에게 사과하는 태도가 필요합니다.

감정을 표현하는 말

* 그래, 무척 **억울했겠구나**. ○○야, 어떤 점이 **억울한지** 차분하게 말해보자.
* ○○가 얼마나 **억울했으면** 울면서 말할까? ○○야, 울면서 말하면 더 속상해지니까 울지 말고 이야기해 보자.
* 엄마(아빠)가 ○○의 말을 오해해서 **억울했겠구나**. 미안해.

아이들은 억울한 감정이 들 때 간혹 화를 내거나 물건을 던지기도 하고, 떼를 쓰며 울기도 합니다. 안정되려면 시간이 필요하므로, 아이의 마음을 충분히 공감하며 기다려 주세요. 또 억울한 감정이 들면 먼저 심호흡을 한 뒤, 말로 표현하도록 도와주세요.

| Week 43 • Day 4   몸 튼튼, 마음 튼튼 즐거운 놀이

공깃돌 튕기기

　손가락은 모아서 움직일 수도 있고 각각의 손가락을 따로따로 움직일 수도 있습니다. 인간에게 최고의 선물은 손가락이라고 말할 수 있을 만큼 손가락으로 할 수 있는 일이 많습니다. 어릴 때부터 손으로 물건을 조작하는 놀이는 소근육의 발달을 돕고, 손재주(기술)를 익히는 데 도움이 됩니다.

준비물: 공깃돌(작은 돌 또는 병뚜껑처럼 납작한 물건으로 대체 가능)

1. 공깃돌을 하나씩 나눠 갖고 크기와 무게를 손가락으로 탐색합니다.
2. 공깃돌을 오른손으로 쥐었다가 왼손으로 옮겨 잡습니다. 또다시 왼손에서 오른손으로 옮깁니다.
3. 양쪽으로 번갈아 주고받다가 점점 양손의 간격을 넓게 하며 주고받습니다.
4. 손에서 공깃돌 하나를 위로 튕겨 올리고 다른 손으로 받는 시범을 보인 다음, 아이도 직접 해 보게 합니다.
5. 이번에는 위로 튕겨 올린 공깃돌을 같은 손으로 되받아 봅니다.
6. 공깃돌을 손 등에 올려놓고 떨어지지 않게 몇 초간 균형을 잡습니다.
7. 손등에 올려진 공깃돌을 공중으로 튕겨 올린 후 다른 손으로 잡습니다.
8. 이번에는 공깃돌을 한 손의 손 등에 올려놓고 공중으로 튕겨 올린 후, 손을 뒤집어 잡습니다.

✓ 작은 물건을 입에 넣지 않도록 세심하게 살피고 주의합니다.

| Week 43 • Day 5   마음과 생각을 키우는 그림책

세상에서 가장 힘이 센 말

이현정 글, 이철민 그림,
김성미 편, 달달북스

　수많은 말이 있지만, '사랑해, 고마워, 미안해, 괜찮아, 넌 할 수 있어' 같은 말들은 상대방을 웃게 하고 마음을 단단하게 해 주는 힘이 있습니다. 페이지마다 상황에 적절한 말과 그림이 있습니다. 실수한 친구에게는 "괜찮아", 도움을 받았을 때는 "고마워", 마음이 아플 때는 "미안해"라고 말하는 법을 알려줍니다.

　이 책은 아이에게 따뜻한 말 한마디가 마음을 연결하고 관계를 단단하게 만들어 주는 큰 힘을 줄 수 있다는 것을 알려주어, 긍정적인 언어 습관을 기르게 해 줍니다.

　표지를 살펴보며 아이가 생각하는 '세상에서 가장 힘이 센 말'은 무엇인지, 그림책의 장면을 보며 언제 '괜찮아'라고 말하는지 살펴보고, '사랑해'라는 말을 들으면 어떤 기분이 드는지 이야기 나눠보세요. '사랑해, 고마워, 미안해' 같은 말이 나오는 부분을 종이로 가리고 그림책 내용을 살펴보며 어떤 말이 나오면 좋을지 맞혀보기 놀이를 해 보세요.

 마음과 생각을 키우는 그림책 대화 질문

★ 누군가에게 "고마워"라고 말하고 싶은 순간은 언제야?
★ 네가 화가 났을 때 듣고 싶은 말은 무엇이니?
★ 앞으로 친구나 가족에게 어떤 힘이 센 말을 자주 해 주고 싶니?

일상에서의 작은 여행과 탐험

들꽃

 길에는 아름다운 색깔로 우리의 마음을 행복하게 해 주는 들꽃이 피어있습니다. 봄에는 양지꽃, 제비꽃, 앵초가 피고 여름에는 개망초, 참나리, 금불초가 색깔을 뽐냅니다. 가을에는 분꽃, 칸나, 산국이 피고 겨울에는 복수초, 수선화, 쇠별꽃이 아름다움을 자랑하지요. 간혹 들꽃의 이름은 모르지만, 생김새와 향기가 발걸음을 멈추게 합니다.

 들꽃을 발견했다면 아이가 생김새나 향기, 색깔을 충분히 탐색할 수 있는 시간을 줍니다. 이때 아이에게 지식적인 질문을 하기보다는 아이가 궁금해하는 것을 같이 찾아보는 시간을 갖는 것이 중요합니다. 즉석에서 궁금한 점을 알아보기 원한다면 휴대폰으로 꽃을 검색해 볼 수 있습니다. 시간적 여유가 있다면 꽃과 관련된 도서를 통해 알아보는 것도 좋지요.

 나아가 계절마다 피는 들꽃을 아이가 직접 사진 촬영한 다음 비교해 보는 것도 좋답니다. 그럼 자세히 보고, 오래 보면서 우리 동네 들꽃의 매력을 찾아볼까요?

 계절마다 만나는 들꽃들

* **들꽃과 만나는 시간** 들꽃의 색깔, 모양, 크기 등을 살펴본 다음, 꽃과 대화하기
* **우리 가족 꽃놀이** 민들레 홀씨 날리기, 들꽃 별명 짓기, 들꽃 향기 맡은 다음 표정으로 표현하기, 떨어진 들꽃과 자연물을 이용해 우리 가족 얼굴 구성하기

| Week 44 • Day 1   마음이 자라는 오늘의 말

떠올려보자

　아이들은 일상에서 자신이 경험한 것을 생각의 저장고에 차곡차곡 담아 놓지요. 생각의 용량은 무제한이라 다양한 경험을 저장할 수 있습니다. 또 경험한 것들을 기억해 내 자신의 말로 표현하면서 생각을 더 명료하게 할 수 있답니다.

　아이들은 어떤 경험을 기억해 낼 때 그것을 이미지로 떠올려 말로 표현합니다. 이 시기는 우뇌가 발달하여 다양한 이미지를 저장하고, 그 이미지를 기억해 내는 능력이 뛰어나지요. 일상에서 경험한 것들을 말로 체계화할 수 있게 떠올려보는 시간이 필요합니다.

　놀이 경험, 즐거웠던 경험, 엄마, 아빠와 나들이한 경험 등 다양한 경험을 이미지화하면서 기억력을 발달시킬 수 있습니다. 오늘도 아이들이 다양한 이미지를 떠올리며 표현해 볼 수 있게 '떠올려보기'를 해 봅시다.

 부모의 말 습관

> ○○야, 오늘 키즈 카페에서 어떤 놀이를 했는지 떠올려보자.

> 엄마(아빠)랑 공원에 가서 무엇을 보았는지. 떠올려보자.

> 오늘 놀이터에서 어떤 놀이를 했는지 궁금해! 떠올려보고 엄마(아빠)한테 말해 줄 수 있겠니?

> 지난 금요일에 엄마, 아빠랑 동물원에 놀러 갔었지? 동물원에서 어떤 동물을 보았는지 떠올려보자.

| Week 44 • Day 2   슬기로운 생활습관과 안전

 ## 높은 곳에서 뛰어내려요

　아이들은 대근육이 발달하면서 자신감이 생겨 계단에서 점프하기, 높은 곳에서 뛰어내리기 등 여러 가지를 시도해 봅니다. 특히 호기심이나 모험심이 강한 경우 위험한 상황을 고려하지 않아 다칠 수 있습니다. 높은 곳에서 뛰어내리다가 자칫 뼈가 꺾이거나 내부 장기에 손상을 입을 수 있으며, 또 미끄러질 수 있는 위험이 발생할 수도 있습니다. 소중한 내 몸이 위험한 행동을 하면 다칠 수 있다는 것을 알려준 뒤, 해야 할 것과 하지 말아야 할 것을 알아봅니다.

 이렇게 해 보세요

- **아이의 마음 이해** 아이가 왜 높은 곳에 올라가고 싶어 하는지 그 이유를 먼저 들어봅니다. 충분히 이야기를 들은 뒤, 높은 곳에서 뛰어내리면 어떤 점이 위험한지 함께 알아봅니다.
- **안전교육** 아이가 높은 곳에서 뛰어내리고 싶어 하면, 가정에서 뛸 수 있는 곳(매트 깔린 바닥)과 뛸 수 없는 곳(책상, 소파, 침대 위 등)을 함께 알아본 뒤, 아이 스스로 안전한 곳에서 뛸 수 있도록 지도합니다. 또 뛰어내릴 때는 주변과 바닥을 먼저 살펴보는 것과 안전하게 뛰어내리는 방법을 구체적으로 알려줍니다.
- **안전한 대안을 찾아보기** 높은 곳에 올라가는 대신 안전하고 즐거운 활동을 아이와 함께 찾아봅니다. 예를 들어, 근처 공원에서 산책하거나 운동하는 것, 등산하기, 가위바위보 하며 계단 오르고 내리기 등이 좋은 대안일 수 있습니다.

| Week 44 • Day 3   마음을 이해하는 감정 공부

슬프다

슬픔은 불쌍한 일을 보고 마음이 아프며 괴로운 마음입니다. 이 감정은 아이가 느끼는 기본적인 감정 중 하나이기 때문에 자연스러운 현상으로 받아들여 주어야 합니다. 많은 부모가 아이가 부정적인 감정을 보이면 불안해합니다. 아이의 감정은 별로 중요하게 여기지 않고 무시하거나 간과하기도 하고, "그런 일로 슬퍼하지마, 별것 아닌데 뭐"하며 축소하기도 하지요. 때로는 기분을 전환시키려고 다른 보상을 제공하기도 합니다. 그러나 아이가 마음껏 느끼고 표현할 수 있게 존중해 줄 때, 자신에 대한 신뢰와 존중감이 향상된다는 것을 기억하면 좋겠습니다.

감정을 표현하는 말

* 우리가 키우던 강아지를 다른 곳으로 보내게 되어 지금 많이 슬프구나.
* 엄마(아빠)도 할머니와 헤어지게 되어 슬픈 마음이 든단다.
* 이야기 속에 나오는 내용이 슬퍼서 눈물을 흘리는구나.
* 부모를 잃은 아이를 보고 많이 슬퍼하고 있어.
* 아무도 도와줄 사람이 없으면 정말 슬프단다.

부모 자신의 마음이 편치 않기 때문에 슬픔과 같은 부정적인 감정을 빨리 다른 감정으로 전환시키려고 한다면 아이는 자신의 감정을 믿지 못하게 되고, 자신의 감정에 의심을 갖게 되어 감정 표현을 어려워하게 됩니다.

| Week 44 • Day 4   몸 튼튼, 마음 튼튼 즐거운 놀이

몸 터널

　내 몸이 터널이 된다는 생각만 해도 아이들에게는 꽤 흥미로운 일이지요. 몸을 이용하여 새로운 공간을 만들어 보는 놀이는 아이에게 창의적이고 즐거운 경험이 될 것입니다. 터널의 폭과 높이를 다양하게 만들어 보고, 그 공간을 막힘없이 통과해 보며 성공에 대한 성취감도 맛볼 수 있답니다. 몸으로 터널을 만들고 그 터널을 여러 가지 방법으로 통과하는 놀이를 하면서 **팔다리의 근력과 지구력이 길러집니다**.

1 두 팔을 펴 양손을 바닥에 대고 엎드려 무릎을 세워 터널을 만듭니다.
2 한 명은 터널 아래로 기어서 통과합니다.
3 터널을 통과할 때는 엎드려서 배를 완전히 바닥에 대고 밀며 기어갑니다.
4 터널의 높이를 조절하여 아이가 흥미를 가지고 놀이하도록 합니다.
5 터널을 빠져나가면 역할을 바꿔서 다시 해봅니다.
6 가능하다면 몸을 뒤집어 천장 쪽을 바라보며 게걸음 자세로 터널을 만들어 통과해 보게 합니다.

| Week 44 • Day 5   마음과 생각을 키우는 그림책

할머니의 용궁 여행

아윤이의 할머니는 경상도 바닷가 마을의 해녀예요. 어느 날 바다에 들어간 할머니가 바다거북을 만나 용궁에 가게 됩니다. 용궁에서는 콧구멍에 빨대가 꽂힌 용왕님의 빨대를 빼 줍니다. 수없이 많은 플라스틱 쓰레기 때문에 아픈 바다 친구들을 할머니가 도와주고 돌아오는 이야기를 경상도 사투리로 재미나게 들려줍니다.

권민조 글그림,
천개의바람

이 책은 바다 오염 문제를 재미있는 이야기로 풀어서 자연스럽게 알려주어 아이들이 환경의 소중함을 느낄 수 있게 합니다. 또 할머니의 따뜻한 마음과 강인함을 보며, 어려운 상황에서 어떻게 지혜롭게 대처할 수 있는지 배우게 됩니다.

인형이나 장난감을 바다 동물로 삼아 '쓰레기 때문에 아픈 친구'와 '할머니'가 되어 치료해 주는 놀이를 해 보세요. 아이는 놀이를 하며 바다 동물의 아픔을 이해할 수 있고 바다 동물을 위해 우리가 할 수 있는 일이 무엇인지 생각하게 됩니다.

 마음과 생각을 키우는 그림책 대화 질문

★ 왜 바다 동물들이 아프게 되었을까?
★ 할머니가 바다 동물들을 도와준 마음은 어떤 마음이었을까?
★ 만약 네가 바다거북이라면, 사람들에게 어떤 말을 하고 싶을까?

| Week 44 • Day 6   일상에서의 작은 여행과 탐험

 # 낙엽

초록색 옷을 벗고 빨간색, 노란색, 주황색 등 알록달록 예쁜 색깔 옷을 입은 나뭇잎이 하나, 둘씩 떨어질 때마다 아이의 시선을 사로잡습니다. '낙엽이 어디로 갈까?', '떨어지는 낙엽은 무슨 생각을 할까?' 등 부모의 질문에 아이의 시선은 낙엽에 더욱 머무르게 됩니다. 낙엽을 만나러 나가기 전 가을 낙엽에 대한 미적, 심적 감성을 느낄 수 있는 『낙엽 스낵』 그림책을 감상해 보는 것도 좋습니다.

공원이나 가로수 길, 산 등에 가면 많은 낙엽이 있습니다. 먼저 날씨나 환경에 따라 낙엽에 이물질이 묻어 있는 경우도 있으므로 아이가 체험하기 좋은 낙엽이 있는 장소를 선정합니다. 때로는 낙엽을 주워서 집에 가져와 깨끗이 씻은 다음 놀이해도 됩니다. 오감으로 낙엽을 만나는 아이는 오늘 얼마만큼 성장할지 기대됩니다.

 낙엽으로 놀아요

* **낙엽으로 놀자** 낙엽을 크기별로 분류하기, 낙엽으로 모양 만들기, 낙엽 촉감 느끼기, 낙엽 밟으며 들리는 소리 말(의성어)로 표현하기
* **가면 만들기** 넓은 낙엽에 눈, 코, 입 구멍 뚫어 가면을 만들어 놀기
* **낙엽 퍼즐 놀이** 낙엽을 조각낸 다음 퍼즐 맞추기
* **낙엽으로 본 세상** 낙엽에 구멍을 뚫은 다음 낙엽 구멍으로 나무, 하늘, 구름 등 자연 풍경 감상하기

열두 번째 달

| Week 45 • Day 1   마음이 자라는 오늘의 말

 ## 참 좋은 생각이야

우리는 매일 많은 생각을 합니다. 생각을 통해 옳고 그름을 분별하기도 하고, 다양한 생각을 하면서 생각의 폭을 넓히기도 합니다. 생각한다는 것은 사고력과 판단력, 창의력을 기르는 데 바탕이 되기에, 어려서부터 다양하게 생각해 보는 경험은 참 중요합니다.

아이들이 어떤 생각을 하더라도 존중해 주어 생각하는 것 자체에 즐거움을 느낄 수 있도록 도와줍니다. 생각하는 것도 하나의 재미있는 놀이가 되면 아이들은 이리저리 궁리하며 더 다양한 생각을 해 볼 것입니다. 생각은 어떤 방법을 찾을 수 있으며, 새로운 것도 창안해 낼 수 있습니다. 생각을 하면 할수록 그 깊이는 더해져 확장되고 더 논리적인 체계를 갖추게 됩니다.

아이들의 생각에 '참 좋은 생각이야!' 라고 격려해 주면, 아이들은 더 신이 나서 꼬리에 꼬리를 무는 다양한 생각을 마음껏 펼칠 것입니다.

 부모의 말 습관

○○야, 종이로 악기 연주하는 것을 생각해 냈구나. 참 좋은 생각이야.

집으로 갈 때 이 길로 가면 더 빠르다고 생각했구나. 참 좋은 생각이야.

이 바닥은 울퉁불퉁해서 장난감 자동차가 잘 갈 수 없단다. 어떻게 하면 좋을까? 와! 이런 생각을 했구나. 참 좋은 생각이야.

퍼즐을 맞출 때 잘 기억하기 위해 각 조각 뒤에 숫자를 표시했구나! 참 좋은 생각이야.

| Week 45 • Day 2   슬기로운 생활습관과 안전

 ## 문 열고 닫을 때, 손조심!

아이들에게 자주 일어나는 안전사고 중 하나가 바로 문에 손이 끼이는 사고입니다. 아이들은 호기심이 많고 놀이에 몰입하는 발달 특성 때문에, 문을 장난감처럼 밀고 당기며 놀기도 합니다. 이때 순간적인 판단이나 행동 조절이 어려워 손이나 발이 문틈에 끼이기 쉽습니다. 작은 부주의가 골절이나 손가락 부상으로 이어질 수 있으므로 각별한 주의가 필요합니다.

 이렇게 해 보세요

- **왜 자주 일어날까요?** 아이들은 문틈이 왜 위험한지 잘 알지 못하고 호기심이 많아 반복해서 손을 넣어 보거나, 문을 세게 닫아보기도 합니다. 또한, 문을 이용한 숨바꼭질, 밀고 당기기 놀이가 사고로 이어집니다.
- **안전을 위한 환경 마련** 아이의 손이 문에 끼어 다치는 일이 없도록 손 끼임 방지 장치를 설치합니다.
- **천천히 문 닫기 도전** 가족끼리 조용하고 천천히 문을 닫기 게임을 하여 가장 부드럽게 천천히 닫은 사람에게 별 스티커 주는 놀이를 합니다.
- **문 안전 지킴이** 가족이 번갈아 '문 안전 지킴이'가 되어 문을 열고 닫을 때 손이 안전한지 지켜봅니다. 손이 안전할 때 하이 파이브를 합니다.
- **사고가 난다면** 즉시 문을 열어 손을 빼고 붓기나 출혈 여부를 확인합니다. 얼음찜질 후 상태를 살펴보고, 통증이나 움직임에 이상이 있으면 병원 진료를 받도록 합니다.

| Week 45 • Day 3   마음을 이해하는 감정 공부

실감 나다

   실제로 경험하지 않았지만, 마치 내가 직접 보거나 들은 것처럼 느껴질 때 '실감 나다'는 감정을 표현하게 됩니다. 아직 진행되지 않은 일이지만, 어떤 자극이나 물건 또는 행동이 매개체가 되어 실제로 체험하는 듯한 느낌이 들기도 합니다. 실감 나게 그림책을 읽어주는 부모님을 통해 아이는 이야기 속의 주인공이 되는 상상을 하기도 하고, 이야기의 흐름에 몰입하게 되기도 하지요. 이렇게 직접 경험하는 느낌을 받고 표현할 때 아이는 얼마나 행복할까요?

감정을 표현하는 말

* ○○이가 소풍 다녀온 이야기를 **실감 나게** 설명해 주는구나.
* 인형극을 볼 때 사람들의 목소리가 들리니까 더 **실감 났겠구나**.
* 공을 던지고 달리는 모습을 가까운 곳에서 볼 수 있어서 **실감이 난단다**.
* 이 그림책에는 동물들의 모습이 **실감 나게** 그려져 있구나.
* 오늘의 공연은 정말 대단했어. 진짜 콘서트처럼 **실감 나는** 연주를 듣고 왔단다.

아이가 자신의 경험과 일상을 실감 나게 표현한다면 아이의 감정과 기분에 대해 격려해 주세요. 그리고 부모님도 마치 그 자리에 있는 것처럼 생생하게 느껴지는 '실감 나는' 감정과 기분을 같이 느껴보시기 바랍니다.

| Week 45 • Day 4   몸 튼튼, 마음 튼튼 즐거운 놀이

손 탑, 발 탑 쌓기

손이나 발을 활용하여 탑을 쌓는 놀이입니다. 손과 발이 서로 닿으면서 자연스럽게 소통하고 어울리게 되며, 친밀감도 높아지게 됩니다. 손과 발을 이용한 탑 쌓기는 혼자보다는 여러 사람과 협력할 때 더욱 즐거운 놀이입니다. 이처럼 몸을 이용한 접촉은 자연스러운 소통 방법이며, 함께 참여하는 즐거움과 협동심을 가질 수 있는 효과가 있습니다.

1. 두 명 이상이 마주 보고 앉아서 서로 손을 맞잡습니다.
2. 한 사람이 한 손을 손바닥이 아래로 향하게 하여 내밀면 다음 사람이 따라서 한 손을 겹쳐 올려놓습니다.
3. 그 위에 다른 손을 겹쳐 올리면서 차례로 손 탑을 만듭니다.
4. 제일 밑에 있는 손을 빼 위로 올리면서 쌓을 수 있는 높이까지 쌓습니다.
5. '위로 시작'이라고 외치면 위로 손탑을 쌓고, '아래로 시작'이라고 하면 쌓은 손 탑을 아래로 번갈아 내립니다.
6. 위와 같은 방법으로 이번에는 발을 이용해 탑을 쌓아봅니다.

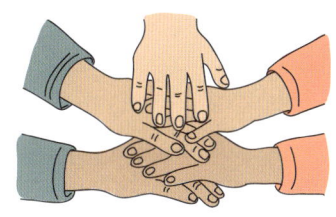

| Week 45 • Day 5   마음과 생각을 키우는 그림책

곤충 호텔

가을이 끝나갈 무렵, 무당벌레 다다와 무무는 겨울을 준비하는 곤충들을 맞이하기 위해 곤충 호텔을 정성껏 꾸밉니다. 하늘소 애벌레, 사마귀, 거미 등 다양한 곤충이 각자의 방에서 겨울을 나고, 봄이 오자 새롭게 빛나는 모습으로 다시 태어납니다.

한라경 글, 무운 그림, 소원나무

이 책은 곤충의 생활사와 겨울을 나는 다양한 방법을 아이 눈높이에 맞춰 알려줍니다. 동시에 힘든 시간을 잘 이겨내면 새로운 봄이 찾아온다는 메시지로 아이와 부모에게 따뜻한 위로와 희망을 줍니다.

왜 곤충들이 겨울이 되면 곤충 호텔을 찾아오는지, 곤충 호텔에는 어떤 방들이 있고 아이는 어떤 방에 묵고 싶은지 이야기 나눠보세요. 작은 나무 조각, 솔방울, 나뭇잎, 종이상자를 이용해 그림책처럼 곤충 호텔을 만들며 곤충의 보금자리를 상상해 보세요. 이불이나 방석을 호텔방처럼 꾸미고, 곤충처럼 겨울잠을 자는 흉내를 낸 뒤 봄이 되어 깨어나는 놀이를 해 보세요.

 마음과 생각을 키우는 그림책 대화 질문

* 곤충 호텔에는 누가 찾아왔을까?
* 네가 만약 곤충 호텔에서 겨울을 보낸다면 어떻게 보내고 싶니?
* 겨울을 보내는 동안 곤충들이 느꼈을 기분은 어땠을까?

| Week 45 • Day 6   일상에서의 작은 여행과 탐험

 # 겨울바람

  우리는 사계절, 매일매일 바람을 만납니다. 그중 '겨울바람'은 이름만 들어도 차가움이 느껴집니다. 그런데 아이들에게 겨울바람은 어떤 존재일까요? 아이들은 어떻게 겨울바람을 경험했을까요?

  오늘은 집안에만 있기보다 밖으로 나가 겨울바람을 만나 봅니다. 목적지를 향해 걸어가면서 만나도 되고, 산책하면서 만나도 됩니다. 또 '괜찮아요' 동요를 들으면서 만나다 보면 어느새 겨울바람은 기피 대상이 아니라 또 다른 만남의 존재로서 아이의 마음에 머무르게 됩니다.

  또 우리는 방한용품을 착용해 겨울바람을 막기도 하지만, 바람을 이용해 에너지를 얻기도 합니다. 바람을 이용한 에너지(행글라이더, 풍력 에너지, 꽃씨 등)를 조사해 보면서 바람개비를 만들어 나가도 좋습니다. 겨울바람이 불어오는 방향을 가리킨 다음, 그 방향으로 뛰어가며 바람개비를 돌려보면서 아이들은 우리 생활에 밀접하게 관련 있는 바람에 관심을 갖게 됩니다.

 바람과 친구 하기

* **상상해봐** 바람 소리 듣고 나무의 움직임 상상하며, 신체로 표현하기
* **물감 입바람 놀이** 스케치북에 물감을 떨어트린 다음, 입바람을 이용해 물감 불기, 불어진 모양을 보고 이름 지어보기
* **바람이 오는 길** 바람이 불어오는 방향으로 몸 움직여 걸어가기

| Week 46 • Day 1   마음이 자라는 오늘의 말

 ## 어떤 놀이를 할 수 있을까?

아이들의 놀이 세상은 참 특별합니다. 어른에게는 그릇, 숟가락, 빗자루, 거울 등이 그저 일상의 도구이지만, 아이들에게는 특별한 놀잇감이 되지요. 아이들은 이 도구들로 어떤 놀이를 할 수 있을지 이리저리 궁리하면서 다양한 놀이를 만들어 봅니다. 혹시라도 찾는 도구가 없으면 비슷한 것이라도 찾거나 만들어서 하고 싶은 놀이를 해 봅니다.

아이들은 여러 놀이를 통해 시행착오를 거치면서 새로운 것을 발견하고, 다양한 배움을 얻게 되지요. 이렇듯 아이들에게 주변의 도구는 다양한 아이디어를 만들어 내는 최고의 '놀이 제작소'입니다.

어른이 보기에는 그냥 놀이하는 것 같지만, 아이의 놀이 속에는 수많은 아이디어가 녹아있답니다. 아이가 여러 도구를 통해 다양한 놀이를 발견할 수 있게 어떤 놀이를 할 수 있는지 물어봅니다.

 부모의 말 습관

> 어떤 도구들이 있는지 살펴보자. 이 도구들로 어떤 놀이를 할 수 있을까?

> 여기에 천과 막대가 있네! 이 물건으로 어떤 놀이를 할 수 있을까?

> 기다란 막대와 작은 막대를 합쳐서 어떤 놀이를 할 수 있을까?

> 여기에 커다란 상자 2개와 작은 상자가 1개 있네. 이 상자들로 어떤 놀이를 할 수 있을까?

| Week 46 • Day 2   슬기로운 생활습관과 안전

 ## 집에서는 걸어 다녀요

  층간소음은 아래층 이웃에게 불편을 초래할 수 있습니다. 심할 경우 이웃 간의 큰 갈등으로 이어지기도 합니다. 발달 특성상 아이는 뛰고 싶은 충동이 많이 있지만, 자기 행동이 다른 사람들에게 불편을 줄 수 있다는 사실을 잘 알지 못합니다. 아이에게 층간소음에 관해 알려주고 아이 스스로 안전하고 배려하는 생활 습관을 기를 수 있도록 합니다.

 이렇게 해 보세요

- **층간소음 예방하기** 아이에게 먼저 층간소음이 무엇인지 알려줍니다. 층간소음이 발생하면 어떤 문제가 생기는지 이야기하고, 이를 예방하려면 어떤 노력을 해야 하는지 대화해 봅니다. 층간소음에 관한 그림책이나 동영상을 보여주는 것도 좋습니다.
- **안전하고 배려하는 생활습관 기르기** 집에서 뛰거나 물건을 끌 때 나는 소리가 아래층까지 들릴 수 있음을 알려주고, 집에서는 어떻게 해야 하는지 안전약속을 만들어 붙여줍니다. 또 아이의 놀이 공간에는 매트를 깔아두어 그 위에서만 놀이할 수 있게 안내합니다. 해야 할 것과 하지 말아야 할 것을 분명하게 구분할 수 있게 도와줍니다. 아이 스스로 지킬 수 있게 작은 것이라도 약속을 지키면 "뛰고 싶을 텐데 살금살금 걸으려고 노력하는 모습이 정말 멋지구나"와 같이 구체적으로 격려해 줍니다.
- **층간소음으로 불편을 주었을 때 사과하기** 아이가 뛰어서 이웃집에서 찾아올 경우 부모가 먼저 "아이가 소란을 일으켜 죄송합니다. 앞으로 주의하겠습니다"와 같이 사과한 후, 아이에게도 "죄송합니다. 다음부터는 걸어다닐게요"라고 말하도록 지도합니다.

| Week 46 • Day 3   마음을 이해하는 감정 공부

불편하다

몸과 마음이 편하지 않고 힘들거나 불쾌한 상황이 생길 때 불편한 감정을 느낍니다. 사람들과의 관계나 어떠한 환경이 불편해지면 그 사람들을 만나고 싶지 않고, 불편했던 장소에 가고 싶지도 않지요. 또 몸이 불편하면 많은 것이 힘들게 느껴져 무언가를 하고 싶은 마음이 들지 않는답니다. 불편함은 괴롭거나 힘든 상태에서 나타나므로, 아이가 어떤 상황에서 불편한 마음을 느끼는지 살펴봅니다. 또 아이의 건강 상태를 자세히 살피어 불편함이 보일 때 즉시 반응하며 적절하게 대처해 주세요. '불편하다'는 감정의 의미를 알려주어 아이 스스로 불편함을 알아차리고 표현할 수 있게 해 주세요.

감정을 표현하는 말

* 옷이 꽉 끼어 **불편해 보이는구나!** 다른 옷으로 갈아입을까?
* 네 옆에 동생이 바짝 붙어 앉아 있어서 **불편했구나.** 동생에게 말해보자.
* 네가 싫어하는 반찬이 많아서 먹기가 **불편했구나.**

아이들은 불편함이 생길 때 말로 표현하기도 하지만, 그 상황이 불편하여 움직이지 않고 가만히 있거나 울음으로 표현하기도 합니다. 불편한 상황들을 사례로 제시하여 각 상황마다 어떤 점이 불편한지 아이와 함께 이야기 나눠 봅니다. 또 불편한 상황이 생길 경우 말로 표현하거나 주변에 도움을 요청하도록 안내합니다.

| Week 46 • Day 4   몸 튼튼, 마음 튼튼 즐거운 놀이

손가락 씨름

　손가락 하나만 이용하여 간단하게 즐길 수 있는 놀이입니다. 아이와 가까이 마주 앉아 피부를 맞대고 놀이하는 것은 서로 간의 유대감이 깊어지는 기회가 된답니다. 아울러 손가락을 민첩하게 움직이며 상대와 대결하는 놀이는 즐거움과 성취감을 동시에 느낄 수 있게 해 줍니다.

1 서로 마주 앉아 오른손으로 악수를 합니다.
2 악수가 끝나면 엄지손가락을 위로 올리고 나머지 네 손가락을 이용해 손을 맞잡습니다.
3 엄지손가락을 좌우로 흔들어 인사도 나누고, 통통 부딪쳐 보기도 하고, 꾹 도장을 찍어보기도 하면서 다양한 방법으로 움직여 봅니다.
4 한 사람이 상대의 엄지손가락을 눌러봅니다.(한 번씩 번갈아 가며 눌러봅니다)
5 게임이 시작되면 엄지손가락을 자유롭게 움직여 상대의 엄지손가락을 먼저 눌러 내리는 사람이 이깁니다.
6 엄지손가락 외에 다른 손가락을 사용하면 안 된다는 규칙을 지키며 반복해서 게임을 진행합니다.

✓ 손톱으로 상대에게 상처를 입히지 않도록 주의합니다.

| Week 46 • Day 5   마음과 생각을 키우는 그림책

나는 컵이 아니야!

노란 컵 하나가 "나는 컵이 아니야!"라고 외치며 엉뚱한 변신을 시작합니다. 컵의 안내에 따라 손과 발을 움직이고 상상하며, 컵이 무엇으로 변신할지 맞히는 놀이 속 주인공이 됩니다.

나다울 글, 김지영 그림,
토끼섬

이 책은 판화 기법을 활용하여 컵의 변신을 단순하고 재미있게 표현했습니다. 또 컵이 무엇으로 변할지 상상하면서 동작을 따라 하다 보면 표현력과 창의력이 자연스럽게 자라납니다. 책에 음원 QR과 악보가 있어 아이와 함께 책을 읽으면서 노래도 부르고 춤도 출 수 있답니다.

왜 컵은 "나는 컵이 아니야!"라고 말했을지, 컵은 어떤 모습으로 변신했는지, 그중 가장 재미있었던 건 무엇인지 이야기 나눠보세요. 집에 있는 컵으로 "나는 컵이 아니야, 나는 ○○야!"라고 가족이 돌아가며 말하면서 컵의 새로운 쓰임새를 상상해 보세요. 책에서 컵이 제안하는 동작을 직접 해 보고, 아이가 새로운 동작을 만들어 가족에게 소개해 보는 것도 재미있습니다.

 마음과 생각을 키우는 그림책 대화 질문

★ 컵이 마지막에 "이제 네 차례야!"라고 말했을 때, 어떤 기분이 들었니?
★ 우리 주변에서 다른 물건들도 상상으로 변신할 수 있을까?
★ 만약 네가 컵이라면 무엇으로 변신하고 싶니?

| Week 46 • Day 6   일상에서의 작은 여행과 탐험

눈

　아이에게 눈은 즐거움을 주는 존재입니다. 아이들은 하나, 둘 떨어지기 시작하는 눈송이만 봐도 행복해합니다. 또 집 앞에 소복이 쌓인 눈을 보면 나가서 놀이하자고 조르기도 합니다. 추운 겨울이다 보니 아이들은 실외보다 실내에서 보내는 시간이 더 많습니다. 하지만 눈이 내리는 날은 '자연의 놀잇감!'인 눈을 만끽할 수 있는 날입니다.

　아이가 원하는 대로 모양을 만들 수 있고, 눈 놀이를 하면서 추억을 만들 수 있습니다. 하지만 안전하고 즐겁게 놀이하기 위해서는 사전에 지켜야 할 주의사항을 미리 알아보는 것도 중요합니다. 또 방한용품을 착용하면서 방한용품의 특징도 살펴보세요. 눈썰매나 오리 집게 등으로 눈 놀이를 더욱 신나게 즐길 수도 있답니다.

 겨울이 주는 최고의 놀이감

* **눈의 변신** 재활용품(예: 우유갑, 요구르트병, 플라스틱 컵 등) 이용하여 눈 성 쌓기, 눈 위에 발자국 찍어 미로길 만들기, 눈을 컵에 담은 다음 처음 눈의 양과 녹은 다음 물의 양을 비교해 보기
* **눈도 예술이야!** 눈이 쌓인 겨울나무 사진 찍기, 가족이 각자 눈사람을 만든 다음 자연물로 눈사람을 꾸며 집 앞에 나란히 전시하기, 눈사람에게 이름 지어주기, 눈이 나오는 영화(예 : 겨울왕국, 아이스 에이지 등) 감상하기

| Week 47 • Day 1   마음이 자라는 오늘의 말

어떻게 하면 좋을까?

　아이들은 새로운 사물이나 놀잇감을 만나면, 요리조리 탐색해 보며 궁리합니다. 궁리하는 가운데 여러 방법이 떠오르지요. 부모가 방법을 알려주면, 아이는 무언가를 발견할 기회를 놓쳐 다양한 방법을 생각해 내기 어렵습니다. 아이 스스로 방법을 찾아 직접 해 보는 과정은 다양한 것을 발견할 수 있는 '기회'이자, 새로운 것을 창안할 수 있는 '도전'이 됩니다. 아이는 발견의 기쁨과 성취의 즐거움을 느껴 더 능동적으로 생각을 펼칠 수 있답니다.

　아이가 '과정'에 흥미를 갖고 노력해 볼 수 있게 '어떻게 하면 좋을까?'로 질문해 봅시다. 이 질문은 정답을 알려주기보다 정답을 찾아가는 과정에 중점을 두므로, 다른 사람의 생각이 아니라 주도적으로 자신만의 생각을 만들어 낼 수 있습니다. 이처럼 '어떻게 하면 좋을까?'와 같은 열린 질문은 생각의 나래를 펼쳐 더 다양하고 독특한 것을 생각해 낼 수 있게 합니다. 방법을 찾아가는 질문! '어떻게 하면 좋을까?'로 생각의 문을 열어보세요.

 부모의 말 습관

> 여기에 작은 상자와 큰 상자가 있네! 이 상자로 무엇을 만들고 싶니? 상자와 상자를 연결해서 만들고 싶구나! 그럼, 어떻게 하면 좋을까?

> 이 블록으로 터널을 만들고 싶구나! 어떻게 하면 좋을까?

> 동그라미를 오린 다음, 구멍을 내고 싶구나! 어떻게 하면 좋을까?

| Week 47 • Day 2   슬기로운 생활습관과 안전

 ## 스마트폰을 너무 많이 해요

 아이들은 심심하거나 다른 놀이가 재미없어서, 스마트폰에는 재미있는 게임이 많아서 등 여러 가지 이유로 스마트폰을 많이 사용합니다. 스마트폰을 과도하게 사용하면 시력 저하, 자세 문제, 운동 부족 등 신체 건강에 문제가 생길 수 있지요. 또 일방적인 소통에 익숙해져 사람들과 대화를 할 때 어려움이 나타날 수 있습니다. 그뿐만 아니라 아이의 인지 발달, 창의력, 집중력 등에 영향을 줄 수 있으며, 수면 시간이 줄어들어 수면의 질이 저하될 수 있습니다.

 이렇게 해 보세요

- **부모 모델링** 부모가 먼저 스마트폰 사용을 적절하게 조절하는 모습을 보여줍니다. 또 부모의 필요에 따라 식당이나 다른 곳에서는 스마트폰 사용을 허용하고 집에서는 스마트폰 사용을 제한하면, 아이가 혼동하므로 일관성 있게 지도합니다.
- **스마트폰 사용 약속판** 아이와 함께 스마트폰을 많이 사용했을 때의 문제점, 스마트폰 사용 시간과 장소에 관해 충분히 대화를 나눕니다. 또 '밥 먹을 땐 스마트폰 안 보기', '거실에서만 스마트폰 사용하기', '30분 동안만 스마트폰 사용하기' 등과 같이 아이와 정한 약속 내용을 약속판에 적어 봅니다. 약속을 지킨 날에는 좋아하는 놀이, 간식, 가족 산책 등 보상을 줍니다.
- **스마트폰 대신 놀이** 스마트폰 대신 아이가 흥미를 느낄 만한 놀이를 고르게 해서 스스로 선택한 것을 부모와 함께해 봅니다.

| Week 47 • Day 3   마음을 이해하는 감정 공부

심술 나다

'심술 나다'는 아이들이 느끼는 부정적인 감정 중 하나로 기대했던 일이 이루어지지 않았을 때나 속상한 마음을 표현하기 위해 고집을 부리거나 일부러 방해하고 싶은 감정입니다. 심술은 단순히 속상한 마음을 갖는 것을 넘어서 일부러 짓궂게 반응하여 상대를 난처하게 하거나 의도적으로 거슬리는 행동을 하는 것입니다. 먼저 아이의 감정을 인정해 주고, 부정적인 행동은 상대뿐 아니라 자신에게도 영향을 미칠 수 있음을 이야기해 주세요.

감정을 표현하는 말

- ★ ○○이가 좋아하는 장난감을 친구가 먼저 가지고 가서 **심술이 났구나**.
- ★ 엄마(아빠)가 동생만 안아줘서 **심술 났구나**. 이번에는 같이 안아줄게.
- ★ 동생이랑 블록을 쌓고 있는데, 네 것만 자꾸 무너져서 **심술이 난 거구나**.
- ★ 오빠가 달리기 시합에 져서 **심술이 났나 봐**, 우리 함께 위로해 주자.
- ★ 이번엔 ○○이가 심부름을 하려고 했는데, 또 형에게만 부탁하고 형만 칭찬해서 **심술이 난 거야?**

아이가 심술이 날 때는 자기의 감정을 표현하는 방법을 잘 모르고 짜증을 내거나 일부러 부정적인 행동을 할 수 있습니다. 이때 무조건적인 화해나 소통을 강요하지 않고, "네가 많이 속상했구나"라고 공감해 주면, 아이가 자기의 감정을 건강하게 표현하는 데 도움이 됩니다.

| Week 47 • Day 4   몸 튼튼, 마음 튼튼 즐거운 놀이

텐트 놀이

　아이들은 아늑하고 작은 공간에서 놀이하는 것을 즐거워합니다. 나만의 분리된 곳을 구성하는 과정에서 **공간 개념을 발달시키며, 상상력과 창의력이 확장됩니다.** 외부와 분리되어 텐트 안에서 놀이해 보는 경험은 긴장감을 완화시키고, 편안하고 즐거운 마음을 느껴보는 기회를 만들어 줍니다.

준비물: 테이블, 스티커, 천(식탁보 또는 담요), 손전등

1 테이블을 준비하여 적절한 위치에 놓습니다.
2 테이블 밑에 들어가 테이블 천장에 스티커를 붙입니다.
3 테이블을 완전히 덮을 수 있는 크기의 천으로 테이블을 덮습니다.
4 아이와 함께 손전등을 들고 테이블 밑으로 들어갑니다.
5 손전등으로 테이블 천장에 붙은 그림 스티커를 비추면서 이야기를 나눕니다.
6 아이가 어두운 장소를 무서워하는 경우 테이블 보의 한쪽 면을 들춰서 바깥과 통하는 통로를 만들어 줍니다.
7 아이가 원한다면 혼자 텐트 안에서 편하게 쉴 기회를 줍니다.

| Week 47 • Day 5   마음과 생각을 키우는 그림책

나에게 주는 상

세상에 태어나 하루하루 달라지는 자신이 신기한 애벌레는 자신이 좋고, 대단하다고 말합니다. 그리고 자신에게 상을 주기로 합니다. 사각사각 애벌레는 '내 맘대로 그려상'을 주고, 자벌레는 '오므렸다 폈다 상'을 줍니다. 애벌레마다 각자 자신에게 상을 주면서 모두 나비가 되기 위해 매일매일 열심히 도전하고 성장합니다.

이숙현 글, 안소민 그림,
호랑이꿈

이 책은 아이에게 친숙한 크레용을 활용해서 시각적으로 강렬하고 매력적이며, 아이의 시선을 사로잡습니다. 또 모두 실제 애벌레를 바탕으로 한 캐릭터라 야외에서 애벌레를 찾아보면 더욱더 재미있게 즐길 수 있습니다.

우리 아이도 애벌레처럼 작은 도전을 통해 성취감을 느끼고 자기 효능감을 향상시키면 어떨까요? 일상생활에서 간단한 미션을 주세요. 예를 들어 블록으로 탑 쌓기, 그림 완성하기, 공 던져 목표물 맞히기 등의 미션으로 아이는 도전 정신을 키울 수 있습니다. 그리고 성공 여부와 상관없이 노력과 도전 과정을 칭찬해 주면 좋습니다.

 마음과 생각을 키우는 그림책 대화 질문

★ 어떤 애벌레의 상이 가장 기억에 남니?

★ 너 자신한테 상을 준다면 어떤 기분이 들까?

★ 만약 너에게 상을 준다면 어떤 상을 주고 싶니?

| Week 47 • Day 6   일상에서의 작은 여행과 탐험

분리수거함

  사람들이 물건을 많이 사용하면서 쓰레기도 같이 많이 생깁니다. 쓰레기를 아무 데나 버리면 환경이 오염된다는 것을 알고 있기 때문에 깨끗한 지구에서 자연과 함께하는 행복을 위해 분리수거를 합니다. 분리수거함은 가정, 아파트, 패스트푸드점, 휴게소, 공원 등 곳곳에서 볼 수 있으며, 사람들은 분리수거를 하면서 자연스럽게 지구와 생태를 지키는 일을 실천하게 됩니다.

  아이에게 "분리수거해!"라고 말하기보다 아이와 함께 직접 분리수거를 해 보는 경험이 환경을 생각하고, 환경보호를 실천하는 습관으로 성장할 것입니다. 쓰레기를 버릴 때마다 "이거 어디에 버려요?"라고 반복해서 물어보는 아이의 목소리가 귀찮게 느껴질 때도 있지만, 같이 분류 기준을 알아보고 반복해서 알려준다면 어느 순간 아이는 스스로 분리수거를 실천하고 있을 것입니다.

 분리수거 어렵지 않아요

* **재활용 OX 게임** 주변에서 본 다양한 물건이 재활용되는지 OX 게임 하기
* **핵심 콕! 분리 콕!** 분리수거 요일, 쓰레기봉투 색깔, 분리수거 방법, 분리수거 함 등에 관한 퀴즈를 아이와 함께 만들어 분리수거 퀴즈 놀이해 보기
* **우리 모두 실천해요!** 플라스틱병, 종이상자, 캔, 비닐 등을 모은 다음 해당하는 분리수거함에 직접 넣어보기

| Week 48 • Day 1   마음이 자라는 오늘의 말

 ## 다른 것을 선택해 보자

  살아가다 보면 수많은 선택의 기로에 서게 됩니다. 내가 한 선택에 박수를 칠 때가 있고, 때로는 내가 한 선택을 후회하기도 합니다. 선택은 자신의 삶을 주도적으로 살아갈 수 있도록 돕는 소중한 의사결정의 한 방법입니다.

  어려서부터 옳고 그름을 분별하여 적절한 선택을 할 수 있는 안목이 필요하므로, 먼저 선택할 수 있는 것과 선택할 수 없는 것을 구분하도록 도와줍니다. 이 시기 아이들은 자신을 통제하는 능력이 아직 부족하여 되는 것과 안 되는 것을 구분하기 어려워합니다. 아이들과 일상에서 선택할 수 있는 것과 선택할 수 없는 것을 지속적으로 알아보면서 상황에 따라 적절한 선택을 할 수 있도록 도와줍니다. 또 아이가 선택할 수 없는 것을 택했을 때 다른 것을 선택해 볼 수 있도록 합니다.

 부모의 말 습관

> 동생이 ○○의 장난감을 주지 않는다고 때리는 것을 선택했구나. 동생을 때리면 어떻게 될까? 그래, 다른 사람을 때리는 것은 아프게 하므로 그 행동은 옳지 않아. 화가 나고 속상하더라도 때리는 것은 선택할 수 없단다. 화가 났을 때 때리는 것 대신 **다른 것을 선택해 보자.**

> ○○야, '선택'이라는 말을 들어본 적이 있니? 선택은 여러 가지 중에서 하나를 고르는 것을 말해. ○○가 하고 싶은 것들을 스스로 선택할 수 있어. 그리고 선택할 수 있는 것 중에는 나와 다른 사람을 불편하게 하는 것들도 있단다. 다른 사람을 불편하게 하는 것들에는 어떤 것이 있을까? 그래, 그런 것이 있구나. 이것 대신 **다른 것을 선택해 보자.**

| Week 48 • Day 2   슬기로운 생활습관과 안전

 ## 전기를 안전하게

우리 아이들은 호기심이 많고 탐색을 통해 배우는 시기입니다. 그렇다 보니 전기 제품이나 콘센트에 관심을 보이며 장난감처럼 다루려 할 때가 있습니다. 하지만 전기는 보이지 않아 더 위험하며, 작은 부주의가 감전이나 화상 또는 화재로 이어질 수 있습니다. 아이들의 안전을 위해, 가정에서 전기 안전 습관을 함께 길러주세요.

 이렇게 해 보세요

- * **전기로 인한 사고 사례** 뾰족한 물건을 콘센트에 꽂아 감전되는 사고, 전기밥솥 증기, 인덕션 등에 손을 대어 화상 입는 사고 등 뉴스에 나오는 사례를 가지고 전기를 왜 조심해야 하는지 이야기를 나누어 봅니다.
- * **안전한 환경 마련** 콘센트에는 안전 덮개를 씌우고, 전선·멀티탭은 아이 손이 닿지 않게 정리해 주세요. 또한, 전기밥솥, 다리미, 고데기 같은 뜨거운 제품은 사용 후 플러그를 뽑고 아이가 닿지 않는 곳에 둡니다.
- * **전기 안전 약속판** '콘센트에 물건 넣지 않기', '뜨거운 기구 만지지 않기' 등 약속을 정해 실천 스티커를 붙여보도록 합니다.
- * **전기 안전 탐정** 안전 덮개가 씌워져 있는지, 안 쓰는 전기 제품은 플러그가 뽑혀 있는지, 먼지가 쌓인 콘센트, 문어발식 멀티탭 등 위험한 곳이 없는지 찾아봅니다.
- * **사고 시 대처법** 감전이 의심될 땐 전원을 먼저 차단하고 아이를 확인한 후 119로 연락하여 구조요청 합니다. 전기로 인하여 불이 나면 젖은 수건으로 입과 코를 막고 낮은 자세로 대피한 뒤 119에 신고하세요.

| Week 48 • Day 3   마음을 이해하는 감정 공부

그립다

  어린 시절 나를 안아주시던 할머니가 보고 싶을 때, 오래전에 만났던 친구가 생각나거나 보고 싶은 마음이 간절할 때 '그립다'는 감정이 듭니다. 이전에 경험했던 것을 지금은 할 수 없을 때 다시 그 시간으로 되돌아가고 싶은 마음이 들기도 하고, 지금은 만날 수 없지만 만나고 싶은 마음이 간절하거나 문득 생각나기도 하지요. 아이들도 추억에 대한 그리운 감정을 느낄 수 있습니다. 아이가 느끼는 그리움의 종류는 어떤 것이 있는지 함께 이야기 나눠보세요.

감정을 표현하는 말

* 친하게 지냈던 ○○이를 오랫동안 만나지 못해서 그리워.
* 우리를 사랑해 주시던 할머니가 그리워서 사진을 찾아보았단다.
* 우리 가족이 함께 간식을 싸서 공원으로 소풍을 갔던 때가 그립다.
* 바닷가에서 하루 종일 수영하며 놀았던 계절이 그립다.
* 나를 품에 안고 자장가를 불러주시던 할머니의 목소리가 그립다.

어떤 것이 필요하거나 아쉬움에 대해 마음으로 바랄 때도 '그립다'라고 표현합니다. 그리운 감정은 나이가 많은 사람이 옛일을 회상할 때만 드는 감정이 아니라는 것을 기억하세요.

| Week 48 • Day 4   몸 튼튼, 마음 튼튼 즐거운 놀이

손으로 걷기

　손으로 바닥을 짚고 손으로 걷는 수레 걷기는 팔근육을 발달시키는 놀이입니다. 균형을 유지하며 몸을 이동시키는 놀이와 함께 손을 바닥에 짚고 몸을 밀거나 당기는 동작으로 일상에서 놀이하는 동안 자연스럽게 몸의 근육이 만들어집니다.

1 아이를 바닥에 엎드리게 한 뒤 고개를 숙여 코를 바닥에 닿게 합니다.
2 손으로 바닥을 짚고 상체를 일으켜 얼굴을 최대한 위로 향하게 합니다.
3 아이가 두 손으로 바닥을 단단하게 짚은 상태에서 허리나 가슴 아래를 잡아 몸을 지탱해 줍니다.
4 아이의 두 손을 바닥에 짚게한 다음, 부모가 아이의 다리를 들어 올려 손으로 걷는 모양이 되도록 합니다.(발목 부위를 지지하면서 손으로 걷게 합니다)
5 '하나, 둘, 하나, 둘' 구령에 맞춰 손을 움직여 수레 자세 걷기를 합니다.
6 수레 자세로 걷다가 '멈춤'을 외칠 때마다 걷기를 멈추고 팔굽혀 펴기를 2~3회 합니다.

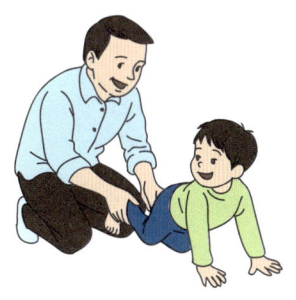

| Week 48 • Day 5   마음과 생각을 키우는 그림책

이럴 땐 "위험해요!" 하는 거야

콘센트에 손을 대거나, 젖은 손으로 전자제품을 만지거나, 골목길에서 뛰는 등 아이들이 일상에서 자주 마주할 수 있는 13가지 안전사고 상황을 명확한 그림으로 보여줍니다. 간결한 문장과 표정의 변화를 따라가다 보면 아이들이 스스로 "안 돼요, 위험해요!" 하고 외칠 수 있게 됩니다.

황윤선·황정임 공저,
송수미 그림, 이재민 기획,
노란돼지

이 책은 아이가 위험 상황을 인식하고 스스로 안전을 지키도록 도와줍니다. 특히, 활동량이 많고 호기심 많은 아이에게 꼭 필요한 생활 안전 그림책입니다.

이 책에서 가장 위험해 보였던 장면은 무엇인지, 왜 그 행동이 위험한지 아이와 이야기 나눠보세요. 인형이나 장난감을 활용해 위험 상황을 재현하고, 아이가 직접 "위험해요!"를 외치며 안전한 행동을 선택하도록 해 보세요. 집안을 함께 둘러보며 위험한 곳(콘센트, 주방, 욕실 등)을 찾아 스티커를 붙이고, 안전 수칙을 가족 모두가 함께 정해보세요.

 마음과 생각을 키우는 그림책 대화 질문

★ 집에서 지켜야 할 안전 수칙은 무엇일까?
★ 만약 친구가 위험한 행동을 한다면, 너는 어떻게 말해줄 수 있을까?
★ 오늘 네가 스스로 "위험해요!"라고 외쳐야 할 상황이 있었다면 언제였니?

| Week 48 • Day 6   일상에서의 작은 여행과 탐험

사진 찍기

  우리는 아이가 태어난 그 순간부터 하루하루 커가는 모습을 오랫동안 기억하기 위해 사진에 추억을 남기곤 합니다. 아이는 어떤 장면을 카메라에 담고 싶어 할까요? 사용하지 않는 스마트폰, 어린이용 디지털카메라 등 아이가 사용 가능한 카메라를 선물로 줍니다. 이때 카메라에 목걸이 줄을 연결하여 파손을 방지합니다.

  밖으로 나가기 전에 우리 동네 모든 것은 사진 속 주인공이 될 수 있지만, 초상권 때문에 사람을 찍을 때는 주의해야 함을 미리 이야기 나눕니다. 또 사진을 찍을 때는 다른 사람의 통행에 방해가 되지 않도록 조심해야 함을 알아봅니다. 그럼, 이제부터 우리 동네 포토그래퍼가 되어 사진 촬영하러 나가볼까요?

 나는야 포토그래퍼

- **사진전에 초대합니다** 아이가 찍은 사진을 프린트해 벽이나 보드 판에 전시하기, 아이와 함께 커튼식 하기, 사진작가가 된 아이의 사진 이야기 들어보기
- **이야기 작가** 아이가 찍은 사진을 프린트한 다음, 가족끼리 돌아가며 사진 두 장 뽑아 연결하여 이야기 지어 말하기
- **콜라주 놀이** 프린트한 사진 속 사물, 인물, 배경 등을 오려 붙여서 콜라주 작품 만들기

그림책 목록

가만히 들어주었어 | 코리 도어펠드 글그림 | 신혜은 옮김 | 북뱅크 | 198쪽

걱정 상자 | 조미자 글그림 | 봄개울 | 218쪽

건전지 아빠 | 전승배·강인숙 글그림 | 창비 | 146쪽

고구마구마 | 사이다 글그림 | 반달 | 276쪽

곤충 호텔 | 한라경 글 | 무운 그림 | 소원나무 | 310쪽

나는 컵이 아니야! | 나다울 글 | 김지영 그림 | 토끼섬 | 316쪽

나에게 주는 상 | 이숙현 글 | 안소민 그림 | 호랑이꿈 | 322쪽

내가 말할 차례야 | 크리스티나 테바르 글 | 마르 페레로 그림 | 유 아가다 옮김 | 다봄 | 114쪽

너를 처음 만난 날 | 김영도 글 | 서지민 그림 | 호랑이꿈 | 36쪽

네 기분은 어떤 색깔이니? | 최숙희 글그림 | 책읽는곰 | 68쪽

다 고쳐요! 달풍 병원 | 송은미 글 | 안선선 그림 | 달리 | 224쪽

달님 송편 | 안영은 글 | 서영 그림 | 키즈엠 | 250쪽

달토끼 | 최영아 글그림 | 북극곰 | 244쪽

마음 버스 | 김유 글 | 소복이 그림 | 천개의바람 | 76쪽

마음 빨래 | 남개미 글그림 | 올리 | 186쪽

마음 체조 | 이유진 글그림 | 위즈덤하우스 | 30쪽

마음 여행 | 김유강 글그림 | 오올 | 88쪽

맛없는 밥은 없어 | 류형선 글 | 최지미 그림 | 풀빛 | 108쪽

맨날맨날 착하기 싫어 | 장아영 글그림 | 위즈덤하우스 | 290쪽

모두 다 꽃이야 | 류형선 글 | 이명애 그림 | 풀빛 | 134쪽

모두에게 배웠어 | 고미 타로 글그림 | 김소연 옮김 | 천개의바람 | 258쪽

모모모모모 | 밤코 글그림 | 향 | 264쪽

모자섬에서 생긴 일 | 홍미령 글 | 최서경 그림 | 고래책빵 | 270쪽

물이 되는 꿈 | 루시드 폴 글 | 이수지 그림 | 청어람아이 | 180쪽

민들레는 민들레 | 김장성 글 | 오현경 그림 | 이야기꽃 | 120쪽

봄 속으로 풍덩 | 주미경 글 | 김연주 그림 | 키즈엠 | 102쪽

사과는 이렇게 하는 거야 | 데이비드 라로셀 글 | 마이크 우누트카 그림 | 이다랑 옮김 | 블루밍제이 | 56쪽

상자 세상 | 윤여림 글 | 이명하 그림 | 천개의바람 | 232쪽

세상에서 가장 귀한 | 이수연 글 | 박미연 그림 | 플롯시티 | 62쪽

세상에서 가장 힘이 센 말 | 이현정 글 | 이철민 그림 | 달달북스 | 296쪽

수박 수영장 | 안녕달 글그림 | 창비 | 166쪽

숲으로 가자 | 김성범 글 | 김혜원 그림 | 한솔수북 | 128쪽

슈퍼 히어로의 똥 닦는 법 | 안영은 글 | 최미란 그림 | 책읽는곰 | 206쪽

싸움 말개 | 박민주 글그림 | 책읽는곰 | 192쪽

아이스크림 걸음 | 박종진 글 | 송선옥 그림 | 소원나무 | 212쪽

엄마 약 | 김미라 글 | 키 큰 나무 그림 | 키즈엠 | 154쪽

엄마가 너에 대해 책을 쓴다면 | 스테파니 올렌백 글 | 데니스 홈즈 그림 | 김희정 옮김 | 청어람 | 42쪽

우리는 언제나 다시 만나 | 윤여림 글 | 안녕달 그림 | 위즈덤하우스 | 238쪽

이럴 땐 "위험해요!" 하는 거야 | 황윤선·황정임 공저 | 송수미 그림 | 노란돼지 | 328쪽

이상한 집 | 이지현 저 | 이야기꽃 | 284쪽

인사를 나눠드립니다 | 이한재 글그림 | 킨더랜드 | 82쪽

일주일 | 김라임 글그림 | 키다리 | 94쪽

잔치국수 | 김이삭 글 | 이효선 그림 | 걸음동무 | 140쪽

장수탕 선녀님 | 백희나 글그림 | 스토리보울 | 50쪽

주름 때문이야 | 서영 글그림 | 다그림책(키다리) | 160쪽

최고의 이름 | 루치루치 글그림 | 북극곰 | 24쪽

코끼리 미용실 | 최민지 글그림 | 노란상상 | 172쪽

할머니의 용궁 여행 | 권민조 글그림 | 천개의바람 | 302쪽

1일 1페이지
날마다 육아

초판 1쇄 발행 2025년 12월 15일

지은이 홍표선, 김진희, 이은주, 이미영

발행 케렌시아
인쇄 (주)다해씨앤피
일원화 구입처 031-407-6368 (주)태양서적
등록 2021년 11월 18일 (제386-2021-000096호)
이메일 niceheo76@gmail.com

ISBN 979-11-985243-8-6 (13590)

값은 표지에 있습니다.
저작권법에 따라 한국 내에서 보호를 받는 제작물이므로 무단 전재 및 복제를 금합니다.